一图搞定
股权
合伙

图解股权
轻松入门

李寒冰　李永黎　著

目 录

序言　升级思维认知能力，才是搞定股权合伙的终极武器　1

第一章　升维思维：
先提升思维格局，再落地股权合伙顶层设计　001

第一节　股权合伙顶层设计，必先谋事业大局　002

　　　一、大家都在谈的股权合伙，真的适合你吗　003

　　　二、股权合伙，在更广大的时空中谋发展　009

第二节　谋事业大局，必有股权合伙保驾　014

　　　一、做股权顶层设计就像做军事演习　014

　　　二、以终为始：以上市为目标的整体股权设计推演　017

　　　三、步步为营：确定每次的股权设计目标　029

第三节　恰当的商业模式分析工具是提升思维格局的利器 033

　　一、初创型公司分析模型：商业画布 034

　　二、成长型公司分析模型：企业运行模式图 037

第四节　小结与思维进阶 040

第二章　逆向思维：
相爱容易相处难，请勿随意动股权 043

第一节　超过40%的创业者在滥用股权合伙 044

　　一、给对方想要的，而不是你认为合适的 045

　　二、股权猛药切不可滥用 047

第二节　高效整合资源的三类合作模式 048

　　一、采购型合作：深度合作需要通过最简单的合作建立信任基础 050

　　二、职能型合作：该不该给外包公司和经销商股权 054

　　三、股权型合作：你做好"长相厮守"的准备了吗 059

第三节　恰当选择合作模式，必须考虑两个核心问题 063

　　一、根据公司战略判断是否需要这样合作 064

　　二、衡量自己的代价和条件，决定是否合作 069

第四节　小结与思维进阶 073

第三章 结构化思维：
定时空、看多维，了解股权合伙的本质 075

第一节 构建时空观，在博弈中实现共赢 078

　　一、时间维度：股权合伙是为将来实现共赢而在当下启动的交易 078

　　二、空间维度：股权合伙是换位思考才能达成的交易 091

第二节 股权合伙认知四维度 104

　　一、读懂人：善于引导人性才能点燃创业激情 105

　　二、看清事：能否融合业务与管理体系决定股权合伙的成败 110

　　三、算明账：算清财税，明白股权合作的成本与限制条件 114

　　四、定好约：法律契约是维护股权合伙各方权益的保障 117

第三节 小结与思维进阶 123

第四章 具象思维：
你心中是否有一幅股权合伙人画像 125

第一节 王兴如何得到让美团赢了千团大战的合伙人 127

第二节 股权合伙人的五个标签，助你找到"意中人" 132

　　一、股权合伙人的分类 134

　　二、股权合伙人画像的五个标签 137

第三节　四种典型股权合伙人的画像 144

　　一、创业合伙人画像 146

　　二、资金合伙人画像 158

　　三、产业合伙人画像 166

　　四、股权激励员工画像 176

第四节　小结与思维进阶 182

第五章　组合思维：
揭秘底层分类逻辑，轻松组合定制股权模式 185

第一节　用对股权模式的核心是理解其分类逻辑 187

　　一、股权合作分类的核心维度与典型模式 187

　　二、选择股权模式背后要考虑的人与事 194

　　三、确定股权模式三步法 200

第二节　搞定三个基础款股权模式，足以应对 80% 的场景 202

　　一、限制性股权：兄弟合伙也要先把丑话说清楚 203

　　二、股票期权：先谈恋爱后结婚是对双方负责 208

　　三、虚拟股权：股权虽虚分红实 213

第三节　基础款的创新和组合，摆平各种管理和业务问题 221

　　一、用干股绑定有干货的资源方 222

　　二、业绩股票：最纯粹的论功行赏 227

　　三、同一个人可以获得两类股权吗 231

　　　　四、亏损企业适合采用什么股权模式 234
　　　　五、华为的 TUP 模式可以学吗 239

第四节　小结与思维进阶 244

第六章　生态思维：
软硬兼施，打造良性股权合伙人生态 247

第一节　你能学会京东的股权设计吗 249
　　　　股权规划设计的底层逻辑 252

第二节　控制权是手段，构建股权合伙人生态才是目标 254
　　　　一、什么状态才算是掌握了控制权 255
　　　　二、如何设计股权才能拥有控制权 260
　　　　三、控制权真的是股权设计的核心目标吗 263

第三节　搭建制度结构：构建股权合伙人生态的"硬"骨架 264
　　　　一、"三层"：公司治理机构的层级划分 265
　　　　二、"三事"：责、权、利 268
　　　　三、"三权"：人权、事权、财权 276

第四节　注入文化基因，构建股权合伙人生态的"软"灵魂 281
　　　　一、共同的目标：使命、愿景、价值观 283
　　　　二、责任与信任是产生协作意愿的基石 284
　　　　三、开放与透明的信息交流是协作的保障 285

第五节　小结与思维进阶 286

第七章　博弈思维：
股权合伙人生态建设的三大抓手 289

第一节　权力原点股东会：以表决权为核心的结构设计 290

　　一、以表决权结构为核心的三种结构 291
　　二、表决权结构设计只考虑比例是远远不够的 299
　　三、获得表决权的守正之道与出奇之术 301
　　四、表决权结构设计三步法 332
　　五、建立股权合伙人有进有退的动态迭代机制 346

第二节　权力中枢董事会：用席位获得圆桌话语权 354

　　一、获得董事席位是基于特定规则的实力博弈 354
　　二、定好董事席位，还要设计合理的董事会决策机制 362
　　三、董事长是提升公司治理水平的发动机 365

第三节　运营主体经理层：公司价值的创造者与控制的终极对象 368

　　一、法定代表人、经理、财务负责人对股权合伙人生态的影响 368
　　二、如何避免经理层向股东会和董事会逼宫 374
　　三、如何组建和激励经理层团队 378

第四节　小结与思维进阶 384

第八章　规则思维：
处理股权问题时的财、税、法 387

第一节　企业处理财、税、法问题的六个阶段场景 388

第二节　企业初创 390

一、"业财融合"是初创阶段验证商业模式的有力武器 391

二、企业、股东税收早筹划 394

三、降低法律风险必须会说丑话 400

第三节　合伙人的进入与退出 405

一、财务规范才能好聚、好散 406

二、持股方的性质决定了税赋成本 407

三、定股东资格，搭治理结构 410

第四节　员工股权激励 413

一、财务开放、成本清晰、现金流稳定 413

二、节税要选好持股方式 416

三、法律核心条款一个都不能少 420

第五节　企业融资 423

一、靠财务测算需求、证明价值 423

二、增资方式一般不涉税 424

三、融资协议暗雷多 424

第六节　首次公开募股 426

　　一、上市规矩多，财务打头阵 427

　　二、依法纳税，不留麻烦 427

　　三、股权结构清晰稳定是关键 428

第七节　上市后 430

　　一、财务违规责任大 431

　　二、税务规范多且细 431

　　三、实控人法律限制多 432

第八节　小结与思维进阶 437

附录　股权激励咨询项目全流程 441

　　一、股权激励咨询项目全流程图 442

　　二、立项 443

　　三、方案设计 448

　　四、落地实施 467

　　五、动态管理 469

后记　一棵股权知识树的长成记 471

序　言
升级思维认知能力，才是搞定股权合伙的终极武器

创业者驾驭股权合伙难在哪儿

为促进中小企业的健康发展，国家提出了"支持推动中小企业转型升级，聚焦主业，增强核心竞争力，不断提高发展质量和水平，走专精特新发展道路"。笔者一直聚焦于为"专精特新"中小企业提供股权和商业模式方面的咨询服务。在每年与数百位创业者和企业家交流中发现，很多朋友学习了大量知识、听了无数个案例，但要解决自己公司的股权合伙问题时，依然感觉无从下手。

其实这种感觉是正常的，股权问题错综复杂，例如企业要做员工股权激励，首先要明确公司业务和管理的需要是什么；为了避免分股权变成吃大锅饭，则必须有与之配

套的考核与薪酬体系；为了掌握公司控制权，不耽误未来引入其他股东或者上市，则需要建立持股平台或者签署各种协议；要建立能进能退的股东动态管理机制，则需要同时考虑股东的意愿与合法合规性；如果涉及股权转让、分红等，还要核算财税方面的影响……需要同时考虑这么多相互勾连的因素，创业者的脑子很容易变成一团乱麻。

中小企业的创业者要实现发展模式上的"专精特新"，必须通过股权合伙等方式融通资金、汇聚资源、激发智力。为此，不仅要明确自身特色和战略目标，还应建立正确的认知方法，完成股权合伙的顶层设计。

创业者才是伟大的股权合伙模式的创造者

创业者学习股权合伙有一个好消息和一个坏消息：坏消息是你不可能把所有的知识都学会，因为目前为止没人能做到；好消息是你不用全部学会，依然可以解决自己的问题。

在四百多年前，由于远洋贸易货船制造所需的资金量大，且利润高、风险大，一批商人基于汇聚资金、分散风险的朴素目标，把大家的钱放在一起去买船，雇人做远洋贸易，然后按照出资比例分配利润。这样，一艘船用了多个人的钱，一个人也可以同时投资很多艘船。万一船毁人亡，由于每个人在单艘船上投入的钱并不是其全部身家，也就不会导致破产,还有机会从其他船上将损失赚回来。后来,他们发现这种模式非常好,为了长期稳定地做下去,这些人成立了世界上第一家股份公司——荷兰东印度公司。荷兰也因股权合伙这种伟大的公司制度而迅速崛起,一度被其他国家称为"海上马车夫",获得了巨额财富,一度称霸全球。

近两百年前,晋商票号的东家深刻认识到在金融服务业中,保留优秀人才以及促进人才之间的经验传承、工作配合对提升业绩至关重要。为了鼓励优秀员工努力工作、培育下属、相互协同,东家们决定改变原有的纯粹雇佣关系,让不出资的优秀员工也能获得票号最终利润的分红,他们把这一创造性的发明叫"顶身股"。这种模式极大地激发了员工的积极性,优秀员工赚了钱,东家更是因此富甲天下。

大家熟悉的华为从20世纪90年代初就开始实施员工股权激励,任正非首先明确了要利用股权实现融资和激励员工的目标,再结合当时所处的社会环境,逐渐探索出了独一无二的虚拟股权激励模式,并取得了优异的商业成果。在此过程中,虚拟股权方案曾因法律政策等原因不断修订,但任正非考虑的主线始终是根据战略与管理的需求,与员工、客户等利益主体构建合作共赢的分配关系。

<u>看看这些因大胆创新、量身定制股权合伙机制而获得成功的企业家,他们共同且核心的能力是拥有正确的思维方式:他们思考的起点不是那些细枝末节的技巧、工具,</u>

而是自己的战略如何规划、业务如何展开，为此需要调动哪些资源、什么人。他们能感受到人性的需求与担忧。一旦把这些问题想清楚，他们就能设计出简单、实用、有效的股权合作交易模式。创业者应该明白，功夫在诗外，真正发挥作用的一定不是股权合伙方案本身。

作为股权新手的创业者，也必须像上述那些企业家一样建立正确的思维认知方式，然后才能纲举目张、逐步深入。黄金圈法则是一个被无数企业家、政治家等成功人士使用的思维认知工具，它不仅适用于思考股权合伙问题的内在逻辑，同时还是本书的整体逻辑结构依据。

解决股权合伙问题的极简认知模型：黄金圈法则

当我们需要建立一个系统或者设计一个方案时，黄金圈法则既可以帮助我们不偏离方向，还可以提高思维效率。所谓的黄金圈法则就是WHY（为什么）、WHAT（是什么）、HOW（怎么做）。首先，WHY是思考我们为什么要做这件事情；其次，WHAT是以终为始地思考通过这件事情要获得什么样的成果，或者最终要呈现什么样的状态；最后，HOW是根据要实现的成果或状态，思考需要完成哪些具体流程、采用什么方法。

黄金圈法则同样适用于股权合伙设计：

首先，我们要思考股权合伙设计要解决哪些业务或者管理层面的问题。为什么要采用股权方式来合作？

其次，股权设计到底是个什么事？需要从哪些维度思考？例如，是管理问题、法律问题还是财税问题。

最后，股权合伙设计的方法论和操作流程是怎样的？怎么选合伙人？用什么模式合伙？如何建立有生命力的合伙生态机制？具体操作时有什么抓手，按照什么样的流程和标准？

本书的逻辑结构与各章节的核心内容

你或许会急着想在本书中看到股权比例怎么划分最合理，或许想看到每种股权模式有什么模板可供借鉴，或许还想看到获得控制权的协议应该如何签署等这些"干货"。笔者认为，这只是授人以"鱼"，给你的最多算是几片"鱼干"。笔者希望奉献，也是希望努力做到的是送你一根轻便好用的"鱼竿"。"鱼干"和"鱼竿"自然是不同的东西，所以本书中你会看到很多看似与股权"无关"，甚至感觉有点儿"无用"的东西。无用之用乃为大用，这就是"鱼竿"的妙用，希望你能够欣赏这根"鱼竿"，并且让它为你所用。

本书的八个章节以 WHY、WHAT、HOW 为逻辑主线，主要回答股权合伙的三个核心问题。我们不会过多罗列可通过网络搜索获取的点状知识，而是配合实战案例，阐明应用显性知识背后的思考逻辑。我们的目标并不仅仅是如何设计好一个股权方案，还有如何通过股权方案与企业的战略、组织、薪酬、考核、人才培养等模块协同，全面提升整个组织系统的效能和效率。同时，每一章还会结合该章节的核心内容，解读一种应用广泛、功能强大的思维方式，帮助读者不仅得到知识"鱼"，还能得到底层认知方法论的"渔"。

为此，本书各章节总体结构安排如下：

第一章，用升维思维回答到底为什么要做股权合伙，找到真正的"WHY"。为了避免仅仅停留在战术层面就事论事，必须先升维到战略层面确定好目标。为此，本章会站在宏观视角，详细解读如何在时间和空间维度上"谋局"股权合伙，并会介绍新创公司和成熟公司的商业模式分析工具，从而更加精准地确定股权合伙设计所要达成的目标。

第二章，特别使用逆向思维来回答"WHAT"，即为了达成商业目标，可以通过哪些方式合作？合作的模式只有股权合伙吗？大量的创业者喜欢下猛药，滥用难度最大、成本最高的股权合伙去获取所需资源，导致股权资源的浪费或者商业合作的失败。本章阐述商业合作的三个基本类型，可以看到高效整合资源不必局限于股权，甚至应尽量不用股权。创业者不应该被夸大宣传的股权作用障目而不见森林，有必要通过建立逆向思维保持眼界的广度；只有明白了什么情况下不适合股权合伙，才能真正用好股权。

第三章，正向回答"WHAT"，应用结构化思维深度、全面解析股权合伙作为一种交易的本质。首先要建立股权合伙的时空观，即在空间上规划股权合伙最终形成什么样的结构，并推演股权合伙人进入的时间先后；其次，借用冰山模型来理解人性、公司的业务与管理、财税、法律这四个维度在股权合伙交易中的定位，它们分别是什么、各自应该发挥怎样的作用。

本书从第四章开始，回答股权合伙中"HOW"这一核心命题。

在实际的股权合伙交易中，能否找到匹配的合伙人对成败起到决定性的作用。如同一个人的一生是否幸福取决于在什么样的原生家庭长大、找了什么样的伴侣等重要因素。第四章用具象思维建立定位、发现、甄选股权合伙人画像的五个具象标签，并以最常见的创业合伙人、资金合伙人、产业合伙人和内部员工为样例，阐述如何确定并找到最适合自己的股权合伙人。本章最大的价值在于帮助创业者站在对方（合伙人）的角度，用具象的呈现方式理解不同合伙人的人性特点，这样才能知道如何与之打交道。

第五章，用组合思维解决与股权合伙人采用哪种方式合作的问题。本着送给创业者"鱼竿"的原则，本章首先解析了股权模式的核心分类逻辑，把所有的股权模式分门别类到四个象限，并提炼出最常使用的三个基础型股权模式，借用实战案例讲解每种股权模式的适用场景和使用方法。最后再基于三个基础型组合创新，解决五个常见股权合伙场景问题。希望创业者能在知其然后不再被五花八门的股权模式迷惑，而是主动驾驭股权模式为自己所用。

第四章和第五章的视角是解决如何引入一个个单独股权合伙人的问题，第六章和第七章则是解决不同的合伙人进入公司后，要建立什么样的生态环境才能让大家长期和谐相处、共同协作做大公司的问题。

其中，第六章的生态思维偏宏观、偏认知性，属于顶层设计的内容。首先明确建立股权合伙人生态的目标与大家广泛关注的公司控制权之间的关系，然后阐述如何建立股权合伙人生态的硬骨架和软灵魂。想要理解本章内容，最重要的是暂时放下实用主义学习一招一式的急迫心态，改为站在旁观者视角，放下自己作为利益主体的本位主义，才有机会去构建让所有人共创共赢的"生态"。

第七章的博弈思维则偏微观、偏操作性，属于具体落地的内容。本章按照形成股权合伙人生态的三层结构——股东会层、董事会和监事会层和经理层，介绍构建良好的协作生态的过程中，在每个层级能起到以点带面、纲举目张作用的"抓手"分别是什么，避免创业者学了一堆点状的"妙招"后胡乱使用，反而因抓不住本质而弄巧成拙的尴尬局面。在本章，创业者要去体会与股权合伙人之间分中有合、合中有分的辩证协作关系。在维护自己利益时如何不产生对抗，为对方创造价值时又不失尊严和话语权，这或许正是"博弈"二字的美妙之处。

第八章，特别提示胸怀大志的创业者应建立规则思维。创业者一旦成立一家公司，就已经引来了第一名外部"合伙人"——该公司所在的国家，公司需要遵守国家的规则；引入第一名合伙人意味着公司及创业者开启了与他人联结、协作之路，所做的每件事情不再是个人行为，将受到各种规则的约束；如果创业者还有上市的梦想，那更应该首先了解相关交易所和监管机构的规则。人在江湖尚且身不由己，想要创办一家优秀的公司更是如此。本章总结了企业发展的六个阶段和场景中与股权相关的财、税、法等相关规则，供创业者作为备忘录来查看。

为了更贴近实战，本书的最后特意安排了一个附录——"股权激励咨询项目全流程"，是为企业提供股权激励咨询项目服务的完整介绍，其内容除了详细介绍如何设计一个能全面提升组织效能的股权激励方案，还包括做方案前的立项论证（决定是否要做激励）、方案设计之后的宣讲、签约、工商变更等落地实施内容，以及若干年的计划执行期间，员工发生变动时如何动态管理等内容。其中完整、实用的"股权激励咨询项目全流程图""教练式股权激励咨询资料清单""股权激励方案文件清单"等都是读者可以拿来即用的工具。

所有的商业活动本质上都是一种交易，人们通过这种交易建立自己的各种关系网络体系。每个人的成就都取决于与关系网络互动过程中所获得的信息与能量。所以，虽然本书的重点是为了达成商业目标，阐述如何建立股权合伙，但如果你能够深刻理解其中的思维方式和方法论，将其应用于工作生活的各个领域，将是额外的收获，一定可以帮助你建立更强大、更和谐、更多能量滋养的关系网络体系。企业的发展如何，就看这个我们自己编织的关系网络体系了。

创业股权合伙地图与本书的阅读方法

股权合伙是一个相对专业的知识领域，而绝大多数创业者几乎不可能同时涉足管理、法律、财税等专业。为了帮助大家快速、直观地建立对股权合伙的宏观认识，本书特别以一个创业探险故事为背景，把各章的逻辑框架以视觉引导图的形式绘制成一张"创业股权合伙地图"，随书附赠给读者，让非专业的股权新手也能快速掌握本书主脉络，然后再根据需要细读各个章节。

为了节约大家的宝贵时间，我们建议这样阅读本书：

一、根据内容

如前所述，我们强调了 WHY 和 WHAT 对于快速准确理解一个事物的重要性，所以建议读者务必按照顺序先阅读第一、二、三章，本书 80% 的精华都在前三章，这些也是大多数创业者最容易忽视的内容。其余关于 HOW 的章节是按照常规思考和实际操作的逻辑顺序排列的，所以也请尽可能按照顺序阅读。如果时间有限，也可以根据自己的需要，将本书当作一本工具书，有选择地跳跃式阅读。

本书的每一章都会先讲述股权合伙方面的内容，但所有的知识、技巧和经验会随着场景的变换和时代的更迭而有所变化，所以每一章讲股权方面知识技巧的同时，"借学习股权知识之假，修思维模式提升之真"，希望读者在阅读时也特别关注、体会思维认知的部分，尤其是每章的最后一节"小结与思维进阶"，是每一章节的精华内容，建议重点阅读。

二、根据时间

为了让读者可以根据自己时间灵活安排阅读，笔者编排了时间长短不同的四种阅读方法：

1. 10 分钟阅读法：浏览"创业股权合伙地图"；

2. 1 小时阅读法：浏览"创业股权合伙地图"，阅读序言及每章"小结与思维进阶"；

3. 3 小时阅读法：浏览"创业股权合伙地图"，阅读序

言,每章的画线部分和"小结与思维进阶";

4.3天阅读法:浏览"创业股权合伙地图",通读全书正文与案例。

不论用哪种方式阅读,多半人很快就会忘记书里的具体内容,这是自然规律,请无须担心。你只需把股权合伙的整体逻辑框架图留在头脑中,需要用到时大脑随时调用,这样知识就成功完成了迁移,成为你前进时披荆斩棘的利刃。

如何获得赠品及持续学习

股权合伙不是拥有标准答案的自然科学,而是兼具科学性和艺术性的管理实践。笔者希望与广大读者就股权问题进行深入而广泛的探讨,也期待读者指出本书的错误与不足。

为了方便读者更加了解本书,笔者将核心内容提要制作成了300多页的演示文稿课件,供免费使用;如果希望继续深入研究股权合伙的案例、技巧、工具,欢迎参加相关的160余门线上股权课程;此外,还有实操性和互动性兼具的线上训练营、线下工作坊、会员答疑微信群等,不仅可以学到更多的股权知识,还能直接解决个性化股权问题。

如果希望持续学习,搞定股权合伙问题,欢迎扫描下方二维码添加笔者微信，获得上述有关股权合伙的资料和课程，并持续保持交流、合作。

第一章　升维思维：
先提升思维格局，再落地股权合伙顶层设计

我们面对的重大问题永远不能在产生问题本身的层次上被解决。

——爱因斯坦（Einstein）

一家公司想要获得成功，必须建立自己独特的商业模式，这是创业者要谋的局；实现商业模式之局又需要步步为营，整合公司内外部的多种资源；为了持续获得资源，要通过公平合理的股权合伙方案给贡献资源的股权合伙人匹配的权益。这个价值创造与价值分配的过程，构成了让一家公司得以生存乃至基业长青的基本价值循环。

创业者对股权合伙进行顶层设计时，一定不能"就事论事"——认为"修改方案"等于"建立机制"，通过逐个

修订通用股权合伙模板上条款的方法糊弄自己；而应"实事求是"——首先在宏观上理解为何使用股权合伙，把自己的思考升维到公司商业模式这个"实事"层面，根据商业模式的需要做好顶层规划，明确股权合伙的目标；然后再落实到微观上设计具体的方案和条款，这样才能做到"求是"。

第一节　股权合伙顶层设计，必先谋事业大局

一个产品从少数人试用到被大范围购买，必然是因为满足了客户的某些需求；同样，一个管理工具从个别企业尝试到广泛使用，也必然是因为解决了一些企业普遍存在的管理问题。

现在很多创业者打算使用股权合伙谈融资、做企业，平常大家也都在谈论类似的知名成功公司的做法，谈论如何确保自己的控制权，谈论要给核心员工留好期权池，谈论要用有限合伙企业搭建持股平台，谈论如何设计好退出机制避免法律纠纷……

这些重要的话题确实应该被关注，但以我们在序言里谈到的思考问题的黄金圈法则来看，以上都是属于"HOW"的问题。在谈"HOW"之前，我们应该先升维到更高的格

局，想清楚股权合伙的"WHY"——为什么要做股权合伙，即做股权合伙的顶层设计和目标是什么，才能确保具体方案有的放矢，从而更高效地在"HOW"的层面落地执行。

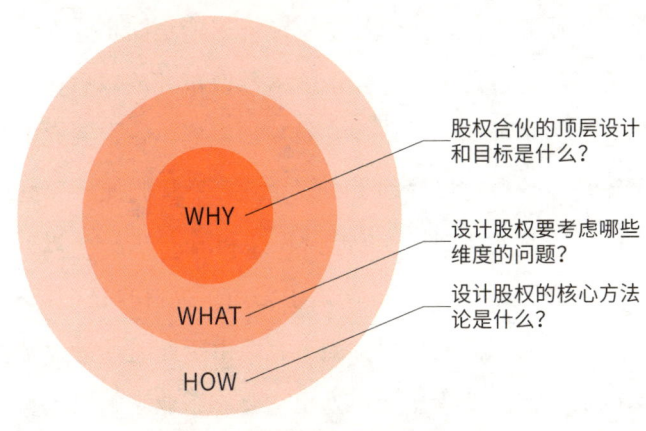

图1-1　用黄金圈法则看股权合伙

一、大家都在谈的股权合伙，真的适合你吗

现在很多创业者热议并使用股权合伙，但真正能将其用好的并不多。管理不是时尚，盲目跟风很容易适得其反。想要真正理解股权合伙，需要从历史的角度了解它的前世今生。

一个事物从出现到逐步变热，说明它具有必要性、紧迫性以及价值性。搞清楚产生这三个方面的力量源头，能更加确定自己到底是否应该使用股权合伙。

产业结构的变迁，使得股权合伙成为必然选择

从中华人民共和国成立到改革开放之前，重点发展的都是重工业和农业，国家的主要经济主体是国企或人民公社，产权与老百姓关系不大；1978年改革开放以后，以加工制造业为主导的第二产业开始蓬勃发展，一个家庭干起了个体户，一群村民撑起了乡镇企业，产权归属于家庭或者集体；1993年12月，《中华人民共和国公司法》（以下简称《公司法》）的颁布正式明确了公司可拥有自己的产权，从而开启了股东间的股权分配事宜。由于此时的产业结构仍然以加工制造业为主导，公司主要靠企业家的家人、亲友自筹资金滚动发展，股权怎么分配在家庭会议上就可以完成讨论了。

2000年以后，随着城市化进程加快以及互联网行业的兴起，尤其在大中型城市，以科技化和专业化服务为代表的第三产业开始快速崛起。很多创业项目所需的领导人能力和资源更加多元化，需要具有更多能力和资源互补的外部合伙人。那时，大家多是找身边熟悉的人做股权合伙人，例如腾讯创业时的"五虎将"是大学同学；新东方的"三驾马车"——俞敏洪、徐小平和王强也是大学同学……股权的分配问题，可能哥儿几个在小饭店里喝着酒就定下来了。

进入移动互联时代，社会分工更加精细，创立一家公司的难度更大了，往往需要有技术、运营、市场、资金等多种要素，这时仅靠身边的同学朋友难以攒起一个有竞争力的公司，创业者需要在更大的范围里寻找合作伙伴。由于创业公司无力承担高额的薪酬和业务发展资金，大家广泛选择了以股权为代价去换取资源，股权合伙人就这样"热"了起来，比如电影《中国合伙人》就是在讲类似的事情。

在中国的产业结构以第一、第二产业为主导向第三产业为主导的变迁过程中，运作一家公司所需的资源要素越来越多元，这使得股权合伙成为很多创业者的必然选择。

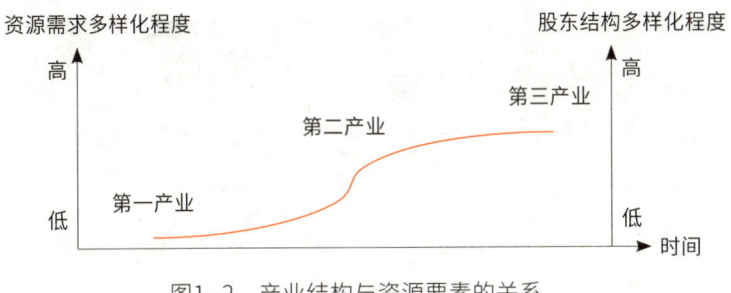

图1-2　产业结构与资源要素的关系

应对激烈的竞争，股权合伙变得更加迫切

中国很多行业最早起步于家庭作坊和乡镇企业，多呈现规模小、分布散、规则乱、实力弱的状态。后来钢铁、汽车、家电、乳业、煤矿等各种明显具有规模效应的产业

经历了大规模的产业整合，最后变成只有少数头部企业控制市场的局面。随着移动互联网、智能设备等领域的科技进步，餐饮、出行、教育等行业也逐渐呈现头部企业占据较大市场份额的集中化趋势。

波澜壮阔的产业整合背后是冷酷的经营效率之争。企业想活下来，必须从粗犷的跑马圈地模式走向精细化管理，从固守一方走向跨区域发展，从提升产品竞争能力走向加强对上下游产业链的影响和控制。为此，企业需要更前瞻的视野、更综合的能力、更多样的资源，做到这些的最佳办法就是从孤军作战、吃独食走向通过合作提升竞争力、共享利益，股权合伙的迫切性也就越来越强了。

同时，有些股权占比不高但必不可少的优质资源，由于其市场稀缺性，股权合伙人拥有广泛的选择，这就促使创业者与股权合伙人之间的地位变得更加平等，博弈也变得更加复杂。

多层次的资本市场，提升了股权的市场价值

1998年3月，伴随着成思危在全国政协九届一次会议上提出《关于尽快发展我国风险投资事业的提案》的"一号提案"，中国的风险投资正式登场。从此，创业者获取资金多了一个重要渠道，受益的企业主要是具有爆发潜力的科技型企业和互联网企业。2004年6月25日，中小企业

板块首批公司挂牌上市；2009年10月30日，中国创业板正式上市；2013年12月31日，"新三板"面向全国开市；2019年7月22日，专为科技型和创新型中小企业服务的科创板正式开市；加上1990年底先后成立的上海和深圳证券交易所，中国形成了一个多层次的资本市场。

多层次资本市场的发展不仅让上市公司可以通过发行新股、定向增发股份、发行债券等方式融资，同时也大大促进了非上市公司乃至初创企业的股权价值空间，这主要体现在两个方面。

<u>第一，多层次资本市场提供了更通畅的股权变现路径。</u>

创业者吸引股权合伙人时，必须回答股权合伙人最关注的一个问题：股权如何变现。

公司正常经营的情况下，股权变现分成两大类：一类是通过分红获得变现，这是资本市场不发达时最主要的选择；另一类是通过股权转让获得变现。<u>在多层次的资本市场中，除了分红，企业不仅可以在上市后售出股权获得变现，也可以通过并购时转让股权获得变现。</u>

<u>第二，发达的资本市场提升了股权变现价值。</u>

由于公开的资本市场具有高流动性，即使利润水平相同，上市公司的股权价值也远高于非上市公司。例如在2020年7月份，深圳证券市场创业板的市盈率平均达到60倍，这意味着如果卖出股权，可以一次性得到的税前资金

是利润数乘60。如果你投资一家非上市公司，可以接受最久几年回本呢？10年估计已经是很多人的极限了。这种资本市场带来的股权溢价，也让直接上市公司的股权或有机会被上市公司并购变得更诱人。

<u>通畅的变现路径和超额的股权变现价值让创业者的商业故事更加"性感"，从而打动更多资源方成为自己的股权合伙人。</u>

<u>任何一个新事物的出现与盛行都有其内在逻辑，产业变迁、竞争加剧以及多层次资本市场，这三种核心力量是股权合伙变得火热的主要原因。</u>

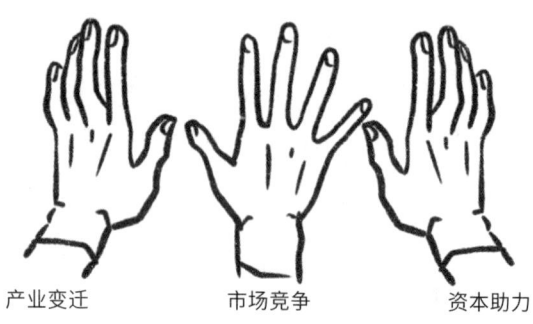

图1-3　股权合伙三大推手

<u>创业者应该判断自己是否也被这三种力量所影响，从而决定要不要引入股权合伙以及如何做股权合伙。</u>

二、股权合伙，在更广大的时空中谋发展

当我们谈论股权合伙时，其实是在谋划一个"局"：一个能够不断吸引各种资源的局；一个把资源投入特定商业模式中可以实现公司使命和愿景的局；一个股权合伙人得到了股权，未来可以获得最佳投入产出回报的局。

图1-4 股权合伙"谋局"三连问

要想谋求更好的发展，要向潜在合作者展示以下三个方面：

这是一件有大好前景的事情

想要成就一番事业的创业者必然扎根于其所在的社会和时代土壤之中。例如中国成就了多家千亿销售额的房地产企业，其核心推动力是中国城市化进程的浪潮；异军突起的拼多多，其时代背景是成熟的电商体系、发达的物流

系统和高覆盖率的线上社交应用等同时满足多个条件的历史性商机。

时势造英雄，英雄也要看得懂时势。创业者的起步可以很低，但是必须有足够高的格局。只有志存高远，看到时代发展的重大机遇，才有可能描绘出一个既能激发自己，又能打动他人的公司使命和愿景。

项目必须能解决目标客户的实际问题，给员工提供好的发展平台，让股东获得高额的回报，并且有利于社会的进步，才有机会获得来自股东、员工、合作伙伴、政府、社区等各方面的资源和支持，成为一个有大好前景的项目！

大家一起做才最有竞争力

创业者描绘出激动人心的发展愿景只是万里长征的第一步，接下来准合伙人心中又会冒出一个新的问题：这个事业前景虽然很好，但竞争者那么多，为什么要把资源给你呢？

中国早已过了靠一个新奇点子就能成功的年代，当下拼的是"模式+资源+能力"的综合实力，所以创业者要跟股权合伙人讲清楚自己如何构建了一个有竞争力的商业模式，目前已经有了哪些独一无二又具有决定性作用的资源，如果再加上股权合伙人的资源，依靠强大的组织运营能力，公司就能从众多竞争者中脱颖而出，成为最终的王者。

创业者描述的商业故事绝不能异想天开，而是有充分事实论证的逻辑推演。如果是刚刚筹备的项目，创业者还要拿自己以往成功的经历和业绩作为佐证；如果是已经在执行的项目，则可用实际的运营数据来证明。

参与这事会得到满意的回报

准合伙人确认了项目前景好、商业模式有竞争力，还有第三个重要疑问需要创业者解答：事情一旦做成了，投资者获得的投入产出比是否能达到预期？

股权合伙人的回报由两个变量决定：一是所投入资源获得的股权比例，二是公司的资产收益水平。这两个变量中，股权比例是刚性的有限资源，不能无限制地放大；而资产收益水平本质上是一种预期收益，不同人判断这个变量的差异会非常大，这也是股权谈判中创业者最有谈判空间的要素。

<u>收益高低并无一定的标准，要打动潜在的股权合伙人，本质上是站在对方的角度，帮助他算一笔账，证明把资源投入自己公司的回报是最高的。</u>

【案例解析】天使投资人出资占总投资额一半，却只有20%的股权，这样合理吗

A公司从事女性皮肤管理行业，计划新开设一个门店，共需投资400万元。该门店的创始人杨总只有200

万元资金，希望找到一位不参与经营的纯资金合伙人再投资200万元。

天使投资人李先生恰好有200万元闲余资金，他非常看好皮肤管理行业，也非常认可杨总的能力和人品，相信她一定能把这个门店经营好。李先生认为自己的出资额占到了总投资额的50%，但是不参与经营，所以愿意将股权比例降低至40%。

但是，杨总提出只能给李先生20%的股权。李先生开始非常不满意，但是听完杨总的解释，最后还是同意了。原来杨总给李先生的账是这样算的：

杨总从事这个行业多年，根据以往成功开店的经验和对新店选址及周边客群的分析，预计两年左右门店可以进入稳定的运营状态。第一年可以实现盈亏平衡，第二年在正常情况下可以做到收入1000万元，利润300万元。另外，杨总还想在未来获得医美的资质，这样利润还可以增加30%以上，大约400万元。

按照300万元的利润计算，如果李先生占股20%，每年分红可以拿到300×20%＝60万元；对应他200万元的投资，年化收益率也可以达到60÷200＝30%。

在这个低利率时代，低风险的理财收益一般在5%以内。房产已经不是最好的投资选项；股票或者期货风险较大，不是李先生喜欢的门类；投资烧钱的互联网公司更是千军万马过独木桥；投资独角兽公司可以赚十倍百倍，但血本无归的情况也比比皆是。所以，如果有一个生意可以稳定获得20%以上的收益，对李先生来说是很不错的选择。

杨总虽然拿的股权比例比较多，那是因为杨总要全力以赴投入到门店的经营中，为此放弃的机会成本是巨大的。杨总如果不亲自开店，而是到大的皮肤管理公司做高管，每年的收入可能也不会低于100万。这种情况下，如果杨总只有60%股权，不含医美的预期收入则只有180万，就没有必要选择出资出力、高风险的创业之路了。

这样算下来，李先生和杨总通过合作获得的收益都比其各自做其他事情更多，经过友好的"讨价还价"，双方依然选择了合作。最后杨总为了感谢李先生的支持，额外送给李先生价值60万元的门店消费卡，且不限定使用对象。李先生自己也用不了这么多，会经常带一些朋友来体验。后来李先生突然明白了，杨总送的卡其实是让李先生帮助门店开发客户；反过来想想，有这么精明的杨总操盘，自己的投资收益肯定也不会低啦！

【思考与启示】

创业者希望付出相同的股权，得到更多的资源；股权合伙人希望付出一样的资源，得到更多的股权。双方要想达成合作，需要找到可以达到利益平衡的合理回报，合理回报的对标就是市场上的平均回报率水平。

第二节　谋事业大局，必有股权合伙保驾

世界上绝大多数人是因为看见了才相信，只有极少数具有创新和领导能力的人是"因为相信，所以看见"。他们凭着自己的远见卓识和坚定意志，能发现别人看不到的商机，敢于在别人不看好的领域坚守。创业者想得到其他股权合伙人的认同与信任，必须推演公司的商业模式和战略规划，尽可能清晰地描绘未来蓝图，讲出一个逻辑严密、有理有据的商业故事。

一、做股权顶层设计就像做军事演习

成功的创业项目多是九死一生，可能最终成功时的样子跟创业者最初的设计相比早已面目全非，所以很多创业者认为商业环境瞬息万变，提前设计商业模式、制定战略

规划、进行股权规划等都是浪费时间。

事实真的如此吗？"商场如战场"，军队平日里除了训练基本功，还常做军事演习，并且每次演习前，军事将领要在情报信息支持下制订详细的作战计划。其实军事演习和作战计划的最大意义绝不是在战斗开始后完全按照原计划执行，而是通过制订计划，针对外部环境可能出现的各种情况、对方可能的反应、我方的应对策略等进行推演和模拟。这样做，一是明确自身目标以及底线；二是通过此过程深刻理解作战的基本原则，即兵法；三是提前以无损耗的方式获得协同作战的经验，便于作战时快速反应。

如果把创业比作一场战斗，<u>创业者的军事演习就是对未来商业模式的推演。做好商业模式的推演，首先可以帮助股权合伙人更好地理解公司的未来路径和前景，从而更有信心参与其中；其次，明确自己对资源的具体需求，才能做到既防止因资源过少影响业务，又避免资源闲置却出让了过多股权；最后，这也是创业者实战前的自我检验，可以提高创业成功的胜算。</u>试想，在军事演习时制订的作战计划都漏洞百出，真打仗的时候谁又敢把千军万马交给你去指挥呢？

创业者与股权合伙人实际沟通谈判时，往往并不是以一口价的方式确定合作，而是在实现公司大战略目标的前提下，灵活调整各方责权利的众多条款，例如：

1. 股权合伙人只出资和"出资+出人"的股权比例是不一样的；

2. 股东提供资源的数量、质量、速度等因素的不同也会影响换得股权比例的多少；

3. 是否要求董事席位也可能会影响估值水平的高低或者接受投资额度的多少；

4. 公司估值水平的高低会影响是否设计对赌条款，以及违约条件的设计；

5. 创始人个人出资的多少会影响投资人投资的信心以及估值水平；

……………

这些因素并非能和实际情况一一对应，所以创业者在复杂的逻辑关系中，既要多争取核心利益，也要学会在次要诉求上适当让步，最终找到实现共赢的利益平衡点。创业者如果不预先反复推演，做到深刻理解各个要项及其相互影响关系，在谈判时又怎能做到心中有数、灵活应对、掌握博弈的主动权呢？

为了描绘好这幅蓝图，<u>创业者需要升级自己的思维，才能建立像相机变焦镜头一样多层次的思维格局——首先看到未来十年的发展趋势，然后做好三年的业务规划，最后明确最近一年做什么事情是最重要的，这样做出来的股权规划才谈得上是"顶层设计"</u>。

二、以终为始：以上市为目标的整体股权设计推演

对于大多数人，结婚意味着单立门户，走向成熟；对于大多数企业，上市意味着企业从一个由少数股东组成、相对封闭的私人公司成长为信息更开放、股东更多元、与社会连接更广泛的公众公司。

也许有些创业者的目标是做成一家稳定运营、小而美的公司，或是希望被上市公司收购，自家并不打算上市，无论是哪一种情况，只要公司仍要发展壮大，就必然需要逐步走向开放、吸纳更多资源。从企业不断走向成熟的角度看，成为上市公司仍是最具有代表性的目标。所以，下面就以一家公司要实现上市目标为例，分析创业者应该如

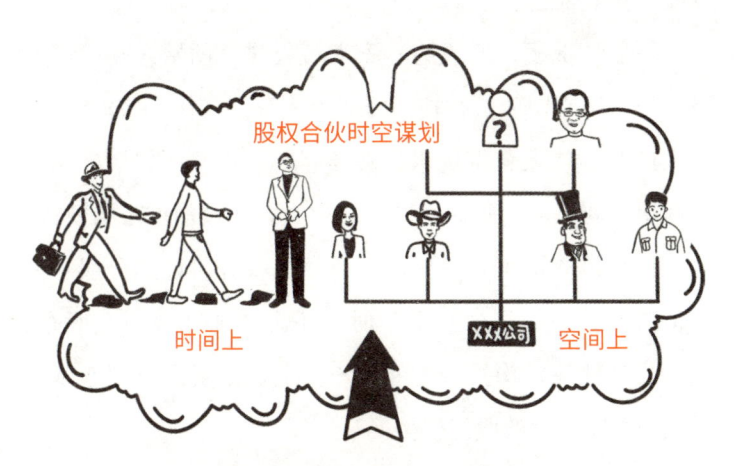

图1-5 股权合伙时空谋划图

何根据自身的商业模式和战略进行股权顶层设计，明确公司在各阶段为何要引入股权合伙人，以及引入什么样的股权合伙人等问题。

为此，我们将从空间和时间两个维度，阐述公司发展演变最终形成的股权架构，以及该如何把握演变过程的节奏，做到胸有成竹、运筹帷幄。

空间维度：以终为始，推演公司最终的股权架构

一家公司的股权结构是伴随着业务发展的需要逐步引入不同股东，一步步演变而成的。为了少走弯路、不走错路，需要提前站在更高处描绘出一幅公司发展的全景路径图，再反推当前的某一次融资或者引入某位合伙人该如何释放股权最合适。

一般情况下，要成为一家上市公司，创始人除了需要组建初始核心团队，往往还需要引入资金合伙人获取资金；引入产业合伙人获得技术、市场等产业资源；如果公司需要利用不同区域的资源，则还要引入各区域的城市合伙人；对于内部核心员工，也要拿出一些股权分阶段、分层、分类地激励；最后，公司上市时，还会增加社会公众股东，包括战略性的机构投资者和散户。上述的资源类型通常会形成如右图所示的股权架构。

<u>创业者需要提前就不同类型合伙人的股权结构进行顶</u>

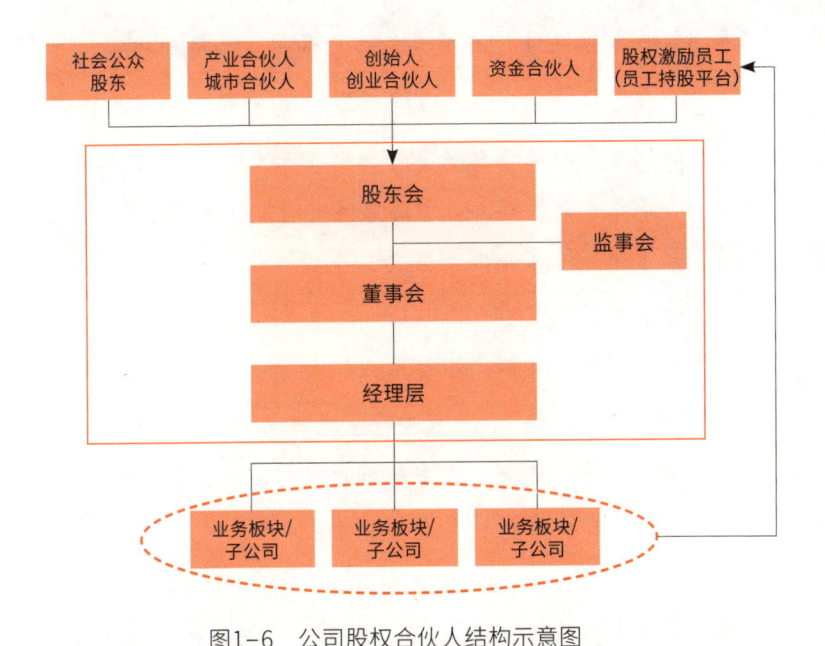

图1-6 公司股权合伙人结构示意图

层设计,如果股权资源很充裕,创业者却因为不舍得分利或者害怕分权而拒绝分配更多股权资源,将导致潜在合伙人无法进入公司,从而制约公司发展;相反,如果创业者在前期释放了太多股权,会造成未来出现控制权障碍,也不利于公司的长期发展。

【案例解析】明明非常看好项目,创业导师为何还是放弃了小程

从事幼儿艺术教育的成都创业者小程,由于目标

客户选择精准、教学方法独具特色，公司初创短短一年多时间，已经取得了不错的市场效果。小程希望将这种业务模式进行复制，实现业务扩张。但是他的专长毕竟是做教育，对于商业模式的设计感觉力不从心，为了避免走不必要的弯路，小程希望找资深的创业导师给予指导。

经朋友介绍，小程结识了北京的一位资深创业导师李老师。于是，小程专程从成都来到北京，向李老师进行了项目路演。李老师听完项目以后，认为这是一个非常具有爆发潜力的创业项目，不仅愿意指导小程，同时也打算个人再额外投一些资金。小程特别高兴，如果李老师个人再投资，那两人就彻底绑在一起了。

但是，当李老师了解完小程公司的股权架构之后，表示除非股权架构调整，否则不仅不会投资，还会放弃对这个项目的指导。

原来，小程在公司开创初期，以200万的估值引入了一位天使投资人，对方投入80万资金，占股40%。

而这个项目属于轻资产型的运作模式，前期只是打磨产品，所以收到投资款后只用了不到40万。按照李老师的规划，这个创业项目随着业务规模的逐步扩大，未来不仅需要继续融资，还需要引入市场渠道方面的外部合伙人、负责教学管理的内部合伙人，并给

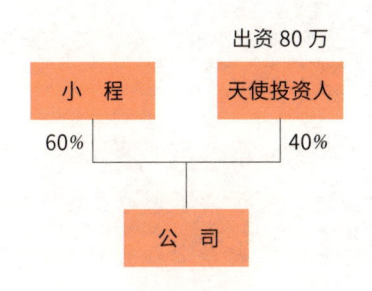

```
        出资80万
  小 程      天使投资人
    60%        40%
         |
        公 司
```

图1-7　小程公司股权结构示意图

核心员工预留期权池，当然，李老师进入时也会占一些股权份额。

以目前的股权架构，等不到下一轮的财务投资人进入，小程就会因为股权比例过低而影响自己的控制权。即使通过一些技术手段保护控制权，从人性的角度来看，小程也很可能会因自己的股权比例过低产生一种为别人打工的感觉，从而影响奋斗的激情。一个原本很好的创业项目，由于前期股权释放太多，进入了尴尬的境地。

所以李老师提出，除非天使投资人能够退出20%的股权，使公司股权架构处于一个健康的状态，他才会考虑进入。

无奈之下，小程只能回去与天使投资人沟通。但由于公司已经呈现出良好的发展前景，天使投资人并不想退出；如果退出，他提出至少按照1000万的估值转让股权。这意味着小程个人须额外拿出200万资金，回购天使投资人20%的股权。

小程又想到，李老师既然打算投资，公司估值1000万也合理，能否请李老师直接收购天使投资人的股权呢？这个请求被李老师直接拒绝了，李老师说："我的投资款必须通过增加注册资本的方式进入公司，用于后续的业务发展，这样才能保证我的投资获得好的回报。如果我收购天使投资人手中的老股，他完成股权变现把我的钱拿回家了，这样对公司、对你和我都没有任何好处。"

最终由于天使投资人坚持高估值退出，李老师不愿意收购老股，小程又拿不出200万，这次合作只能暂时搁置，小程也只能带着有重大隐患的股权架构继续单打独斗。

【思考与启示】

人无远虑，必有近忧。股权合伙的顶层机制一旦出现问题，常常没有改错的机会，这就是股权设计的不可逆性。所以创业者务必把思维升级到整个业务发展的需要上，以终为始地进行股权的顶层设计。

时间维度：知其先后，模拟各类股东的进退节奏

一家初创公司，从完成产品验证、市场验证，再到规模化复制、产业链延伸，跨越每个发展阶段后，即使收入和利润并没有同比例增加，公司的估值也可能数倍、数十倍甚至更高倍地提升。

但是，市场上对资金、人力等资源的定价是相对稳定的，远不及公司价值的变动幅度，那么在估值1000万元和估值1亿元时换取相同的资源，付出的股权代价就是10倍之差。

所以，<u>公司引入各种资源时，如果能综合考虑自身商业模式的特点、资源背后的品牌势能价值、人性认知模式的特点等因素，合理安排股权合伙人进入的先后顺序，就可以大大节约所付出的股权资源。</u>

<u>首先，要遵守商业模式的特点。</u>

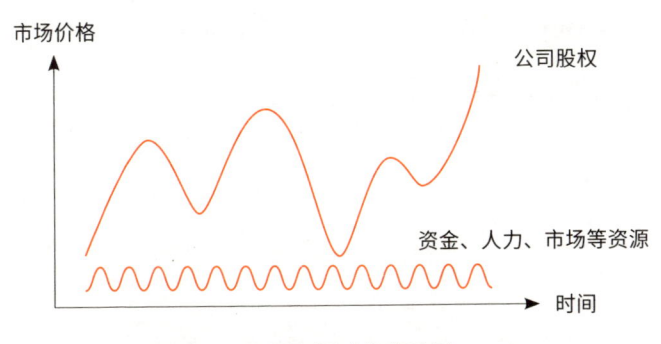

图1-8　不同资源对价变动图

不同的行业及其商业模式决定了各种资源的进入顺序。例如生物制药企业，首先必须经历漫长的产品研发阶段，这时最重要的是引入核心研发技术人员，然后经过审批取得相应的资质文件，才能生产和销售，此时才需要寻找投资机构融资建厂并招募销售团队。

平台型的互联网企业，需要把交易双方都聚集到平台上才能完成商业闭环，但在具体实施时很难做到两方齐头并进，需要先重点在某一方发力，拉动另一方客户，如此相互促进才可以进入良性循环。所以企业往往会从自己直接拥有的资源或者能够通过股权合伙等方式获得资源优势的一方发力。

【案例解析】淘宝如何汇聚平台资源

淘宝刚成立时，最大的竞争对手 eBay 易趣占有绝对领先的市场份额，商户和消费者也已经形成了一定的习惯和黏性。淘宝想要与 eBay 易趣竞争无异于虎口拔牙，必须另辟蹊径。

打造电商平台的基本逻辑是首先要有一定数量的商户，才能吸引另一端的消费者。如何快速吸引大批量的商户呢？淘宝发现线上商户和线下商户选择平台时最关注两件事情：一是客流多少，二是租金高低。eBay 易趣虽然比淘宝有先发优势，聚集了大量的客流，但是商户必须支付给 eBay 易趣平台一笔开店费用，导致商户利润减少。

淘宝为了快速吸引商户入驻，首先通过引入投资机构解决自身资金问题，有了不从商家收费的底气，然后正式宣布免费开店的政策。政策一出，原来 eBay 易趣上的商户也同步在淘宝开店，淘宝快速聚集了大量的卖家；有了卖家，再通过各种广告宣传、促销活动等吸引买家，带来淘宝的快速发展，直至把 eBay 易趣挤出中国市场。

【思考与启示】

商业模式不仅决定了所需资源的类型和数量，也决定了进入公司的先后顺序。所以股权合伙人进入的时间必须紧密配合业务发展的节奏。

其次，要利用好股权资源背后的品牌势能价值。

假如你创办的公司需要融资，有两个纯财务投资机构都愿意投资。一个是国际知名投资机构，一个是你的大学校友会搞的小基金公司。两者只能选其一，且获得的资金和付出的股权比例等条件完全一样。请问，你愿意拿谁的钱？

有些创业者可能会考虑到校友情面而选择校友基金会，但更多理性的创业者会选择国际知名投资机构。为什么会这样呢？

这是因为对一位股权合伙人价值高低的评判应该包括两个部分：一是直接带来的可客观衡量的资源价值，二是该资源的品牌势能价值。

创业者为了获得同样的资源，如果有高品牌势能的资源作为背书，今后往往能够以更容易、付出更低的代价获得更多更好的资源。很多线下商场开业前的招商也是类似的逻辑：招商部门先引入知名大品牌商户，且给予他们最好的位置、最优惠的租金条件，再利用他们的品牌势能吸引客流。只要有了客流，就可以从小品牌商户处收取可观的租金，实现整体的盈利。

所以，<u>创业者进行股权设计时，要善于利用股权合伙人/机构的品牌势能，设计合理的进入时机，提升整合资源的能力。</u>

<u>最后，要理解人性认知模式的特点。</u>

<u>规划股权是为了更多获取资源，并不是只出台一个看似合理的政策、提出一个有诱惑力的方案就可以。简单来说，这需要获得潜在合伙人的认可，唤起他们的憧憬、打消他们的顾虑、满足他们的需求。</u>

例如对员工实施股权激励，能否选择恰当的时机至关重要，时机会直接影响股权激励的价格和员工的参与度，影响股权激励的成败。那么时机如何对股权激励产生影响呢？

企业的内部员工普遍存在一种"灯下黑"的情况，即员工习惯于从内部看到公司存在的各种问题。由于员工每天相处的都是同一群人，难免出现视觉疲劳——看到的往往是领导性格太强势、不民主、缺乏魅力；感受到的往往是公司分工不清晰、制度不合理、职能不健全；以及接触的经销商不买自己的账，客户虽然增长快但是公司的服务还有很多瑕疵……

假设一家公司的注册资本是500万，净资产400多万，财务上还没有实现盈利。但由于公司的商业模式比较先进，且处于热门细分赛道的头部地位，如果引入外部投资机构，公司估值可以达到3000万。受"灯下黑"效应影响的员工很难想象这个满是问题的公司会有这么高的市场价值。

如果在投资机构进入前实施员工股权激励，应该如何确定股权的价格呢？

第一种选择是老板一片好心，按照1000万估值给员工股权激励，虽然远低于给外部投资机构的价格，但员工会拿400万的净资产值做对比，认为老板在赚自己的钱，他们可能更多感受到的是一种负激励，从而大大降低参与意愿。

第二种选择是公司先以3000万估值引入知名投资机构，有了市场化背书，然后再以1500万估值的股权激励员工。因为老板的关照，员工以五折拿到了便宜的股权，因而员工感受到的就是正向激励。

所以，对股权的顶层设计，创业者心中除了要有一幅最终的股权结构图，还要有一幅体现先后顺序的演进路径图。在设计这幅演进路径图的时候，既要知道如何"干好事"——深刻理解商业模式，又要"关照人"——理解不同层级人员的认知模式和利益诉求，还要在合理评价有形价值时，利用好无形的品牌势能价值。这样不仅能得到股权合伙人的智力、技术、渠道等资源，还能最大限度地节约所付出的股权资源。

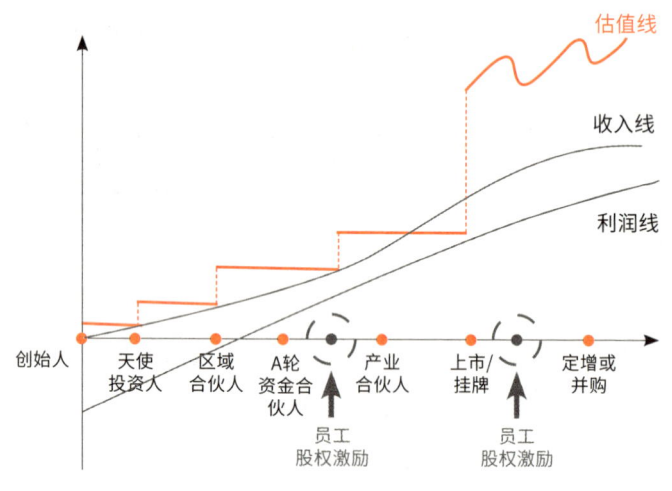

图1-9　公司业务发展与股权合伙人进入顺序示意图

三、步步为营：确定每次的股权设计目标

创业者根据公司的战略目标完成股权顶层设计之后，在每次引入股权合伙人时，还需要先确定本次股权设计的目标，才能设计出符合双方利益的股权方案，实现多方共赢。股权设计的目标并不仅仅是获得多少股权，还要提出利他的目标打动对方，为此我们要描述一个升维后的价值创造闭环，并根据价值创造的需要设计一个结构化的目标体系。

建立利他而非利己的目标

很多创业者描述员工股权激励的目标时，希望员工能够像老板一样，把工作当成自己的事，多操心，让老板省心；描述引入财务投资人的目标时，希望对方除了投入资金，最好再借助人脉，引入一些产业方面的资源。例如某餐厅发起股权众筹，目标是希望股东们不仅投入资金，还要自己经常来消费，成为餐厅的推销员介绍朋友来消费。

从创业者的角度来看，这些都是很正常的想法，但仔细分析后会发现，这些诉求本质上都是站在利己角度设立的目标。如果从股权合伙人的角度来看，他们会因为这样的目标而选择跟你合作吗？

在生活中，如果一个男孩追求女孩时说："嫁给我吧，

我喜欢你的白皙！你的富有！你的美丽！"估计多半只会得个白眼。如果男孩说："嫁给我吧，我会让你幸福的！我会在房产证上写你的名字！家务我干！孩子我带！"也许女孩会被打动。

每一个人或者公司都是一个价值创造与价值分配的系统，需要不断与外界交换价值。如果一个人助人为乐、善解人意，大家就愿意与他交往；反之，如果凡事先考虑自己，朋友肯定会越来越少。人们会根据对方为自己带来的价值大小决定是否与对方交往，以及交往的深度。

<u>股权合伙人都希望获得最佳的投入产出比，所以他们首先考虑的是公司未来的股权价值能否提升，公司要达成什么样的业务目标才能实现价值提升。如果公司有潜力，那创业者会给合伙人一个什么样的股权对价。只有公司有价值，股权对价也合理，合伙人才会把自己手中的资源投入公司。所以，创业者一定要从利他的角度描述股权合伙的目标，才有可能打动你的股权合伙人。</u>

基于目标提升思维格局，打通价值创造闭环

创业者需要提升思维格局，想清楚公司整体的格局以及未来的演变路径，才能根据股权合伙人的思考逻辑讲述这样的一个故事：首先，从利他的角度告诉股权合伙人，我这里有一个投资获利的好机会，只需要按照公司的商业

模式，达成一定的业务目标就可以；为了实现这样的业务目标，我愿意给你一定数量的股权来换取你手里的某种资源，咱们一起把这个事情做成了，就可以共享股权价值提升的收益！

例如，你可以对资金合伙人如此描述：

我们希望按照 1 亿元估值融资 1000 万，构建一支 50 人的大客户销售团队，在一年内开发 100 个客户，实现 2 亿元的销售额。按照 10% 的利润率计算，未来将带来 2000 万的利润；再以 10 倍的市盈率计算，一年后公司估值可以达到 2 亿元。投资方所拥有的 10% 股权将由现在的 1000 万元估值提升至 2000 万元，另外还可以得到 200 万元分红，即使不考虑未来的持续增长，只需要 5 年时间就可以收回本金。

对于希望绑定的下游经销商可以这样描述：

我们希望把产品投放到您在华北五省的 200 个超市渠道中，为此将带来 2 亿元的收入，按照 5% 的利润率计算，您可以获得 1000 万的销售利润；除此之外，您可以按上一轮投资人的 1 亿元估值购买公司 5% 的股权。如果把华北这个市场打开，再加上大客户销售团队的业绩，股权的价值预计可以提升 2 倍，您投入 500 万获得的 5% 股权就价值 1000 万了。

<u>讲故事绝不是胡乱画饼，而是用数据与逻辑论证故事</u>

能够变成现实。作为善于利用股权整合资源的创业者而言，提出的目标不应该只是自己想要的资源，而是描绘未来公司可以达成的愿景。从利己到利他，从单赢到共赢，这种价值理念不仅会影响当下他人是否选择与我们合作，长期坚持也会塑造成为独特的企业文化。

根据价值创造闭环，设计结构化的目标体系

如果仅有对股权合伙目标定性的或者概括性的描述，并不足以获得合作方足够的信任。创业者必须就资源用途、预期收益、股权比例、持股方式、收益权安排、表决权安排等具体约定，股权合伙要建立的是一个结构化的目标体系。

有些读者可能对表1-1有疑问，这哪里是股权合伙的目标，根本就是整个股权方案！甚至有股权新手完全没有想到过的要素。

做股权设计，本质上是为了实现商业目标和获取资源，而掌握资源的是活生生的人，有些重要的人一旦错过可能就不会再有第二次机会。为了一击必中，创业者必须比加入者思考得更全面、更长远、更深入。表1-1的内容只是股权合伙人普遍关注的问题，如果对这些问题都不做好预案，不能给予对方满意的解答，又凭什么拿到对方价值几百万甚至上千万资源的使用权呢？对于表中的重要内容，后面的章节中将逐一展开讲述。

表1-1 股权合伙目标核心内容清单

确定事项	具体内容
股权合伙目标	本次引入股权合伙人要得到的有形或无形资源
资源数量1	有形或无形资源的量化描述，如1000万资金、100个超市渠道、300万目标客户推送、转移某专利的知识产权
资源数量2	同上，有时一个股权合伙人会同时贡献多种资源
资源用途	在企业中资源将如何使用，例如融资用来招募销售团队，目标客户用来转化初阶收费用户，专利用于某新产品的研发
预期直接收益	某产品的收入增加金额，收费客户转化数量，新产品预计收入等
预期公司收益	公司总体收入、利润、估值、行业影响力等变化
股权比例	资源投入后，股权合伙人占公司总体股权的比例
持股方式安排	直接持股、持股平台、个人代持等
收益权特殊安排	是否就收益权做出与出资比例不一致的安排
表决权特殊安排	是否就表决权做出与出资比例不一致的安排，如投票权委托、一致行动人协议、AB股、优先股、公司章程特别约定等，董事、监事席位的约定

第三节 恰当的商业模式分析工具是提升思维格局的利器

创业者提升思维格局最重要的目标是能够清晰、结构化地解读公司的商业模式，讲清楚公司发现、创造和传递价值的基本逻辑。强大的思维格局并非天生的，也不是少数人特有的能力，可以借助特定的工具和方法，结合对商业现象的深入思考分析逐步习得。针对初创公司和相对成熟的公司，我们有各自对应的分析工具解读与练习。

一、初创型公司分析模型：商业画布

如果为新筹建的公司设计股权，这时业务模式不清晰，组织架构没确定，连应该引入哪些资源可能也没想好，创业者该如何确定股权合伙的目标呢？

亚历山大·奥斯特瓦德（Alexander Osterwalder）《商业模式新生代》（*Business Model Generation*）一书中提到的工具——"商业画布"很适合初创型公司。它既是一种设计商业模式的思维结构，也是一种描述商业模式的结构化语言。

简单而言，<u>商业画布中要说清楚企业服务哪些客户、提供什么价值、如何提供这些价值，为此能获得什么收益、付出多大的成本，等等</u>。具体而言，要思考如下九个问题：

1. 客户细分：具体服务哪一类细分客户。

2. 价值主张：该价值主张为客户解决什么问题或者满足什么需求。

3. 渠道通路：价值主张将用何种方式、渠道向客户传递和分发。

4.客户关系：以什么样的方式建立和维护与客户之间的交付关系。

5.收入来源：向客户成功提供有价值的产品后会获得哪些类型的收入，数量有多少。

6.核心资源：为了向客户提供产品，需要哪些核心资源？

7.关键业务：为顺利完成交付，要完成哪些关键业务活动。

8.重要合作：为了外包一些业务或者获取重要资源，需要建立哪些重要合作。

9.成本结构：为了向客户提供有价值的产品，将支付哪些类型的成本，数量是多少。

按照商业画布思考一个公司的商业模式，重要的基础是前面五项，即为特定的细分客户提供独特的价值主张，并通过低成本的渠道通路开发客户，建立稳定高质量的客户关系交付产品和服务，从而获得匹配的收入。这确保了一家公司是有价值的。

在此基础上，可以从后面四项分析出我们到底需要什么样的内外部资源，"关键业务"是企业内部要培养的能力，可能需要给予负责此项工作的创业合伙人或者高管以股权激励；为了通过购买等方式获取非自有的"核心资源"，需要寻找股权合伙人；"重要合作"一般指对方已有的可利用

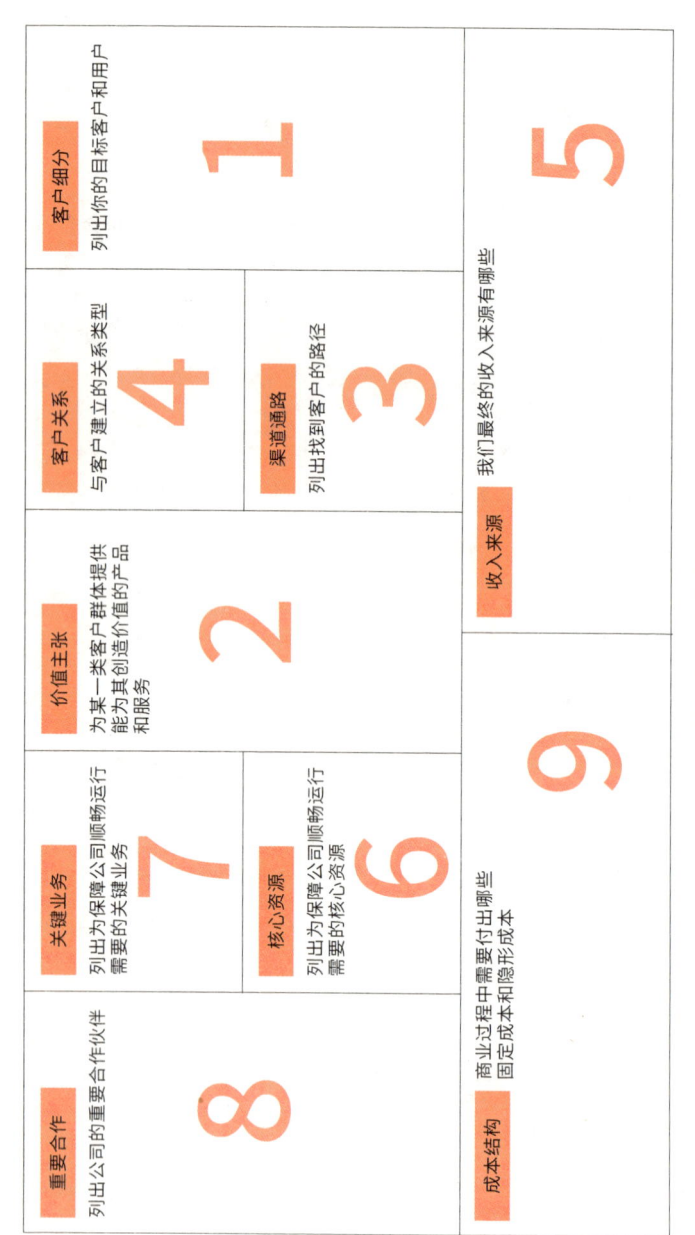

| 客户细分 | 价值主张 | 客户关系 | 渠道通路 | 收入来源 |

| 重要合作 | 关键业务 | 核心资源 | | 成本结构 |

商业画布

客户细分 列出你的目标客户和用户 1   5

价值主张 为某一类客户群体提供能为其创造价值的产品和服务 2

客户关系 与客户建立的关系类型 4

渠道通路 列出找到客户的路径 3

收入来源 我们最终的收入来源有哪些

关键业务 列出为保障公司顺畅运行需要的关键业务 7

核心资源 列出为保障公司顺畅运行需要的核心资源 6   9

重要合作 列出公司的重要合作伙伴 8

成本结构 商业过程中需要付出哪些固定成本和隐形成本

图1-10 商业画布

资源或能力，例如销售渠道、技术支持等，必要时也需要用股权吸引合作方对自己开放资源；成本的核算决定了公司对于资金的需求量，可据此推算出公司需要获得融资的时间、轮次和资金规模。创业者只有非常明确以上需求，再去谈股权合作才能有的放矢。

二、成长型公司分析模型：企业运行模式图

规划相对成熟、已经处于稳定运行状态企业的股权时，可以使用"企业运行模式图"这一工具。它的底层逻辑是<u>把企业看作一个与外界保持连接的独立系统</u>。首先在上游通过各种交易输入企业运行所需的人、财、物等各种资源要素；然后经过内部的有序分工协作，批量产出高质量的

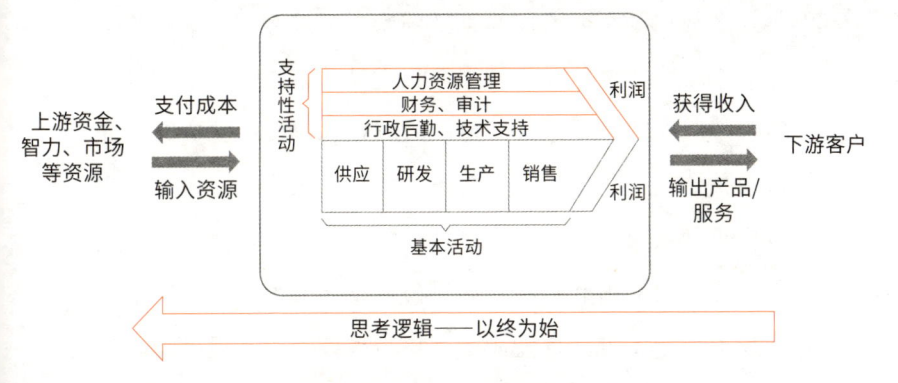

图1-11 企业运行模式图

产品，或者提供标准化、定制化的服务；最后通过交易把这些产品/服务输出给下游客户。企业依靠下游客户购买产品和服务付出的对价，回报给予资源的上游和付出劳动与智力的内部员工，由此保持企业系统的良性运转，并伴随着客户的增加使得企业逐步发展壮大。

通过企业运行模式图，可知道为了打通上中下游的价值链要获得哪些内外部资源，并可进一步论证采用股权合伙的必要性和实施方式。需要注意的是，企业实际运行的顺序是从上游到下游的循环，但我们要实现升维思考，思考的逻辑应该以终为始，从下游到上游逆向思考。

首先，明确下游客户的需求，并以此作为分析内部如何分工协作的目标。

有时候下游客户并非只有消费者一个角色，如果同时具备其他重要职能，也可以成为公司的股权合伙人。例如某地产公司的主要产品为远郊别墅，下游客户非常有机会建立包括股权合伙在内的多元化交易关系：购买了别墅的客户"朋友圈"就是公司精准的潜在客户群；这些客户如果邀请朋友来别墅吃饭、聊天、散步，比公司销售带客户看样板间效果更好、成本更低；同时，这些客户有多元化投资理财的实力和需求，如果公司设立一个基金，安全性和投资回报率方面都能满足客户需求，他们就很可能成为你的资金合伙人。

然后，分析为了向客户提供有竞争力的产品和服务，企业内部应该如何分工协作。

　　这个模型中的内部分工协作系统借鉴了迈克尔·波特（Michael Porter）的"价值链模型"。常规情况下，企业内部的活动分为基本活动和职能活动两类，其中基本活动包括供应、研发、生产、销售等，职能活动包括人力资源、财务、行政等。

　　例如，保健品销售公司最核心的基本活动是销售模式的创新；电缆生产企业最核心的基本活动是生产环节的成本和质量控制；银行等金融机构职能活动中的财务风控至关重要；教育、医护等服务型行业的业务发展快慢在供研产销环节的创新空间并不大，制约发展的瓶颈和支持发展的动力往往都来自高素质标准化人才的培养，人力资源是最核心的职能。当明确了内部分工协作系统的特点，哪些是关键职能、哪些是核心岗位、哪些是稀缺人才就会变得一目了然，股权合伙的对象就有了明确的依据。

　　最后，对难以自给自足的资源，需要考虑与上游合作，以股权合伙方式获取。

　　企业运行模式图可以帮助从价值创造的角度理解一家公司的运行逻辑，准确判断为此需要引入哪些资源，靠什么人才发掘何种企业的核心能力。在这样的认知下，才能让公司的股权用在刀刃上，股权这项宝贵的公司资源才能获得最佳的投入产出比。使用适当的思考工具推演商业模式能够帮助创业者更加明确自己的资源需求：需要什么资源，何时需要这些资源，需要多少。这些都为下一步寻找适当的股权合伙人打下了坚实的基础。

第四节　小结与思维进阶

想要达成股权合伙这种交易，首先得搞清楚为什么要合伙？宏观上看，股权合伙是产业结构变迁、竞争环境激烈和资本市场助推导致的；对于具体的企业而言，创业者需要谋一个具备好前景、有竞争力、高收益的"局"来吸引资源方的加入。"谋局"要在一定的时间和空间中筹划，所以股权合伙的顶层设计要借用军事演习的方法，基于对商业模式的推演，不仅要在空间上以终为始地规划出公司最终的股权架构，还要在时间上模拟各类股东的进退节奏。为了提升推演能力，可以借助商业画布、企业运行模式图等工具达到事半功倍的效果。

创业者对股权合伙设计的认知，也需要如下思维升维：
从追求工具手段升维到深入追问目标；
从关注业务管理升维到内外环境联动；
从达成利己目标升维到打造共赢事业；

从阶段性获取资源升维到全程价值创造；

从一次股权比例设计升维到以终为始的股权顶层设计；

从关注有形商业价值的计算升维到对人性的引导与文化的塑造。

……

通过升维的认知设计卓越的商业模式，让各种进入公司的资源获得最高的投入产出比，这才是与股权合伙人博弈谈判的终极底牌。通过升维认知完成股权顶层设计，并明确每次的目标体系，这才是让商业模式有条不紊地落地、实现公司愿景的有力保障。

著名新制度经济学的鼻祖科斯（Coase）致力于研究交易费用与产权安排的关系，其科斯定理提出：在交易费用为零或足够低的情况下，世界上所有的资源要素最终都会流向投入产出比最高的地方。所以我们做成一番事业所需的各种资源，世界早已为我们准备好了，不需要埋怨或者担心能否为我们所用，核心在于想清楚自己要达到什么目标。

不谋万世者，不足谋一时；不谋全局者，不足谋一域。提升自己"谋局"的能力，最有效的方法就是认知升维，以更多的维度、更高的格局认知这个世界。

第二章　逆向思维：
相爱容易相处难，请勿随意动股权

> 想要明白人生如何得到幸福，首先要研究人生如何才能变得痛苦；要研究企业如何做强做大，首先要研究企业是如何衰败的。
>
> ——查理·芒格（Charlie Munger）

创业者个人的资源和能力非常有限，为了在各阶段获得发展所需的核心资源，要以开放的心态和共享的机制向整个社会借力来完成自己的事业。这需要与拥有资源的合作伙伴建立适当的交易关系。股权合伙是其中最紧密、最重要的交易关系。创业者务必慎重选择股权合伙人，谨慎设计合作交易的模式。

由于种种原因，事实上，有超过40%的创业者是在滥用股权建立合作关系。股权是一剂猛药，用好了皆大欢喜，用不好伤人害己，所以必须选择最适当的交易模式。

<u>首先，要知道商业合作最常见的交易方式有哪些，它们各自的适用条件和利弊是什么；其次，根据自己的实际需要计算投入股权所能带来的产出比，判断要不要采用股权合伙；最后，好的合作不是一厢情愿，要了解对方希望采取什么样的方式，以及他们对股权合伙还有哪些顾虑和要求。</u>

如果你手里只有一柄锤子，那看什么都像钉子。想用好股权合伙这个工具，请先启动自己的逆向思维，想清楚何时不用股权也能达成整合资源的目标，这将帮助你更加灵活自如地用好股权。

第一节　超过 40% 的创业者在滥用股权合伙

一对伴侣经历了相识、相知、相恋后，才会决定走进婚姻殿堂，彼此相守一生。建立商业关系跟人与人之间相处的底层逻辑是一样的，股权合伙作为最紧密、最重要的交易关系，只有经历彼此认识了解、商业目标认同、价值观统一的过程，才更可能长久而稳固。

可是，很多创业者受急于求成的欲望驱使，又不懂得换位思考对方的诉求，导致他们以为只要分享股权就可以一招鲜吃遍天，可惜总是事与愿违。

小新就遇到了这样一名合作伙伴，给股权时对方在犹豫，不给股权反而一拍即合……

一、给对方想要的，而不是你认为合适的

【案例解析】为何小新不给股权反而促成了合作

小新：李老师好！我是小新，我想跟一名在国际教育研究公益组织任职的美国朋友合作，他的教育理念、能力，以及这个公益组织的教育方法与我现在的创业项目都非常匹配。

李老师：这是好事呀！

小新：过去我提到给他一些股权，可是他并没有表现出很大的兴趣。你能否帮我分析一下？

李老师：先提一个假设：可能你并不需要给他股权。

小新：我给出去一些股权并不会影响我的控制权，而且我也没钱给他发高额薪水，如果连股权都不分享，人家凭什么帮我呀？

李老师：能被股权吸引来的人，首先要在意股权的收益，然后要相信你不会骗他，最后他还要看好公司的发展前景。我猜测，这三个条件他未必都满足。

小新：为啥呢？

李老师：他来中国最重要的事情是完成他的项目，这事关乎他自己未来的发展前途，所以不大可能为了一个前途未卜的股权耽误正事。其次，你给的股权是中国公司的，万一有纠纷，他也没时间跟你打官司。

小新：嗯，是这个道理。那我还有没有机会得到他的帮助呢？

李老师："知彼知己，百战不殆"，谈股权也是一样的，你对合作伙伴的需求和特点都不了解，怎么能打动他与你合作呢？你可以这么跟他谈，试试反应：首先表达认可他们的教学理念，你愿意做他的小白鼠，在你的创业项目中按照他的规范去应用，并会按标准提供使用后的反馈信息，全力支持他的教育项目研究。你还会把他的教育理念和方法推荐给其他教育行业的创业者朋友，建议他们也按照标准提供反馈。最后，你再承诺负责他在国内给予指导期间的食宿费用。

小新：这主意不错！满足他最在意和关心的事，比给股权合适！做教育项目最重要的是有足够的样本量来证明自己理论工具的普适性和可信度。

李老师：You got it（你说得对）！

后来小新兴奋地告诉李老师，双方一拍即合，很快就谈妥了！费用也不用小新出，美国朋友每次来中国都属于正常出差，帮助小新做的事情也属于他在中国项目的一部分，美国朋友还被他老板夸善于在中国找资源。

【思考与启示】

小新的情况并非个例，创业者想得到公司发展所需的资源一定不要先入为主地动用股权。<u>要站在对方的视角，真正理解对方最重要的需求，同时启动逆向思维，想想现阶段除了股权，是不是用其他方式也可以达成合作。世上没有最好的合作模式，只有选择此时、此地、此景最恰当的，才能真正实现双方的共赢。</u>

二、股权猛药切不可滥用

笔者不仅是一名股权规划师，还是精一天使公社的天使投资人。作为公社最懂股权设计的天使投资人，除了帮助自己投资的企业规划设计股权，还会收到大量其他天使投资人和创业者关于股权疑难问题的求助，平均每年要解答200余个大大小小的股权咨询问题。

创业者看到很多成功企业分享了股权，就简单地认为成功是分享股权带来的。笔者粗略统计过经手的咨询案，至少40%的创业者把股权当成了管理的灵丹妙药。但在根本不具备实施条件的情况下滥用股权，不仅浪费管理成本和股权资源，还可能无法取得预期的效果，甚至适得其反。

这跟股权的舆论环境有很大关系。在搜索引擎中输入"股权""股权设计""股权激励"等关键词，你能搜索到的除了咨询公司的广告，剩下的几乎全部是鼓励使用股权的信息。而输入"不用股权""股权的坏处"等反向关键词，有效的内容则很少。

<u>创业者要解决实际问题，不应去追求管理上的新概念。股权事关重大，要用好股权这个工具，除了按照本书第一章的升维思维思考清楚自己现在要解决的公司问题，以及借助商业模式工具分析自己需要获得的资源或者能力，在具体采取行动前，更重要的是必须知道要获取这些资源能力，除了股权合伙，还有哪些方式。</u>

第二节　高效整合资源的三类合作模式

在商业社会中，大家通过互换资源或者协同合作生产出有竞争力的产品，这些互换与协同本质上都是合作。交易双方根据各自的现有条件和未来目标，选择适当的合作交易模式。

不同合作交易模式的紧密和复杂程度有所不同，交易双方要针对具体目标选择合适的一种或者多种方式。选对了合作交易模式能优势互补；万一选错了，不仅达不到最初的目标，还有可能导致双方正常合作关系的破裂。如同一个人追求心仪的对象，刚见面三天就想越过恋爱关系直接谈婚论嫁，即使自己一见钟情、诚意满满，估计多半也会把对方吓跑；如果因缺乏了解而爱上了不该爱的人，最终只会让自己心中满是伤痕。

为了方便区分并快速选择适合的交易模式，<u>根据合作的紧密和复杂程度，合作交易模式可以分为采购型、职能型和股权型三类。</u>

如果把这三种合作关系比喻成人与人之间的关系，采购型合作就是大家萍水相逢、来去自由，职能型合作则像是亲友邻里之间长期互帮互助，股权型合作则是一起居家过日子。

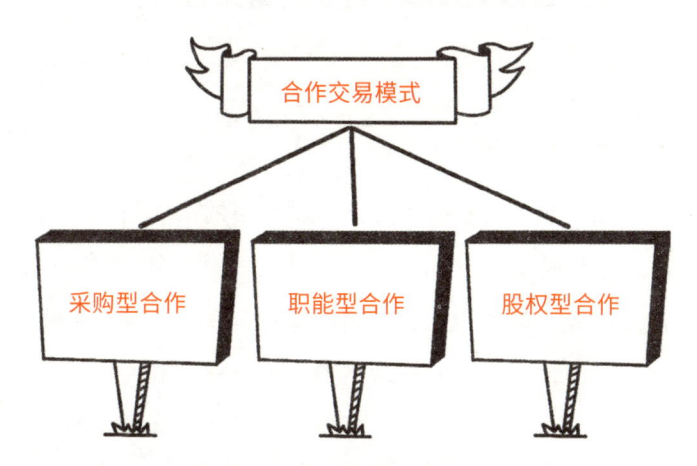

图2-1 合作交易模式类型图

一、采购型合作：深度合作需要通过最简单的合作建立信任基础

采购型合作指为了得到某种资源，直接使用货币购买的交易关系。合作双方信息沟通的频次和开放度直接影响合作的效率和成果。根据合作双方沟通的密切程度不同，可细分为常规采购模式和供应链整合模式。

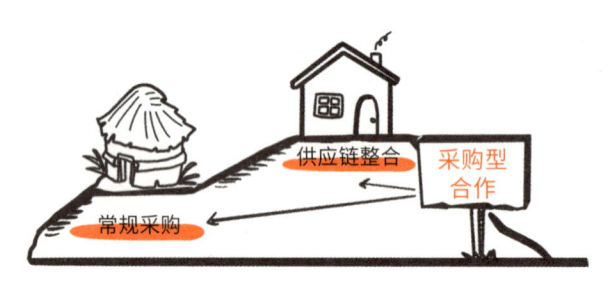

图2-2 采购型合作模式图

常规采购模式

常规采购模式指一手交钱一手交货的买卖行为，规则简单清晰，是最常见的一种合伙形式。例如企业采购一台设备，设备运抵检测无误后向厂家付款；企业为了解决一个技术问题，支付劳务费聘请专家解决；企业为了获得销售渠道资源，向超市交纳进场费；为了获取客户项目信息而给介绍人支付居间费用等。这些都属于常规采购模式。

在常规采购模式中，合作双方只需要遵守这一次交易的约定即可，其他方面不会相互干涉。所谓日久见人心，随着一次次买卖行为的发生，双方可以相互考察对方的交付能力，了解对方的价值观，这样才有机会一点点建立起深度合作所必需的信任，所以很多深度合作都是从常规采购模式起步的。

供应链整合模式

供应链整合模式是指合作双方处于供应链的上下游，交易频次非常高，为了提升交易效率，向彼此开放必要的内部供应链数据和信息，在客观上实现供应链的整合。

一个企业要在商业世界中立稳脚跟，仅有自身高效运作还不够，还要靠供应链上下游企业之间的紧密合作，提升整条供应链的竞争优势。这种来自市场的竞争压力，客观上推动了创业者积极建立基于供应链整合的交易关系。

【案例解析】海尔与国美，从采购博弈到供应链整合共赢

海尔与国美在 1999—2001 年的合作初期，主要是产品采购型交易模式。由于国美一直奉行低价经营策略，海尔则主张"只打价值战，不打价格战"的经营理念，双方关系一度僵化。后来海尔迫于竞争压力调整策略，双方在货品供应和门店推广等方面又相互支持，关系才得以改善。

2006年左右，国美为了应对与苏宁的残酷竞争，开始着力提升产业链整体运行效率，改善供应商关系，在缩短账期、取消进场费方面对供应商做了让步；并提供更具竞争力的产品，建立旗舰产品展销中心。

双方还组建了由采购、销售、研发、服务以及财务人员共同构成的"国美海尔事业部"，推动深度的供应链合作。双方合作内容不断深化，通过开放式信息实现无缝对接，共同深入分析和研究市场、共同针对目标消费群体研发产品、共同制定市场营销策略、共同制定服务标准、统一服务行为等，并通过双方物流体系的整合提升了B2B（商对商）、B2C（商对客）业务的供应链效率。

【思考与启示】

企业要取得竞争优势，应该站在整条供应链的角度思考如何通过构建新型合作关系提升供应链效率。基于信息数据互联互通的深度供应链整合交易模式便是其中重要的方式之一。

国美和海尔为了实现共赢合作，需要建立股权关系吗？

建立合作的基本原则是在目标不变的情况下，选

<u>择方式最简单、成本最低的交易模式</u>。股权模式固然会让双方合作更加紧密，但对势均力敌的两个巨头而言，如果采用股权模式合作，一定会先就"资产如何投入""谁控股""责、权、利如何划分"等问题进行艰难而持久的谈判博弈。既然只需要联合成立一个项目事业部就可以快速开展工作达成目标，又何必舍近求远成立一家公司呢？

此外，供应链的信息共享与整合不仅发生在上下游企业之间，也发生在企业与消费者之间。只要为了提高运营效率、实现双方共赢，在保持信息共享和双方独立性的基础上，人员、信息等方面的共享都属于供应链整合模式。

例如医院将各科室大夫的出诊信息公布在网上，供患者提前预约挂号，患者不仅节约时间，减少奔波之苦，也会因就诊顺序更加规范而获得更好的就诊体验；同时医院可以更加合理地调配医疗资源。同样，快递公司将物流配送的实时信息向采购物流服务的商家及最终客户共享，不仅降低了物流信息的沟通和协调成本，也提升了客户购物体验。

二、职能型合作：该不该给外包公司和经销商股权

职能型合作指企业为了长期稳定地输出产品，与他人合作完成业务链中的某些职能环节。为此，双方需要约定一系列流程与标准，明确关于人的责、权、利，所以交易结构比采购型合作要复杂一些；但是，交易各方在法律上仍是相互独立的企业主体。

根据与其他对象合作的职能环节，可以把职能型合作细分为职能外包模式和代理加盟模式两种类型。

图2-3 职能型合作模式图

其中，职能外包模式一般是把非核心职能环节交给外部专业机构完成，代理加盟模式所合作的往往是企业的核

心职能环节。职能型合作通常由于企业自身的资源能力有限，或者因远程操作不便等因素造成管理难度太大，以及为了加快扩张速度等原因，无法自己全部完成，因此引入外部的机构或人员。

职能外包模式

职能外包模式指企业为了将有限的资源用于强化核心竞争力，把非核心职能的业务委托给外部专业公司完成。

最典型的职能外包是生产贴牌和非核心职能外包，例如耐克公司的核心竞争力是产品设计和品牌运营，它把生产环节外包给中国福建的鞋服企业完成；营销策划外包给最擅长创意和整体营销规划的服务公司，基础性的客户调研工作则外包给调研公司完成。

企业不仅可以将非核心职能分包给外部企业，还可以通过股权改革，将已有的职能部门变成独立运作的外包公司，从而构建自己的商业生态。

【案例解析】海底捞将人力资源部门公司化，工作效率大幅提升

餐饮行业作为劳动密集型产业，人力资源招聘工作繁重。发展了二十多年的海底捞，每年员工招聘量超过十万人，2014年海底捞招聘一个新员工的平均成

本高达1800元。

后来,海底捞通过权力下放,将招聘成本核算至门店,大大减少了资源浪费。为此建立了庞大的人力资源体系,从专员、主管、人力经理、高级经理、片区经理到总部的总管经理,众多的管理层级不仅影响效率,本身也是巨大的管理成本,压缩后的招聘成本仍然达到1200元/人。

2016年,海底捞下定决心组织变革,把人力资源部门公司化,成立北京微海管理咨询有限公司,承接海底捞的招聘工作,从成本中心转为利润中心,招聘

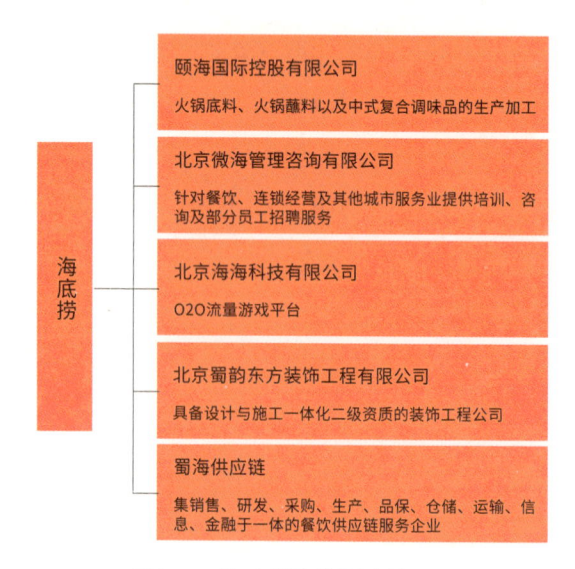

海底捞
- 颐海国际控股有限公司
  火锅底料、火锅蘸料以及中式复合调味品的生产加工
- 北京微海管理咨询有限公司
  针对餐饮、连锁经营及其他城市服务业提供培训、咨询及部分员工招聘服务
- 北京海海科技有限公司
  O2O流量游戏平台
- 北京蜀韵东方装饰工程有限公司
  具备设计与施工一体化二级资质的装饰工程公司
- 蜀海供应链
  集销售、研发、采购、生产、品保、仓储、运输、信息、金融于一体的餐饮供应链服务企业

图2-4 海底捞职能裂变体系图

成本进一步压缩到600元/人。

此外，海底捞的其他部门也公司化。海底捞的财务部门成立了北京海晟通财务咨询有限公司，工程部成立了北京蜀韵东方装饰工程有限公司，中央厨房做成了蜀海供应链，信息部和用友网络合作开发了餐饮管理系统红火台，而经营火锅底料的颐海已经在香港独立上市。

【思考与启示】

把拥有一定专业能力和业务规模的职能部门公司化，再将内部职能外包给专业公司，不仅让大企业完成瘦身提效，还使员工实现了内部创业。

代理加盟模式

<u>代理加盟模式一般指双方合作核心职能，包括加盟连锁、经销代理等。双方均无法独立完成全部业务链，因此凭借各自拥有的核心资源，建立起比较密切的合作关系。</u>

比如有些IT（信息技术）行业公司将精力集中在研发和生产上，地域化的商务拓展这一核心职能通过招募全国各地代理商完成。常见的城市合伙人模式本质上就是企业在各个区域寻找能补齐自身职能短板的合作伙伴，以连锁加盟和经销代理方式合作。很多情况下，城市合伙人是对

紧密合作对象不规范的称谓，因为企业和代理商之间不一定真的需要建立股权关系，最重要的是能否利用好互补的资源把业务做起来，大家共享收益。

企业面对市场残酷的竞争，有时需要在代理加盟模式的基础上，再通过股权合伙的模式，牢牢绑定核心产业资源。

【案例解析】面对行业剧变，格力电器与经销商建立股权关系

2005年，空调行业竞争异常激烈，国美、苏宁等大型卖场引领了家电行业的渠道变革，通过独特的商业模式飞速发展。很多家电企业因为没有自己的渠道而不得不屈从于家电大卖场，产品价格被迫不断压低，不仅利润大幅减少，还不同程度地丧失了制定产品价格策略的主动权，纷纷沦为国美、苏宁的打工者。

2007年4月，格力电器的大股东格力集团把多年来患难与共的经销商作为战略投资者，向河北京海担保投资有限公司转让了10%的股权，转让的股权数量占其所拥有股权总数的25%。河北京海由格力电器重庆、河南、河北、山东等十家销售公司合资注册成立，这十家销售公司是格力空调的主力经销商，2006年的销售额占格力电器内销总额的65%以上。

格力电器通过与经销商建立起股权关系，将两者

的利益牢牢捆绑在一起，不仅对外充分调动了经销商的积极性，提高了格力电器的市场竞争能力，对内也相对改善了格力集团一股独大的局面。改进格力电器的公司治理结构，保证公司决策的科学性，从制度上保证格力电器的持续健康发展。

【思考与启示】

对于经过市场筛选，确实有能力创造价值的区域合作伙伴，建立股权关系会促进更加紧密的业务合作关系。换个角度看，也正是因为国美、苏宁这种专业渠道商带来的巨大竞争压力，才使得格力电器必须与经销商更紧密抱团，经销商也才有机会分得格力电器股权这杯羹。

三、股权型合作：你做好"长相厮守"的准备了吗

股权型合作是最深度的合作，合作各方提供各自的资源，成立共同拥有股权的公司；为了合作的持续稳定，要约定好分别承担的职责、拥有的权利和可以获得的利益等事项。

根据股权合作是针对某一个特定时期的阶段性项目，还是在某个业务领域内永续经营，股权型合作又可细分为项目型股权合作模式和永续型股权合作模式。

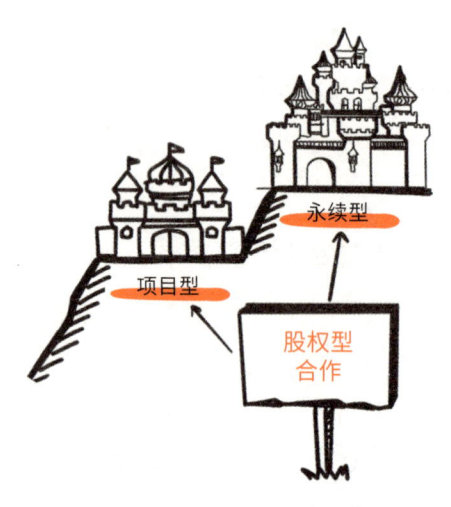

图2-5 股权型合作模式图

项目型股权合作模式

项目型股权合作模式指双方针对一个特定事项，通过股权建立的有一定时间阶段性的紧密合作关系。

例如拥有品牌势能的大型房地产公司和拥有土地资源的地方性房地产公司以各自的核心资源出资，共同成立属地化的房地产项目公司，按照约定比例获取收益。

还有一些公司在创立之初就已明确当经营业绩达到某一标准时，上市公司将对其实施收购，这种以被上市公司或其他大公司收购为特定目标的创业项目，也属于项目型股权合作模式。

此外，契约型私募基金和以有限合伙企业设立的私募基金通常会设定为期数年的投资封闭期，到期退出并向投资人退还本金和收益，这种基金也属于项目型股权合伙模式。

永续型股权合作模式

永续型股权合作模式指由拥有不同资源和能力的多方股东以长期永续经营为目标而成立公司的合作方式。绝大多数公司属于这种类型。

项目型股权合作以完成该项目的阶段性目标为使命，永续型股权合作在人员配置、利益分配、增资安排、股权退出方式等方面考虑更加长远，更能适应未来可能发生的各种变化，所以最终的方案会比较复杂。本书重点讨论和研究的就是以永续经营为目标的永续型股权合作模式。

上述三类六种合作模式，合作紧密程度越深，对合作双方的要求越高，投入的成本也越大；如果合作不成功，各方遭受的损失也会越大。其中，永续型股权合作模式是最紧密、难度最大和成本最高的合作模式。

用下图简单描述一下这三类合作模式的特点。

图2-6　三类合作模式

采购型合作：主体各自独立，简单的买卖关系和必要的信息沟通。

职能型合作：主体各自独立，在业务价值链的上下游彼此紧密协同合作。

股权型合作：在同一个主体内，成立专门机构统一管理，根据各自的贡献分配利益。

<u>通过经营主体、适用场景、核心合作文件等角度仔细对比三类六种合作模式</u>，如表2-1所示：

表2-1　三类六种合作模式对比

合作类型	合作交易方式	经营主体	适用场景	核心合作文件
采购型合作	常规采购模式	主体各自独立，约定利益分配关系	一般性产品采购	购销合同等
采购型合作	供应链整合模式	主体各自独立，约定利益分配关系	战略性产品采购	供应链合作协议等
职能型合作	职能外包模式	主体各自独立，约定利益分配关系	非核心职能外部合作	外包协议等
职能型合作	代理加盟模式	主体各自独立，约定利益分配关系	核心职能外部合作	产品代理协议等
股权型合作	项目型股权合作模式	同一主体，分别拥有股权	阶段型项目合作	出资协议、公司章程等
股权型合作	永续型股权合作模式	同一主体，分别拥有股权	永续型项目合作	出资协议、公司章程等

企业间的合作模式并非一成不变，不同的合作模式之间可以转换。例如某公司为了上市并表的需要，收购其区域代理商51%的股权，双方由代理关系转成控股关系。有些交易模式可以并存，例如格力电器的经销商与格力电器建立股权关系后，原有的经销商关系依然存在，经销商因持有格力电器的股票共享格力电器成长的资本收益，也可继续获得经销产品带来的收益。

为了实现战略目标获取某一项资源、达成某种合作时，在确定如何用股权合作之前，应从自己的切实需求去分析：

1. 如何选择当前最恰当的合作模式；
2. 建立一种，还是同时建立多种合作模式；
3. 现在采取哪一种合作模式，今后是否转换、如何转换。

第三节 恰当选择合作模式，必须考虑两个核心问题

最恰当的合作模式不仅要满足各方多赢，还要操作简单、交易成本低。为此，必须考虑两个核心问题：第一，从公司战略上判断是否需要这样合作；第二，公司现有条件和承受能力能否支持这样的合作。

一、根据公司战略判断是否需要这样合作

如何从战略上判断要不要合作,我们可以从对方的资源给公司带来的价值、合作可能持续的时间、合作的深度这三个维度来判断。

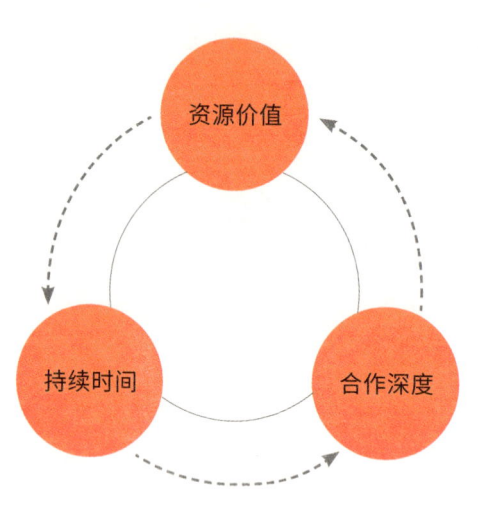

图2-7 判断是否合作的三个维度

资源价值:必要、重要又稀缺的资源才值得紧密绑定

选择交易方式时,必须通过对公司商业模式和战略的分析,判断资源的必要性和重要性,以及资源在市场上的稀缺性。

一般的资源用常规采购的方式就可以解决,必要性和

重要性都高的资源需要建立更深的职能外包合作来保证稳定供应；如果资源的稀缺性很高，则应尽量采用股权方式合作绑定。

比如钢材是建筑企业非常必要和重要的原材料，由于钢材厂家众多，产品并不稀缺，所以采用常规采购的方式不仅可以满足企业的需要，还能货比三家降低采购成本。

乳制品行业在2008年爆发三聚氰胺事件前都是通过采购鲜奶等方式解决奶源问题。三聚氰胺事件爆发后，掌握奶源的重要性大大提升，很多大型乳制品企业为了消除不良影响、控制产品质量、增强客户对公司的认可度，同时也为了在市场动荡中抓住机会扩张，纷纷在海内外收购牧场，沿着产业价值链进行前向一体化，直接控制奶源。由此，乳制品企业与牧场由常规采购关系转换成了股权关系。

2018年前后，比特币的火爆催生了大量应用区块链技术的创业公司，短时间内，必要又重要的区块链程序员需求呈井喷式增长，区块链程序员一时间变得绝对稀缺。通常情况下，只有比较资深的区块链程序员才有机会获得公司股权，但由于区块链程序员太过稀缺，导致中等水平的区块链程序员薪酬飙升至超过一般互联网公司的技术总监，给其股权激励也成了行业常规配置。

持续时间：合作是一次性、阶段性还是长期持续

持续时间指双方合作的事项在一定时间内发生的次数，旅游住酒店是一次性事件——来了就住，住完离开；结婚则是两个人长期共同生活的开始，所以需要谈恋爱相互了解，双方都认为合适时才会领证。频繁、长期的合作才值得建立更加密切的合作关系，并付出更高的交易成本。

比如，某服装公司刚刚创立，老板希望装修体现公司的文化特色，找了一位装修设计师。针对这种若干年才会发生一次的事情，只需要支付设计费即可，没必要给股权。

相比办公室装修设计，这家公司的主业——服装设计是高频、持续不断的，应该招聘专职的服装设计师。为了保留和激励高水平的设计师，可以给予其股权。虽然为此付出了高额的人力成本，但平摊到每个款式服装上的设计成本依然比较低，还保持了设计风格的一致。

服装设计完成后，如果公司不想亲自生产，可以根据服装类型和数量，分批次寻找对应加工厂完成。这种阶段性外包合作的紧密程度介于一次性的装修设计师和持续性的服装设计师之间。

创业者应该根据业务需要确定建立一次性、阶段性还是长期持续的合作方式。交易频次越高，越应采用深度合作，摊薄较高的交易成本。

当然，创业的路上并不都是按照既定的原则行事，总

有例外发生。这些例外会成为商业世界里有趣的谈资，细品会发现，它的存在在某一个层面也有其合理性。

【案例解析】一不小心成了亿万富翁，只因干完装修没收到钱

2005年，一位名叫大卫·乔伊（David Choe）的艺术家为脸书（Facebook）公司总部装饰墙面。结算工钱时，扎克伯格（Zuckerberg）给了他两个选择：一是数千美元现金，二是支付其同等价值的脸书公司股票。尽管乔伊当时认为拿脸书的股票有点儿荒谬，但还是鬼使神差地收下了股票。

到了2010年，当年的"荒谬"选择改变了他的人生。曾经生活落魄的他，在脸书上市后，所持有的股票价值超过了2亿美元。

【思考与启示】

现在来看，扎克伯格做了一个错误的决定，居然拿宝贵的股权用于支付一次性的装修款。但站在当时的情景，公司前途未卜、现金流紧张，明天还要发工资，能接受公司股权抵用现金支出的人，变相帮助公司渡过难关，难道不也是上帝派来的天使吗？

合作深度：相互独立、局部嵌套再到全面融合，加深合作的三部曲

合作深度指合作双方付出的投入程度，合作要求越紧密，各方越应该投入更多资源于合作事项上。如同一个人选择了婚姻，他必须投入财产、精力、承诺以及责任等。

对于采购型合作而言，双方都不是彼此的唯一选择，买方可以货比三家，卖方也可以靠着八方来客光顾生意，各自的独立性几乎不受影响。即使是供应链整合的交易模式，采供双方为了提高供应链运行效率成立了联合工作小组，也只是相当于在已有的经营主体之上加了一个外挂，有之更好，没有也不会影响经营主体的正常运行。

对于职能型合作而言，不论是将非核心的市场调研外包，还是在某个区域发展独家代理商，都属于局部职能上的外部嵌套。虽然离开对方无法完成业务闭环，但因为还保留着自己的核心能力，且外包或者代理商并非只有一家可供选择，所以仍可补救。

对于最紧密的股权型合作而言，各股东将资源投入到公司，任何股东都不可随意分割公司财产，董事和高级管理人员不允许"自营或者为他人经营与所任职公司同类的业务，不得做其他任何损害公司利益的事情"。这就像夫妻二人为了把孩子培养成人，合理分工、共同奋斗，不可再有任何三心二意，是一种一荣俱荣、一损俱损、完全融合

的合作模式。

所以,建立合作一定要根据协作的深度要求,在相互独立、局部嵌套、全面融合中选择最适合彼此的那一种。

二、衡量自己的代价和条件,决定是否合作

决定是否做一件事情,不仅要看与自己的目标是否契合,还要看是否具备相应的条件。选择适当的合作交易方式要重点考虑双方的信任强度和自己能承受的成本代价。

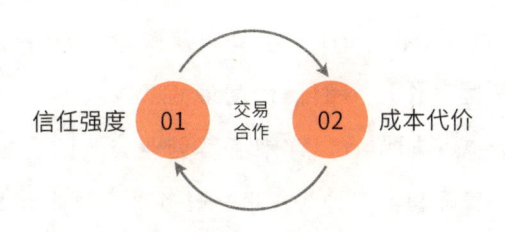

图2-8 选择合作模式重点考虑的两个方面

信任强度:所有合作最基本的限制条件

不论哪种合作模式,必须获得对方一定程度的信任,越是重要稀缺的资源,越应该拿给最信任的人。

在采购型合作中,双方只需关注现在提供的产品或服务是否符合约定的标准,能否给自己带来价值。消费者去超市买一瓶矿泉水,只要不是假货且价格合理即可。至于

老板有没有按约定交房租、有没有定期给供应商回款这些关乎个人诚信的事情，消费者并不关心。老板也只关心顾客给的是不是假钞，除此之外，关于顾客的情况他也一概不过问。

对于职能型合作来说，例如寻找外包企业，要获得对方信任并不是拿着一个样品，拍胸脯说一句没问题就能达到的。委托方须详细考察供应商的生产资质、研发实力、产能规模、品控流程，了解其过去曾经做过的产品、服务过的知名企业，等等。整个考察不仅看结果，也看过程；不仅看现在，还要看历史。如果可选的供应商比较多，委托方还会建立对他们的评估体系以及筛选清退机制。

股权型合作所需的信任度最高，投资方会采用更加全面的方式尽职调查，详细了解创业公司的历史发展沿革、现在状态和未来趋势；审查财务报表及业务单据；访谈高管、员工、上游供应商、下游客户以及其他利益关联方……创业公司则会全面了解投资方的资金实力、投资风格、历史投资业绩、真实投资目的等等。总之，双方都需要在详细的数据信息和缜密的逻辑分析基础之上做出是否进行股权合作的判断。

由此可见，随着合作方式紧密程度的加深，所需的信任强度也会越来越大。但并不是有高度的信任就一定采用最紧密的合作方式，在满足业务需要的前提下遵照经济性原则，选择最简单合适的合作方式即可。

任何人际交往和商业交易，信任都是最基本的限制条件。而信任像一粒种子，需要时间在人的心中慢慢成长。我们除了关注"事"，也要多多关注"人"，早早在他人心中播下信任的种子。

成本代价：创业者要玩自己输得起的游戏

凡事皆有代价。我们选择合作方式，除了追求收益，还须考虑在合作前、中、后期付出的成本代价，包括合作之前要先付出多大的准备成本，为了这个合作放弃的收益有哪些，以及一旦开展合作，中途放弃要付出的代价有多大，等等。

采购型合作前期付出的成本很小，由于双方相对独立，即使中途停止合作，多数情况下的损失也仅限于采购的产品本身。

如果将某个产品外包生产，由于企业对同一类产品一般只会找一家公司代工，一旦代工环节出现问题，销售渠道将无货可卖，之前付出的研发成本也将无法弥补。对于代工方也是同样的道理，为了承接委托方的订单，代工方会在设备、模具、员工培训、排产等方面做好所有准备，万一订单出现问题，这种深度嵌套的合作模式会导致之前付出的成本打水漂。

对于最紧密的股权型合作模式，创业者一旦引入股东设立了公司，就意味着要按照《公司法》的规定，承担起股东对内外部相关利益者的责任。例如，即便与股东相处得不好，也不能随意清退对方，除非以对方满意的价格收购其转让的股权。股东自己也不能随意退出，首先不能带走当初自己带来的资源或等值资金，除非转让。即使股东什么事都不管，其在公司的认缴责任也无法免除。如果其他人使公司欠了债，一旦需要追缴，自己也会被要求在认缴金额范围内予以偿还。俗话说：请神容易送神难。在引入股东方面尤其如此，所以创业者务必三思而后行。

综上所述，达成任何一种合作方式都要根据业务目标决定要不要做，还要根据前提条件和成本代价决定能不能做。在能达成目标的基础上，要尽可能地选择简单的合作方式；若暂时还不具备密切合作的基础，可以先采用松散的合作方式培养信任感、增进了解，等时机到来时"再结良缘"。这五个因素的权重并无绝对高低，需要根据企业经营的具体情况灵活应用，详见表 2-2。

例如一家企业的现金流非常紧张，但是目前只有一家机构愿意投资这家企业。如果得不到投资，企业马上就要面临倒闭，所以即使投资只是一次性的，对方非常难以相处，还提出苛刻的业绩对赌、董事会权力和股权回购等合作条款，很多创业者为了缓过这口气，依然会选择将其引

表2-2 合作模式选择因素分析表

核心问题	影响要素	低影响	中影响	高影响
要不要	资源价值	必要	重要	稀缺
	持续时间	一次性	阶段性	持续性
	合作深度	各自独立	局部嵌套	紧密融合
能不能	信任强度	一般	强	极强
	成本代价	较小	中等	很大

入成为股东。

在现实商业环境中选择合作方式不是做数学题，需要在每个具体场景下艰难权衡利弊得失。

第四节 小结与思维进阶

股权合伙，"合伙"是目的，"股权"是手段。一家公司所有的合作伙伴中，真正能成为股东一直走下去的只是少数。是否采用股权的方式合作，双方都会首先从公司战略上看是否需要股权合作，其次会从公司现有条件和承受能力上看能否股权合作。

所以，创业者启动股权合作之前，要先调动逆向思维，不局限于股权的方式，而是从更低成本、更快速、更高效实现目标的角度，找到最合适彼此的合作模式，更容易打开更广阔的合作空间。一般来讲，可以按照合作的紧密程度，由浅入深地在采购型合作、职能型合作和股权型合作中选择。

合作模式绝非越紧密越好，因为要获得收益，必付出成本；想要控制他人，就需要做好自己也被对方控制的准备；获得深度合作的收益，可能会失去广泛选择的自由。因此需要通过逆向思维进行比较，找到最适合的就是最好的。

我们在生活和工作中也常常由于想要迫切得到所希望的结果而不自觉地只关注自己喜欢、擅长的，或者希望发生的事情，因而让自己的视野和认知变得狭隘。所以，平时做事情也需要留意运用逆向思维，走到与现有角度相反的那一面重新审视，这样对事物的理解才会尽可能地接近全面。

在生命的路途上，我们曾多次希望与某些人永远携手同行，但能够长相厮守的只是极少数，大部分人只是阶段性地在某一方面陪伴我们一起成长。所以与他人合作相处的关键点不在于追求紧密和永恒，而是要用逆向思维开启更多的可能性，尊重事实、体悟人心，让每段陪伴都能结下一份善缘，这样何愁遇不到风雨同舟的伙伴。

第三章　结构化思维：
定时空、看多维，了解股权合伙的本质

物有本末，事有终始，知所先后，则近道矣。

——《大学》

<u>如果用最简单的一个词描述股权合伙，那就是交易。</u>

财务投资人支付资金换股权，技术专家投入专利或者时间精力换股权；创业者则是用股权换企业经营所需的资金，换免费使用的销售渠道，换"大咖"的站台背书。

但是，股权合伙又与常规意义上的交易有所不同。常规情况下，我们去饭店消费完就和饭店没有关系了；花巨资买了一套房子，只要房子没有质量问题，我们和房地产开发公司之间就不再有什么来往。如果投资了朋友的一家公司，投资时不仅要商量好比例、价格、出资方式等事项，还要约定今后如何参与公司管理、如何退出，以及退出价格等。一旦拥有了股权，平时就会关心公司经营情况如何；遇到国家政策调整，也会看看对公司业务的影响；到年底会在意公司有没有分红；对公司重大事项也会仔细想想自己应该给出什么样的意见。

股权合伙是一种特殊的交易，不仅考虑今天，还要考虑明天；不仅考虑如何通过博弈提升自己的权益，还要考虑如何密切合作提升公司的价值；不仅考虑自己，还要考虑他人；不仅考虑收益，还要考虑成本；不仅考虑方案本身，还要考虑公司的特点……

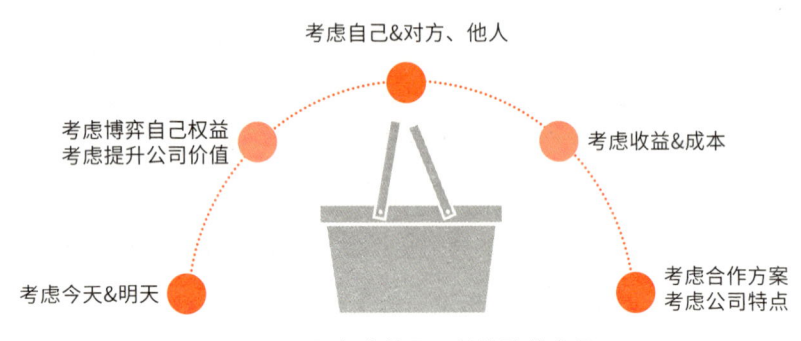

图3-1 股权合伙是一种特殊的交易

采用片面的点状思维无法全面认识股权合伙，只有采用结构化思维，在恰当的时空场景下才能呈现出股权合伙立体、多维的本色。

要从时间角度分析如何在启动阶段选择恰当的时机，如何延续共赢的结果；从空间角度换位思考，了解彼此的定位、诉求和付出的代价。为了了解股权合伙的多维本色，一是"读懂人"，脱离了对人性深刻理解的股权合伙只能是建立松散的"团伙"而非紧密合作的"团队"；二是"看清事"，股权合伙必须融入公司的业务和管理体系，否则就像挂了空挡的汽车，踩再大的油门汽车也走不动；三是"算明账"，设计过程中必须充分考虑财税的规范和成本，否则股权合伙可能会得不偿失，成为一笔亏本买卖；四是"定好约"，股权合伙最终的成果必须符合法律要求且形成正式文本，否则法律保护就没有依据。只有用以上结构化思维处理好股权合伙关系，才有可能让所有人从股权合伙中得到物质与精神的丰硕回报。

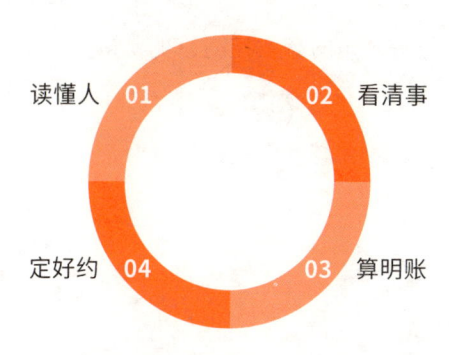

图3-2 股权合伙结构化思维四件事

第一节　构建时空观，在博弈中实现共赢

<u>任何人、物、事都存在于特定的时空，我们认知事物必须有"时空感"，即在时间上要有动态发展的视角，空间上要站在全局的视角</u>，这样才能真正深入理解事物之间的关系和运行演变的规律。

股权合伙是一种追求结果共赢，但在合伙过程中又相互博弈的特殊交易。为了全面深入地理解它，我们需要建立与之匹配的时空观。在时间上，首先要选择"天时地利人和"的恰当时机才能取得事半功倍的良好效果；其次，不能只站在当下思考如何分配股权比例、董事席位，更重要的是思考未来要做的事情能否实现共赢，股东们如何分工协作，基于未来的目标确定当下责、权、利的分配，并约定好如何在发展过程中动态调整。在空间上，不能只思考自己如何获得资源、实现对公司的有效控制，更要换位思考，了解、分析到底如何有效满足合伙人的诉求，如何为股东创造价值，才能让更多的资源拥有者愿意跟自己合作。

一、时间维度：股权合伙是为将来实现共赢而在当下启动的交易

本书第二章中讲到了多种合作交易模式，例如最常见

的采购型合作交易，双方为了完成一次交易而短暂结合，确定双方都可接受的价格后，交易完毕就分道扬镳。就单次交易而言，这本质上是某一方沾光、另一方必定吃亏的零和博弈，砍价还价能力是做这种交易的基本功。例如从事零售业务的沃尔玛创始人山姆·沃尔顿（Sam Walton）和宜家创始人英格瓦·坎普拉德（Ingvar Kamprad）都是砍价的顶级高手，英格瓦·坎普拉德更是被称为"最吝啬的富豪"。

股权合伙交易恰恰相反，是为了合作而发生的交易。交易完毕意味着长期合作的开始，从此以后，大家要共同奋斗，把蛋糕做大才能获得收益。由于交易涉及多个利益主体，每个主体为了提升自己的收益又会博弈。

我们必须以动态的视角思考双方能否通过股权合伙在未来实现共赢。为此，要明确"如何开始"和"如何持续"这两个核心问题，也就是如何选择股权合伙的时机，以及如何在未来持续共赢。

股权合伙何时启动

要做好一件事情，需要天时、地利、人和等多种要素齐备。股权合伙也需要综合分析内外部环境和公司自身的需求，选择恰当的合伙时机。很多时候，时机的选择往往比方案的细节是否完善更重要，能直接决定合作效果的好坏甚至项目的成败。启动股权合伙的常见情况有如下三种：

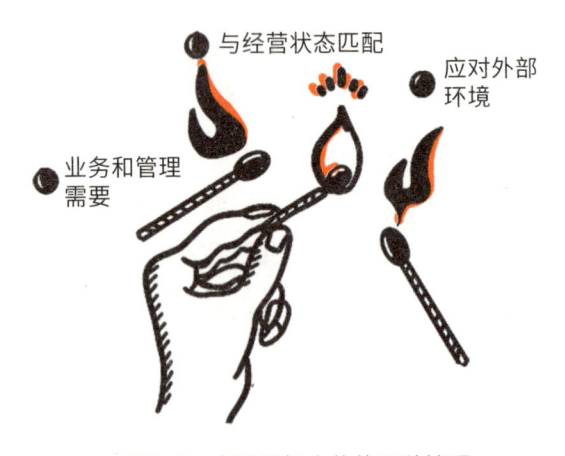

图3-3 启动股权合伙的三种情况

1. 满足业务和管理的需要

引入股权合伙人一定是因为需要通过股权作为纽带，建立更加紧密、持久和拥有共同利益的合作关系。创业者首先要判断公司何时需要对应的资源要素。这要求创业者提前做好顶层设计，例如员工的股权激励计划一般与公司的三年、五年战略规划同步推出；引入市场型的城市合伙人往往与公司市场的渠道规划配套。

"兵马未动，粮草先行"，创业者要按照公司对各种资源到位的时间和难度提前寻找股权合伙人，并给资源到位预留出充足的时间。例如引入财务投资人，从筛选投资方到走完尽职调查、内部审批和打款流程，至少需要预留3～6个月。

2. 匹配经营发生的变化

<u>当公司发生重大事项时</u>。比如公司刚引入投资机构且签署了业绩对赌条款，如果完不成业绩会触发强制回购股权或者支付违约金，这时需要将经营压力分解，通过员工股权激励的方式让"千斤重担人人挑、人人肩上有指标"，不仅能齐心协力完成对赌的业绩指标，员工也能共享股权增值的收益，提升内部凝聚力。

<u>当经营模式发生重大变化时</u>。比如公司计划像海底捞一样将内部人力资源、门店装修等职能改为公司化运作，这种情况需要让员工持股；或者像很多知名房地产开发公司一样，由各区域直营改为与区域合作伙伴联营，这就需要引入所在区域的股权合伙人。

<u>当公司创始人发生变化时</u>。比如创始人因年龄、身体或家庭规划等因素无法继续全职工作，不论由家族成员接任还是将权力转交给职业经理人团队，都需要提前启动"以股权为轴心的接班人计划"。

<u>当公司发展周期跨过某个里程碑时</u>。一家公司的估值水平在不同发展阶段变化巨大，公司最好选在业务取得显著进展，证明投资风险大大降低或者预期可以获得较好收益时对外融资，这样可以获得好的估值，对内实施股权激

励也会提升员工的参与度。

3.应对公司外部环境变化

公司竞争环境变化时。比如同行业的竞争对手已推出股权激励计划或者薪酬调整方案争夺人才，自己也会被迫做出反应，所以在很多由关键人才构成公司核心竞争力的行业，股权激励并非企业自主选择，而是行业标配。例如有些三四线城市的本地小公司，为了应对知名大公司下沉进入区域市场，需要在大公司来扫荡人才前用股权"金手铐"锁定核心人才。

当社会和经济形势发生重大变化时。企业融资如果学会借势，往往可以不增加一分成本就取得巨大增量收益。例如在同行企业刚上市并取得良好市场表现时融资，由于投资机构对同类行业有良好预期，此时往往更容易获得融资及较高的估值水平。例如网络安全类企业在出现重大网络安全事故、政府强制规范或者国家推出对行业有利政策法规时融资，也是巧妙的借势。当然，还有更多时候需要对重大事件未雨绸缪，例如在重大危机出现之前提前做好股权安排绑定核心员工，才能在遇到行业剧变、经济危机等情况时共渡难关。

需要特别说明的是，股权合伙的"时机"并不等于某个"固定时间"，虽然最终都会选择在某个时间点上行动，但更重要的是明确引入某个股权合伙人需要满足哪个或者哪几个影响公司经营的条件，条件具备之时就是创业者的机会，这才是可行动的"时机"。

股权合伙如何持续共赢

一对新人是否建立婚姻关系，除了考虑当前的彼此欣赏，更需要两个人能够在未来相濡以沫，经营好小家庭。能否在未来达成共赢也是建立股权合伙关系的重要关注点之一，这需要我们思考两个问题：什么是共赢？如何能实现共赢？

1. 什么是共赢

共赢，就是要实现"1＋1＞2"的效果。

具体而言，共赢的第一个条件是：两个及以上的利益主体合作后，整体收益大于每个主体单独运营的收益之和。例如在线打车平台对订单快速整合，让打车由"人等车"变为"车等人"，大大提升了消费者的打车效率，从而汇集了巨额的车辆出行订单，让平台和司机实现了共赢。要特别提醒的是，如果只是搭建一个交易平台，把很多人拼凑到一起，并没有带来业务增量，只是"1＋1＝2"，是算不上共赢的。

共赢的第二个条件是：每一个主体的收益应大于自己单独运营时的收益。这个条件是个体决定是否合作的底线，打车平台公司与司机之间是一种合作——平台公司负责获取客户订单，司机负责服务交付；但算不算共赢，司机心中会算一笔账：扣掉平台抽成后赚的钱跟自己单独运营或者承包出租车相比，哪个赚得更多。

<u>是否满足第一个条件，取决于该行业能否产生规模效应、资源复用效应或者网络效应等降低成本和提升价值，或者因商业模式创新提升了效率。而是否满足第二个条件，则取决于分配机制的设计是否合理。</u>

【案例解析】培训公司的杨总要分股权，员工为何不"感冒"

某培训公司的主营业务是为大中型企业客户提供定制化的内部培训服务。公司现有45名员工，其中核心的是8名培训项目经理，每位项目经理带一个小团队承接培训业务。

公司基本的业务模式是公司或者项目经理个人获得项目信息后，项目经理负责拜访客户，明确客户需求并拟定培训方案。其中来自公司的市场信息比例约占40%。客户认可方案后甄选讲师、安排培训项目实施落地，最后收回尾款。常规的培训项目，每个项目经理带领培训助理就可以完成；遇到大型项目，各个团队之间会相互借调培训助理。

员工的薪资主要包括两个部分：基本工资，根据员工的岗位类别、管理层级和工作年限等因素由公司统一制定，这部分约占员工总收入的40%；项目提成，计算方式为将每个培训项目的收入减去本项目发生的师资课酬、课件印刷费和培训物料费等费用作为毛利润，收到客户尾款之后，以毛利润乘35%作为项目提成总额发放给项目经理，由其进行分配，公司一般只做备案但不干涉。

公司的大股东兼总经理杨总干这一行已经有七八年了，最近几年公司的发展不温不火。正所谓近水楼台先得月，他有很多机会听关于搭建平台型组织和股权激励的相关课程。杨总也打算进行股权改革，一方面希望激发员工的工作热情，另一方面也希望共创共享的机制，吸引社会上的优秀人才加盟，把公司做大做强。

学习之后，杨总按照课上学习的套路对公司进行了股权改革。为了稳妥起见，本次激励对象只有核心的8名项目经理，每个人的股权份额主要考虑三个因素：一是最近三年的业绩总量，二是贡献的毛利润，三是工作年限。同时他还计划取消按照项目毛利润发放提成的方式，改为每年年初根据上一年利润情况，按照股权比例分红。为了避免有人搭顺风车，杨总给每个激励对象制定了最低的业绩指标，如果低于最低线就不能获得分红。另外，培训助理的提成由公司按统一标准发放。

按照过去三年的业绩数据测算后,最终确定给所有项目经理的股权比例总额为30%,这样他们拿到的分红总量不低于原有的项目提成总量。同时杨总为了表达自己推动变革的诚意,也避免某些员工因为业绩变化大而吃亏,把股权激励总额提升到40%。出资价格只按照净资产,对于一家轻资产公司而言,这个出资可以说只是象征性的,相对项目经理们的收入而言并无很大的经济压力。

杨总认为新方案考虑得很全面,特别有信心,期待着大家的积极参与,那幅上下同心、热火朝天共同奋斗的美好图景似乎已经近在眼前了。

但是,8名项目经理听完激励宣讲之后,几乎没有人表达正向的认可或者积极的响应。过了几天,杨总甚至听说一名新进公司但业绩优秀的项目经理跟同事表达了离职的想法,而杨总对这名项目经理非常看好,正打算重点培养。

这种跟预期巨大的反差一下子把杨总搞蒙了。他不敢直接去跟员工谈,一是觉得员工未必愿意讲真话,二来担心认知差别太大谈崩了不好挽回,于是向股权专家李老师咨询,想搞清楚自己的一片好心为何会变成这样。

了解完具体情况后,李老师对杨总说:您只需要站在员工角度算一笔账，就可以理解员工的这种反应了。在李老师看来，杨总的新方案犯了三个基本错误：

第一，把跟自己小团队业绩直接对应的提成激励改为与公司业绩间接对应的股权激励，这种改变意味着付出与收益之间的对应关系变得更加不确定。

第二，把过去项目结束就可以结算的项目提成改为按年度结算的公司利润分红，这意味着延长了激励兑现的时间，收益延期增加了不确定性。

第三，把过去由项目经理决定下属的浮动工资改为由公司统一决定，这意味着培训助理是否还能像过去一样买项目经理的账、听从指挥，也变得不确定了。

站在项目经理的角度，他们感觉到的是干了同样的活，但并不直接影响收益多少，还有可能被别人平均，钱到手的时间变晚了，对下属的控制力也下降了。

尤其那名有爆发潜质，但由于资历浅、业绩总量低而拿到的股权数量最少的新项目经理，即使他将自己的业绩提升一倍，由于分红算的是总账，他的业绩增长也会被他人平均稀释，个人的收益增加并不如过去的方案明显。既然付出与回报不能对等，不难理解他为何想离开了。

虽然杨总额外拿出了一部分股权用于推动这次变革，但新制度破坏了最基本的"多劳多得""及时激励"

等核心原则,导致越有能力的人越感觉不公平,甚至可能造成优秀人才的流失。

【思考与启示】

如果分配机制变革只是在存量利益上做结构调整,一般不会起到良好的作用。激励模式的变革应源于业务流程的再造、商业模式的优化,产生"1+1>2"的效果,带来价值增量,然后根据贡献大小把增量部分分配给参与者,才能让这种模式持续下去,实现长久的共赢。

同时,某一方的利益无偿让渡也不会让激励作用持久。这样虽然提升了个人收益的绝对值,被激励对象短期可能也会因为额外的收获而以努力工作表示对老板诚意的回馈。但是,这种分享会在对方心中留下一个不该留下的印象:在公司不用额外付出也可以获得额外收获。这就打破了"一分耕耘,一分收获"的正常反馈循环。今后再推出"一分耕耘,一分收获"的激励政策时,员工反而会觉得"吃亏"了。

2. 如何才能共赢

针对类似杨总公司的状况,应该如何做才能实现共赢呢?首先要明确一个基本原则:<u>共赢的前提是共同创造出</u>

增量的价值，而不是多分股权。这里有两个关键点，一是"共创"，二是"增量"。

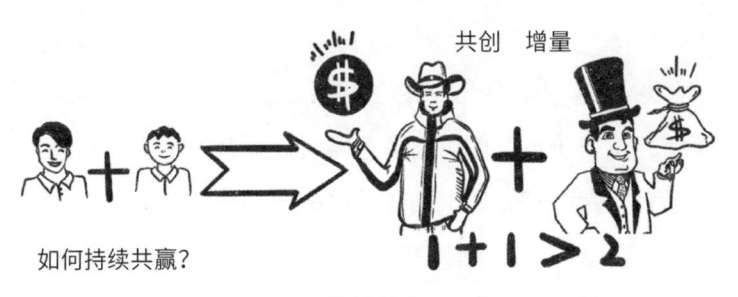

图3-4　持续共赢示意图

首先看"共创"。如果一件事情单个人做不成、做不好，或在市场竞争中赢不了，只有通过组织化协同才能提升赢的概率，那么参与者之间需要通过股权合伙绑定在一起。

不参与、阶段性参与或者只在局部参与的共创者，一般没必要参与公司整体价值的分配。不需要共创、单枪匹马就能完成的事情不具备建立共赢关系的基础，不能为了激励而激励。就如同过去给农民分配不需要大规模协作种植的自留地，自留、自管、自享就是最有效的激励方式，明明各自单干最合适却硬往一起捏，反而会打消积极性。

其次是"增量"。建立股权共赢关系的要点是产生增量作为价值分配的来源，个人的贡献是参与分配增量的依据。优化价值分配体系的目的，不仅仅是改变原有存量的分配方式，更是为了保障、优化、变革价值创造体系。对于新建立的合作体系，增量是指大于各自独立创造的价值之和；针对已经存在的合作体系，则是指要取得比以往更高的投入产出比。

华为公司的股权激励模式设计彻底展现了付出与收获、价值创造与价值分配内在的逻辑对应关系。华为一直强调"以奋斗者为本"，推出的各种股权激励模式都是围绕"奋斗""奋斗者"展开的。例如，华为推出的"虚拟受限股"，其含义就是只有奋斗才可以分享收益；不在岗位上奋斗了，激励立刻就会停止。后来实施"饱和配给制"，是公司为了减少靠出资而非奋斗获得价值分配，所以股权根据岗位设置上限；2013 年推出的"TUP 计划"（Time Unit Plan，时间单位计划）[1]则是让更多没有足够资金购买股权的年轻奋斗者以及因法律上有障碍无法获得虚拟受限股的海外奋斗者都有机会获得分红。"TUP 计划"向通过出资获得虚拟受限股的老员工发出的潜台词就是：靠出资、靠资历获得的价值分配会因为"TUP 计划"减少，只有成为持续的奋斗者才能与华为公司共赢！

综上所述，为了实现共赢：

第一步，需要通过商业模式的优化升级，创造更大的

---

1 关于 TUP 计划，详见本书第五章第三节。

收益增量。

例如上述案例中培训公司的杨总可以通过组织整个公司的力量研发和推广市场需要的主打明星培训产品，这样各个项目小组的市场信息获取主要来自公司，公司才能因为手握订单而在价值分配上拥有真正的主导话语权，制定价值分配规则。

<u>第二步，按照在哪里做贡献就在哪里获取收益、多创造增量多分配的原则，制定每个人的利益分配机制。</u>

例如，杨总可以给市场开发人员分红，交付环节的收益仍然由负责培训项目执行的各位项目经理获得，这样一来，同一个人获得的收益将会根据实际贡献而不同。员工如果参与了主打产品的研发和推广，这是在公司层面做出贡献，可以拿到公司的股权收益；如果参与了项目的交付，可以拿到交付项目的提成。

建立股权合伙关系，首先要综合考虑公司业务和管理的需要、公司经营状态及外部环境的匹配情况，选择恰当的股权合伙时机。其次要深刻理解何为共赢，继而通过共创、增量实现未来共赢。

二、空间维度：股权合伙是换位思考才能达成的交易

知彼知己，百战不殆。股权合伙涉及双方甚至多方，

为了达成公平对等的交易，不能只从自己这一方思考问题。跳出自我的执着和一厢情愿，换位思考才是达成合作的基本条件。在空间维度上，不论思考哪一方，首先都应明确这三个问题："我"和他分别是谁，各自分别有什么资源，各自分别希望通过交易得到什么。

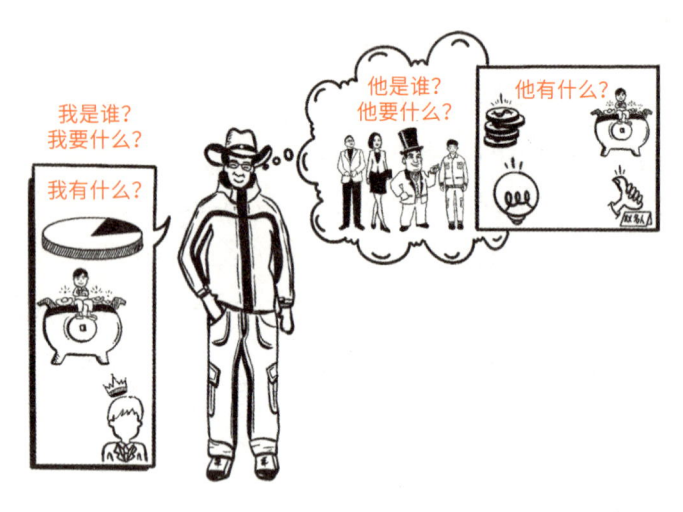

图3-5　股权合伙价值交换图

接下来，我们先解析"我"方的三个问题——"我是谁""我要什么""我有什么"。

我是谁

对于创业者来说，"我是谁"主要指明白自己的所有制身份、行业属性、发展前景和所处阶段、行业地位等因素，看清自己在整个商业社会和行业赛道中的位置，不至于妄自菲薄或者狂妄自大，这样才能在股权合伙谈判中建立明确的定位，帮助确定交易中的行为边界，在争取自身利益时避免因过度要求而造成谈判破裂。

例如挂牌新三板的公众公司实施股权激励时，除了满足自身管理和业务发展的需要，还必须遵守《全国中小企业股权转让系统股权激励和员工持股计划业务办理指南》的要求；有时需要为此向券商、律师事务所和会计师事务所支付额外的中介费用。同样，非上市的国有企业和国有上市公司在引入战略投资人或者对员工分配股权时，也要遵守国企的对应规章制度。

分析"我是谁"，有助于更好地与拥有广泛选择权的股权合伙人建立公平合理的长期协作关系。为此，要建立向外看和向内看的双重视角。向外看，充分利用社会发展趋势造就的行业位势；向内看，充分利用自己多年沉淀下来的能力优势。

【案例解析】学会从两个视角思考，帮助物业公司老张掌握股权合伙的主导权

B房地产公司主动找到A物业公司的老张，提出希望入股，条件是按照一年后双方各自带来的业务额

计算股权比例，届时B公司根据可得股权对公司增资，价格则按照公司最近一个年度的净资产金额。老张对此提议很动心，因为B房地产公司开发的中高端楼盘和其老板的人脉关系都会带来大量的物业业务，老张也希望背靠大树快速做大规模，提升收益水平，这样更有机会衍生出新的商业模式。

老张觉得按照收入贡献约定股权比例说得过去，毕竟给企业带来收入就是大贡献，但他对此次交易有两个顾虑。一是不同物业的利润率水平差别较大，如果分配股权时除了收入，能兼顾各自带来的利润贡献会更合理；二是担心万一B公司带来的业务太多，超过了公司现有的收入规模，那自己会失去对公司的控制权。于是老张找到李老师，咨询应该怎么处理。

李老师告诉老张，他的两个顾虑都可以在战术层面解决。如果老张能够站在战略层面思考如何"借势"，看清楚自己的行业位势与能力优势，这两个顾虑就不会成为核心问题。

首先向外看，充分利用好社会发展趋势给自己造就的行业位势。

随着中国城镇化水平越来越高，房地产开发行业的发展速度趋缓，行业发展重心从物业销售转向物业管理。可以简单理解为风水轮流转了，房地产开发像是夕阳产业，而过去作为房地产开发公司附属的物业服务行业则开始了朝阳之旅。

一家公司在资本市场的市盈率和市净率水平的高低，直接反映了资本市场对其未来前景的看好程度，数值越高说明投资者越愿意付出高溢价。例如碧桂园的房地产开发业务和物业服务业务均已在港交所上市，以下以其市盈率和市净率的表现来看看市场对这两个业务的判断有何不同。

以2022年1月14日的数据为例，从事房地产开发业务的碧桂园（02007）市盈率[1]为4.1，市净率[2]为0.63，而从事物业服务的碧桂园服务（06098）市盈率为28.74，市净率为4.08，这两个指标相差均约七倍！谁是夕阳，谁是朝阳，高下立判。

对于行业未来发展前景的判断，正是B房地产公司主动向老张投来橄榄枝的核心原因。这次股权合作是B公司未雨绸缪进行产业转型的探索和自救。所以老张一定不能被看上去财大气粗的B公司吓到，站在更高处看懂了行业发展的大趋势，在股权谈判中自然就有了制定规则的底气。

---

[1] 市盈率=公司市值÷公司净利润。
[2] 市净率=公司市值÷公司净资产。

其次要向内看，利用好自己多年沉淀下来的能力优势。

房地产行业"卖产品"，比拼的是眼光、魄力、资源和资金实力；物业管理行业属于精耕细作的"卖服务"，需要时间沉淀制度规范、培养团队、发展文化，一旦有了良好的口碑，客户会自己找上门。B公司贡献客户资源只是物业公司经营中的一个因素，核心能力在老张领导的A公司手上，如果只以收入或者利润作为股权分配的依据，则大大低估了A公司核心能力的优势。

经李老师这么一说，老张觉得之前想的都是操作层面的"术"，搞清楚双方的定位才是"道"。现在心中有了底气，到底怎么谈合作，还要从长计议。

【思考与启示】

很多时候，创业者并不会因为在行业里干了十几年甚至几十年就能搞清楚"我是谁"这个问题，往往正是因为身处其中太久、太深，反而很难走到更高处、多角度地认识自己、了解自身价值，从而导致缺乏自信，丢掉股权合伙时宝贵的主导权。

沉舟侧畔千帆过，病树前头万木春。中国无数个行业都面临着行业的转型与升级，规模上的大与小并不重要，重要的是谁代表了未来发展的方向，谁拥有未来商业世界竞争的关键资源筹码，谁就拥有游戏规则的制定权。充分利用好社会发展趋势给自己造就的行业位势和多年沉淀下来的能力优势，这才是股权合伙交易模式设计中要把握的"道"。

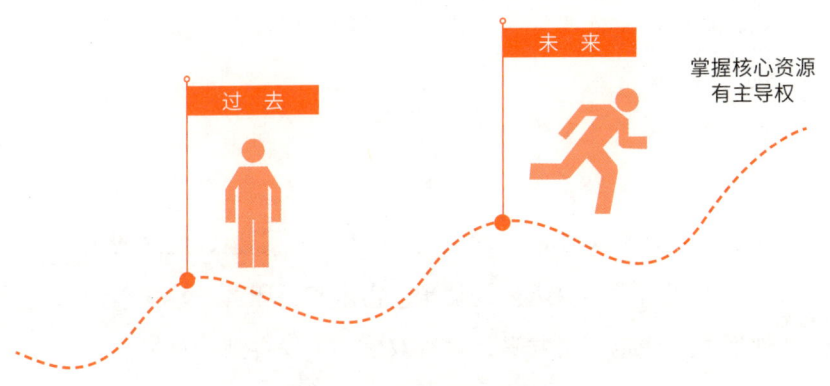

图3-6 股权合作位势图

我要什么

"我要什么"似乎也是一个简单到不言自明的问题，但在实际的商业活动中，这恰恰是很多创业者找不到适合的股权合伙人的原因，如同很多大龄青年找不到适合的另一半，也是不能清晰地确定自己选择标准造成的。对于"我要什么"这个问题，创业者主要存在两种偏差：一种是需求错误匹配，另一种是需求界定模糊。

需求错误匹配指对自己的需求认识肤浅，结果找到了完全不匹配的股权合伙对象。

　　创业者小马从事智慧停车行业，请笔者做股权的整体规划设计。为了展示核心团队的豪华阵容，他特别介绍运营总监来自某知名线上短视频平台公司。而该公司运营总监主要负责从拥有停车场的物业公司、大型企业找到停车场资源，确定恰当的合作模式，后续再对停车场进行智能化改造和运营。

　　笔者告诉这名创业者，公司找到的是对个人消费者业务有丰富线上经验的运营总监，但公司需要这名总监做的是在线下面对企业客户的事情。尽管都叫总监，但这两个职位的能力素质要求天差地别。需求和任职者一旦被错误地匹配，注定不会共赢，只有双输，不仅自己的目标达不到，还耽误了对方。

　　所谓需求界定模糊，指知道自己的需求，也找到了匹配的股权合伙对象，但是对股权合伙的具体标的及标准没有界定清楚。

　　如果引入资金，事情非常简单，只需要确定好资金币种、金额、投资时间等，不太容易再产生分歧，但是有些无形的资源要素不太容易清楚界定。

　　很多公司规划准备引入技术方面的合伙人，由于不同的行业、商业模式、技术本身的特征都不一样，技术合伙人到底要做到什么样的工作标准才能算是成功引入，才配得上给他的股权等这些问题没有统一的标准，必须实事求是、量身定制明确的股权合伙方案。

可能有的技术问题是专利权的归属问题，适合用法律手段解决；有的技术问题需要在生产一线结合设备、工艺、配方等多种要素反复调试才能解决，那需要界定好完成标准，例如国家标准、企业标准等，甚至是以拿到一定数量的客户订单作为标准；还有的公司请技术大咖并不需要解决具体的技术问题，只是需要利用对方的权威身份做背书，那就需要约定好履行背书的行为和频次等事项。

我有什么

与不同的利益主体实现股权合伙的目标，过程中必定伴随着利益的博弈。而"我有什么"就是要明确在这场博弈中各自的底牌是什么。

创业者常常会想当然地认为，我有的就是能够获得分红或者能增值的股权呀。如果只到这个层面，对"我有什么"的认识依然是肤浅和片面的。

首先，一样的股权，不一样的价值。

不同公司的股权差别很大，即使利润一样也很有可能价值不同。非上市公司与上市公司之间，甚至上市公司之间，差别也可以高达数倍。以 2020 年 8 月 21 日收盘后的上海和深圳证券市场的平均市盈率为例，市盈率最低的上海主板和最高的上海科创板差距高达 6 倍。详见表 3-1。

表3-1 深、沪证券交易市场市盈率对比表

交易板块名称	市盈率
上海主板	15.22
深圳主板	20.87
深圳中小企业板	36.04
深圳创业板	58.00
上海科创板	96.86

<u>股权价值＝公司价值 × 股权比例，公司价值是股权价值的基数。描述"我有什么"，本质上是通过表达清楚"我"在干什么事、"我"有什么核心能力和资源，来证明"我"的公司有多大的价值。</u>

<u>其次，自己认为拥有的好东西未必是对方看中的。</u>

例如创业项目路演时，投资人询问创业者对自身项目高估值的依据是什么，创业者有可能回答因为自己有前沿的技术。其实投资人明白，创业者的技术是行业里二三流的水平，这个项目的真正价值在于完成了从技术到产品、从产品到商业模式的闭环验证，这比起一些有很好技术却

走不出实验室的项目更具有投资价值。在这种情况下，如果投资人想压价，可以很容易地拿出技术并非前沿的证据。创业者如果着急用钱，又不知道自己的亮点，可能就会盲目接受投资人的条件。

当用"我有什么"来衡量自己的价值有多大时，并没有一个标准的计算公式，只有放到整个商业社会的坐标系中，才能做出相对客观的评判。所以，最了解自己的人真的未必是自己。

换位思考三个核心问题的要点

回答完关于自己的三个问题，想要完成交易，我们还需要回答关于对方的三个问题："他是谁""他要什么""他有什么"。分析这些问题时，应该注意以下三个要点。

第一，分析对方与分析自己是一样的逻辑。

每个利益主体都喜欢趋利避害、扬长避短，使自己的资源获得最佳的投入产出比。要达成合作，股权合伙人之间一定是"我要的他恰好有，我有的他恰好要"。但现实往往不完美，天作之合往往需要一点儿"听天命"的成分；在此之前，我们只能"尽人事"，努力提升自己的实力和竞争优势，吸引更多"追求者"来提升成功合作的概率。

第二，学会辨别"他"是敌还是友。

《孙子兵法》讲：兵者，诡道也。对方未必会告知投资的真实意图，甚至可能会刻意掩盖。如果没搞清楚对方的真实意图，轻则不利于谈出有利的交易条件，重则可能引狼入室，让不恰当的股东进入公司，带来不必要的伤害。

例如丁家宜、小护士等在20世纪90年代风靡一时的化妆品品牌，现在基本都没了踪影。2003年，欧莱雅收购了小护士，2011年，化妆品巨头科蒂收购了丁家宜。这些品牌被收购以后，并没有利用外资企业的强大技术和管理优势获得良好的发展，基本都被收购方雪藏了。很多国际巨头用股权投资收购国内品牌的目的并不是把国内品牌做大做强，而是利用国内企业打造的渠道网络销售他们自己的产品。一旦引入这种股东，很可能面临灾难性的后果，除非创始人已经不在意企业的后续发展，抱着卖股变现回家养老的想法，那另当别论。本书第四章将更深入地解析不同的股权合伙人类型，为换位思考提供一个全面、具体的认知框架。

一般而言，如果合作双方不在同一条产业链上，只是纯粹的资源互补关系，后续不可测的风险相对不多，资金型股权合伙人就属于这一类。如果处于同一条产业链的上下游，创业者在合作前需要走到对方的场景中收集各种信息，站在对方的角度分析其商业模式和战略规划，推演对方想要合作的真实意图可能是什么，是单纯地用股权强化原来的上下游合作关系，还是有可能借这次合作今后沿着产业链向前或向后延伸而进入自己的领地。如果双方有部分业务重合，天然存在竞争关系，那更需要高度警惕、慎重合作，必须约定好合作的边界和基本规则、违约条款等。这里考验的并不是股权条款的设计经验，而是对宏观经济环境、对方行业发展趋势、对方企业战略规划的分析和解读能力。在股权合伙中要想百战不殆，至少应达到这个层面的知己知彼，否则再加上不可控的黑天鹅、灰犀牛等外部影响，胜算就更小了。

<u>第三，各方"要的"或者"有的"，往往是多元化的。</u>

一个人可以有多个身份、多种需求，股权合伙人也往往有多种需求和资源，所以要尽可能全面了解、深度挖掘，好在股权合伙谈判时组合应用。

例如引入资金型股权合伙人时，有些长期聚焦某个行业赛道的投资机构，在投入资金的同时往往还能引入产业链上下游的各种资源，包括管理方面的建议等。这些增值服务是投资机构为控制投资风险、提高投资收益而进行的投后管理，一般也不涉及额外的费用，对于创业者非常适合。

综上所述，"我是谁"是总体定位，决定了创业者自身"有什么"和"要什么"。不仅是设计股权合伙，几乎想要处理好每一件事情都必须首先回答这些最基础的哲学命题，之后才可以更好地应用技术手段，否则就偏离本质、舍近求远了。

前文中一直强调，换位思考是达成股权合伙交易的基本条件，知人方可善用。认知自己、了解他人、学习如何与他人连接合作是创业者永远要修习的基本功。

第二节　股权合伙认知四维度

要深刻认识股权合伙的属性，就像研究一座冰山，既要看到浮出水面的部分，更要探究更重要的水下部分。

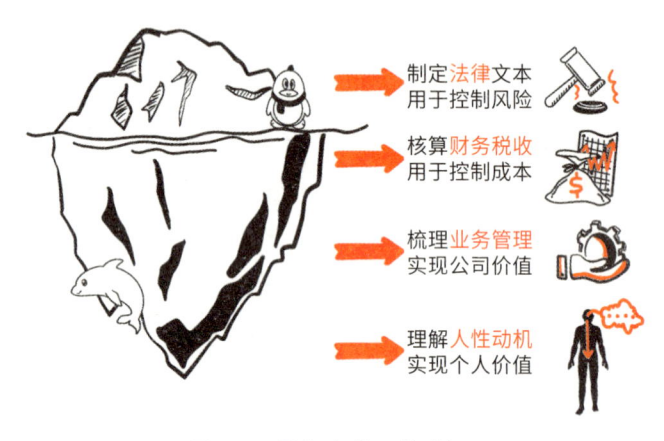

图3-7　股权合伙四维认知图

首先，股权合伙是在人与人之间建立合作关系，实现参与者的个体价值，人性才是股权合伙能否成功的底层驱动力；其次，股权合伙的设计要服务于公司的战略和收益目标，这体现为公司价值；再者，必须准确核算获得预期收益要支付的财税成本，这体现为公司的成本控制；最后，达成的所有交易共识必须形成规范的法律文本，这体现为公司的风险控制。以下我们就详细解析这四个方面。

一、读懂人：善于引导人性才能点燃创业激情

人性博大精深，可谓仁者见仁、智者见智。在股权合伙时，这是一个绕不过的核心话题。在此，只基于股权合伙的目标解析人性中与之关系最密切、影响最大的两个问题：

第一，股权合伙中，在人性层面的目标是什么；

第二，利用人性的哪些特征才能实现对股权合伙人的有效影响。

股权合伙的人性目标

创业者常常处于这样一种状态：不分工作日、休息日，脑子里翻来覆去想的只有自己的创业项目，连做梦都会冒出各种工作灵感。不管人家聊到什么话题，都会条件反射一般联想到：这个资源我们是否用得到？这个方法自己公司能否借鉴？这个人或许可以挖到公司去做某部门经理……说打理一家公司胜过养育一个孩子，一点儿都不为

过，因为二者都需要全身心的投入。

创业者不希望孤军奋战。之所以引入股权合伙人或者对员工实施股权激励，最希望的就是大家拿了股权之后能够变得跟创业者一样在乎股权的价值、在乎公司的发展，愿意努力把自己的工作做得更好，主动参与整个公司的发展与提升。

不考虑人性诉求的股权设计都是一厢情愿的幻想。但人性只可引导而无法改变，股权机制设计的目标不是去改变一个人，而是利用人性的特点激发出符合公司战略的行为，让每名股东和创业者一样全身心投入其中，这个目标可称为"进入创业状态"。

哪些人性的特征可供引导

很多创业者认为分享了股权，股权合伙人就会打鸡血般地发生行为上的改变，但绝大多数情况下会事与愿违，这其实是对人性的假设过简。设计股权时，要寻找人性中相对普遍、稳定、强相关的特征进行影响与引导。

没有任何人会无条件忠于其他人，包括人类在内的所有生物，都是以生存或达到某一目标而趋利避害。换言之，人只会为自主选择而付诸行动、努力奋斗，尤其当某个选择成功了收益无比诱人，失败了却可能万劫不复的时候。

常言道，人生的痛苦来自"想得到"和"怕失去"，创业者为何不惧辛苦地拼命工作，一方面创业成功的美好愿景激励着他们；另一方面万一创业失败，之前的投入将血本无归，还可能导致身败名裂。国家每年公布的失信人员（俗称"老赖"）中，有真老赖，也有很多搭上了全部身家努力挽救企业，最终依然无力回天而欠下巨债的创业者。

<u>"想得到"是人生"趋利"的欲求目标，"怕失去"是"避害"的条件反射。两种力量叠加在一起，就形成了巨大的内在源动力。</u>

图3-8 人性的内在源动力

人们常说的"股权激励"其实是有所偏颇的，因为"激励"只强调了"想得到"的一面，反而让大家忽视了人性中还有"怕失去"的一面。<u>如果希望激发一个股权合伙人进入创业状态的内在源动力，既需要唤醒他对未来的渴望，也要让他有怕失去的东西。</u>

首先，建立"想得到"蓝图。简单来讲就是描绘一个合伙人渴望得到、向往收益的图景。

　　大部分创业者自己对公司满怀信心，往往认为诚意满满地与他人分享股权，别人不说感恩戴德，至少也应该心怀感激。这种本位主义、自以为是的人性弱点会导致创业者在设计股权激励时往往只关注分多少合理以及怎么分公平的问题。但对股权合伙人而言，股权比例是"量"的问题，有可谈判的空间，公司股权到底有没有价值则是"质"的问题，如果公司没有价值，分再多的股权也没有意义。

　　所以，创业者必须通过项目路演让新进的股权合伙人理解和认同公司商业模式是有竞争力的，未来发展的规划是经过缜密筹划的。<u>要让别人看到这幅蓝图，并不是信口开河地表情怀、讲故事，而是要以在第一章讲到的真实全面准确的数据为支撑，用客观严密的逻辑进行推演。拿出的证据越多，逻辑越严密，最后推演出来的股权价值数据可信度越高，未来愿景的画面就越清晰，对股权合伙人心中憧憬的激发作用也就越大，这时才能激发出人性底层"想得到"的欲望。</u>

　　<u>其次，要建立"怕失去"的机制。</u>

　　科学研究表明，同等金额的收益和损失，大多数人会更在意损失已有的成本，因为收益原本不属于自己，得不到也无妨；而损失则会有"割肉"般的切肤之痛。

　　《水浒传》中的水泊梁山有个规矩，凡要上山者都要交投名状，以自断后路的方式表达上梁山的决心，这样今后万一反悔了，下了山也会因为交投名状时犯了罪而被官府捉拿。梁山好汉们通过设立反悔要付出的巨大代价，确保了不容易产生叛徒，也巩固了内部的团结。

同样，<u>成为公司的股权合伙人也必须付出相应的成本，才能起到加入前严格筛选和加入后减少背叛的作用。</u>付出成本的形式可以有多种，按照《公司法》的规定，这种形式可以是货币，也可以是实物、知识产权、土地使用权等可以用货币估价并依法转让的非货币财产。在实际情况中，只要参与者相互认可，智力、销售渠道、技术等都可以用来获得股权，注册时灵活处理、符合法律要求即可。

一个人要付出多大成本才会"怕失去"？并不是所有人都需要付出很大的代价，核心是看所付出的代价对于那个人意味着什么。例如对一个大老板来说，投资100万元可能只是试水，他并不会因为投资这些钱而愿意花过多时间关照公司的生意；但另一名希望改变命运的三十多岁的年轻人，30万元可能就是他能拿出的全部积蓄，一旦投入意味着他内心选择全力以赴，来赌自己的人生命运转型，他跟大老板相比自然是完全不同的创业状态。所以<u>选择股权合伙人时，一定要走入对方具体的生活情境和他的内心，才能理解那个人内心里"想得到"和"怕失去"的分别是什么。</u>

人生的痛苦源自"想得到"和"怕失去",没有追求和没有主见的人容易被人性所驱使,像浮萍一样随波逐流。积极乐观、对未来充满了希望的人则会利用人性激发自己内在无限的动力,让自己的人生更加精彩。创业者的使命就是去发现、引导、绑定这种自燃型的人才做你的股权合伙人。

二、看清事:能否融合业务与管理体系决定股权合伙的成败

不论引入哪一种股权合伙人,都必须与公司的业务和管理体系充分融合,才能发挥其作用。第一章中已经充分阐述过,如果引入外部股权合伙人,股权规划设计主要考虑公司的商业模式和战略规划;如果引入内部股权合伙人,即针对内部员工的股权激励,除了宏观的商业模式和战略规划,还要充分考虑与内部组织流程和人力资源等整个管理体系的匹配性。

很多创业者把实施员工股权激励等同于出台一个合乎规范的法律文案,这是完全错误的认识。实施股权激励并不是玩游戏加外挂,外挂越强游戏能力越强。它更像一辆汽车换了发动机、一个人移植了心脏,发动机和心脏能否正常运行不是看其本身的功能多么强大,而是取决于新的

发动机和心脏能否与原有的体系良好地匹配！想要做好股权激励，最重要的是搞清楚实施股权激励与企业现有管理体系之间的逻辑对接关系，如图3-9所示。

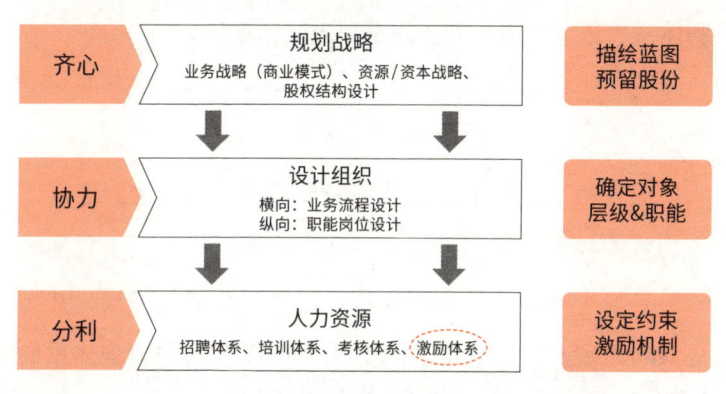

```
齐心 → 规划战略
        业务战略（商业模式）、资源/资本战略、
        股权结构设计                              描绘蓝图
                                                预留股份

协力 → 设计组织
        横向：业务流程设计
        纵向：职能岗位设计                        确定对象
                                                层级&职能

分利 → 人力资源
        招聘体系、培训体系、考核体系、(激励体系)    设定约束
                                                激励机制
```

图3-9 员工股权分配与管理体系逻辑关系图

管理体系的三大模块

公司的管理体系可以分为三大模块：规划战略、设计组织和人力资源。

首先规划好战略，包括公司的业务战略，也称为商业模式。然后筹划满足业务战略需求的资源和资本，以及设计相应的股权顶层架构。

顶层业务战略确定后，设计组织来承接战略，包括业务流程和组织结构设计两项内容：横向方面，根据向客户提供的产品和服务，设计好内部的供、研、产、销等主业务流程；纵向方面，根据驱动业务流程需要的专业技能类型和工作量，确定需要配置的岗位类型和人员编制。

搭建好组织结构，下一步安排对应的人员，这就是人力资源，具体包括人员的选、育、用、留，也就是建立招聘体系、培训体系、考核体系和激励体系。

股权激励与管理体系三大模块的关系

股权激励在整个管理体系中处于什么位置呢？它属于人力资源模块中的激励体系；在激励体系中又属于长期激励，是一个非常小的管理模块。<u>想要做好股权激励，并不能只考虑股权激励方案本身，因为股权激励与管理体系的三大模块都有密不可分的联系。</u>

首先，创业者准备给员工实施股权激励时，员工事实上就是公司的投资人，要想真正激发员工"想得到"的愿望，需要像对待外部股权合伙人一样做路演，介绍公司有竞争力的商业模式和清晰的战略规划。员工对公司有了信心才愿意出钱购买公司的股权，才会担心公司做不好影响自己的切身利益而"怕失去"。同时，明确了公司的战略规划，才能确定哪些资源规划可以预留给内部员工。

接下来，确定股权应该给哪些员工，以及针对不同管理层级和不同职位序列的员工分别应该给多少等问题。一家公司的股权资源是有限的，一般只能按照二八原则给予少数的核心人才，创业者需要根据公司的业务流程，判断哪些是创造最大价值的核心岗位；还要参照公司组织结构，做到不同管理层级、不同职位序列员工之间的相对公平。此外，公司还需要根据战略推演未来的组织架构以及人员编制情况，预留一部分股权给未来的核心员工。所以，公司在做股权激励之前，常常需要梳理现有以及未来的组织架构，如果公司的业务模式未来会发生大的变化，还需要梳理公司的业务流程。

最后，公司确定了可以获得股权的核心岗位及其股权数量，并不意味着激励对象即可真正获得股权收益，大家必须共同努力让公司达到相应的业绩标准，这是获得收益的前提。为了防止个别人搭便车，除了设定公司的业绩条件，往往还需要制定激励个人对象的行权条件，这与人力资源管理体系中的考核体系密切相关。另外，给每个岗位多少股权，不仅要考虑员工短中长期激励结构合理匹配的问题，还要符合员工的支付能力，因此需要根据员工收入的绝对水平和收入结构统筹考虑，必要时须先梳理优化公司现有的薪酬体系。

综上所述，公司实施股权激励，与其说是增加了一个股权激励模块，不如说是以增加股权激励模块作为牵引，拉动公司整个管理体系的优化与提升。其实不仅股权激励模块如此，对于任何一个管理子模块来说，只有提升了整个系统的效率，才能算是一个成功的项目。

三、算明账：算清财税，明白股权合作的成本与限制条件

一家公司从经营的第一天开始，就涉及给隐形"股东"分红——给国家上缴税赋的问题。这要求公司算清楚财务账目，它不仅是国家纳税和股东利益分配的依据，也是做出正确经营决策的依据。针对财税问题，创业者要建立如下三个重要理念：

❶ 生意开张要守法，做大开放要规范　❷ 财税是否决项，不是决定项　❸ 按全周期计算财税成本

三大重要理念

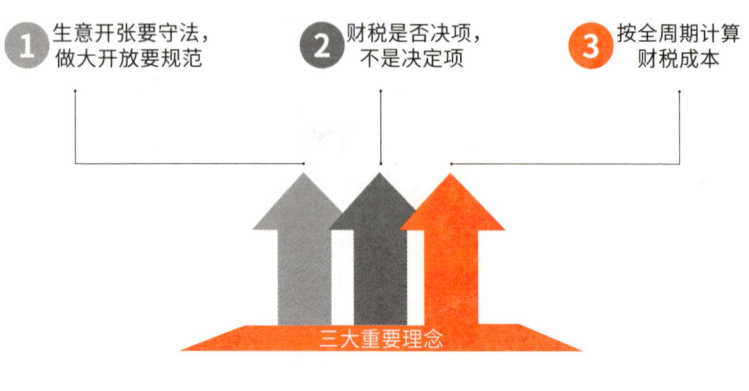

图3-10　财税问题三大重要理念

生意开张要守法，做大开放要规范

创业者都希望在安全稳定的环境中从事商业经营活动，万一出现纠纷意外，能够有人来主持公道，给予必要的保

护。这就需要国家投入巨大的人、财、物力资源，建立一套完善的行政管理系统，维持这套系统运行的资金主要来自企业和个人的税收。由此可以说，<u>创业者生意开张后引入的第一个"股权合伙人"就是自己公司所在的国家，领取"分红"的具体机构是国家税务机关。</u>税赋规则由国家制定，而非创业者设计，公司必须照章缴纳各种税赋。跟股权直接相关的税赋主要会在股权转让和分红过程中产生。另外，创业者可以充分利用不同区域的税收优惠政策，加快公司发展。

为了保障股权合伙人的权益，要把公司财务账目按照规范算清楚，向大家开放，接受监督。例如，想成为上市公司，要向全社会公布自己的公司经营情况和财务数据，所以<u>企业的规范和开放程度在一定程度上影响了引入股权合伙人和吸纳资源的能力。</u>

财税是否决项，不是决定项

股权流转、红利分配过程中会涉及税赋成本，公司财务核算的具体处理方式决定了成本费用的高低，会影响到利润和分红的多少，甚至会影响到公司能否满足上市条件。所以，规划设计股权时，一定要充分考虑财税的因素。

在此需要明确一个基本原则：<u>股权规划设计的目标是最终实现良好收益，而不是降低成本，所以财税问题是从</u>

成本角度重点考虑的否决项，不能当成思考的起点。正确的做法是先基于公司商业模式和战略规划的需要选择股权合伙人，设计相应的交易规则，然后再核算财税成本进行验证。如果成本高过收益，则可对股权设计方案予以否决，改为其他投入产出比更合适的备用方案。

按全周期计算财税成本

创业者在利用国家的一些财税优惠政策时，如果不了解全周期成本，盲目跟风，就可能会得不偿失。

很多创业者为了在分红或股权转让时享受税收优惠，选择在有优惠政策的税收洼地设立有限合伙企业作为持股平台，但没有考虑保留持股平台以及持股平台运行过程中发生的各种成本。例如合伙企业设立需要有符合注册要求的办公地点，税收洼地由于注册者多，房租成本可能因为房源少而非常高；有的地区要求设立企业时法人和财务负责人必须到现场，要求股权转让相关的股东必须去现场，这就涉及多少不一的差旅和误工成本；有的区域税务机关要求出具各种财务报表确定股权转让时的应纳税额，这也会产生支付给专业机构的费用；有的地区优惠政策只有达到最低应纳税额才可以享受；税收优惠政策一般是阶段性的，而非永久……所以，创业者一定要先算算账，如果股权价值不太高，或者不确定何时可以享受税收优惠，则要谨慎决定是否有必要早早设立持股平台。

四、定好约：法律契约是维护股权合伙各方权益的保障

股权合伙人就合作交易达成共识后，为促进各方履行责任、行使权力和分配利益，应制定和签署各种企业内部管理制度和法律协议文本，约束激励机制落地。创业者在确定法律文件时，要注意下列情况。

法律契约与心灵契约不同一

股权合伙各方必须达成的契约可以是口头的，也可以是书面的，甚至是内心共同认可的理念和准则。但我们应该清楚，法律契约可以通过设定违约成本降低产生负向行为的可能性，但无法完全让人产生好的行为。如同两个恋人首先是因为相爱愿意携手一生，才会去领取结婚证，接受婚姻法的约束；如果没有感情基础的人，只领取结婚证，拥有的可能只是一个貌合神离的婚姻。同样，治理一个国家除了要有公检法部门守住法律的底线，约束大家不要做坏事，还要有教育、文化、宣传等部门去宣扬与时俱进的道德规范和价值观，这样才更加有利于创建和谐社会。

企业也是如此，股权合伙人之间要有书面契约，这样当事业面对大起大落或者长久煎熬时，大家才会因为设定

了违约成本而不至于轻易毁约。如果只有书面契约或者过于强调法律的硬性约束，股权合伙人之间并无心灵契约，有可能是在考验错误的人，从而徒劳无功，还有可能把本来的合作引导至一种零和博弈状态，变成硬性的对抗。股权合伙更重要的是对事业目标达成共识，形成事业共同体。如果追求基业长青，更要在文化价值理念上高度统一，才能形成真正的利益共同体，一起携手战胜创业路上的艰难险阻。所以股权合伙人要先就事业和价值理念达成心灵契约，再签署法律文本契约。

看清决定控制权的因素，切勿本末倒置

很多创业者没有足够的出资能力，或者对落实商业模式没有足够强的影响力，或者人格魅力不足以让股权合伙人信服，于是希望找股权专家采用一些所谓的技巧保住自己的控制权。其实这种想法是不可能实现的，即使不懂行的股权合伙人暂时接受了这些条件，以后一旦想明白，必定会造成双方信任大打折扣，影响彼此的合作关系。创业者应该认识到：决定股东之间控制权的是当前的实力和未来可贡献的价值，这是"本"；法律协议方案只是以此为基础形成的成果文件，这是"末"，切勿本末倒置。

一家公司股权比例和权益的分配是根据贡献确定总体框架，然后用技巧方法加以锁定和完善。就像建设一幢房

控制权之树

法律协议方案　末

本　股东当前的实力和未来可贡献的价值

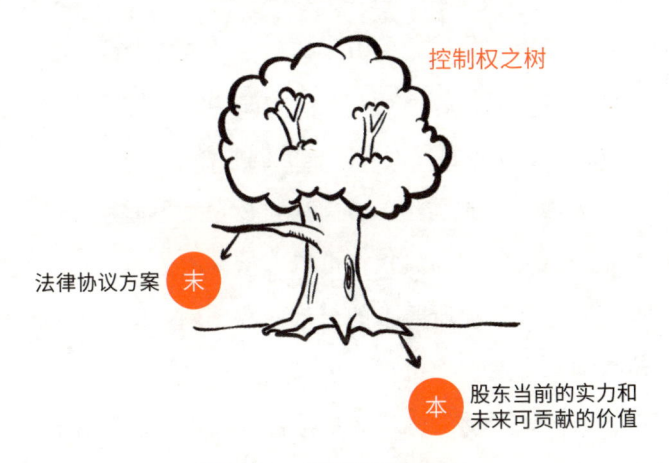

图3-11　控制权的本和末

子，贡献决定了房子的格局；为了居住更舒适，根据自己的偏好借助股权设计技术做软装。如果明明贡献不足还非要控制权，类似于用强硬的手段破坏承重墙而改变房屋结构，最后可能导致房屋倒塌。

实现控制权，殊途也可同归

创业者都非常重视自己对公司的控制权，很关注若干条股权生命线，比如绝对控制权67%、相对控制权51%等等，感觉自己作为控制人的生命真就悬在这一线上了。其实有很多种方式都可以实现对公司的控制权，每种方式各有其利弊，如果过于夸大某一种方式，只会把法律问题简单化、格式化，使创业者一叶障目，不见森林，反而不能为自己量身定制最适合的方案。当下股权生命线这种一招鲜的策略之所以比较流行，其实也是为了迎合那些逃避深度思考、喜欢简单粗暴处理问题的创业者的需求。

一般而言，提升公司的控制权可以通过多贡献资源要素获得更大比例的股权；可以直接修改公司章程，调整通过某些重大事项所要求的最低股权比例；可以重新约定具体事项归属的权力机构；可以在股东之间另行签署投票权委托、一致行动人协议等特殊协议实现同股不同权；可以设立持股平台，让部分股东间接持股而实现决策权的转移……很多时候，上述手段是综合配套使用的。对创业者而言，最重要的是知道自己的底线和目标分别是什么，了解不同的股权合伙人的核心诉求，这样才能灵活应用这些工具方法。控制权的具体操作方式将在本书第六章和第七章中介绍。

模板之害

很多创业者为了省事或者省钱，会从网上找来股权协议模板，然后根据自己需要修改对应的条款。一句话评价这种做法就是：无知者无畏。这就如同没有实际测量自己的身高、三围就随便找来一件不知尺码的衣服，希望可以改成适合自己穿的衣服，在绝大多数情况下都是很难改合体的。差之毫厘，谬以千里，衣服是否合体是肉眼可见的，而股权协议文本的内在逻辑是不可见的，一味模仿、改编的后果会很严重。

如果一个创业者用套模板的方式做股权合伙方案，我们只能希望你的公司发展一帆风顺，股权合伙人相处融洽、配合默契，未来不需要动用合伙协议保护或者制约某一方。否则，这样的文件就如同一间茅草屋，完全无法为股权合伙人挡风遮雨，甚至会给个别投机取巧的人留下空子。如果创业者对事关所有合伙人切身利益的头等大事都如此草率，如此不负责任，别人又能怎么帮助他呢？

模板可以用，但一定要知道每个模板能解决什么问题，适用什么场景；模板中的哪些条款是通用的格式条款，哪些是要根据自己需要修改的条款；不同条款之间是什么关系，是此消彼长还是正相关变化；需要修改的条款有哪些选择，每种选择的利弊分别是什么……如果你回答不了这些问题，盲目使用模板的风险极大。

很多创业者在网上下载或者购买的绝大多数股权协议"模板"严格来讲并不是"模板"，只是一个协议"样例"。"样例"是最通用的协议样式，是为了解决某个特定问题，基于当时客户的某些特定目标和价值观导向所形成的结果。

如果把"样例"作为"模板"，肯定无法做出解决自己特定问题的方案。首先，任何一个样例中都加入了使用者关注的个性化条款，同时也很可能删减了使用者认为不重要的条款；其次，每个条款会有多种选择，但样例只能呈现出一种选择，对于经验不丰富的创业者，思路反而被限制在一种选择上了；最后，也是最重要的，是你并不了解"样例协议"当时要解决的核心问题和交易双方的背景特征，所以抄模板无异于刻舟求剑。

专业的股权咨询师在为客户设计方案时也会用到模板，但绝不是上述那种在某一个项目中用过的"样例"。<u>真正的模板类似于学校里老师专用的教科书，是基于咨询师长期、大量实战经验总结而成的工具</u>。它有如下三个特点：

<u>一、标注待填的条款</u>：预留标注了需要个性化填写的内容条款，每个预留项相当于一个待解决的问题。

<u>二、列举条款的选项</u>：列举了每个内容条款可能会有的选择项目，这样就可以根据现实情况选择其一，或者组合多种选项。

<u>三、重要事项的提示</u>：解释了重要事项和条款背后潜在的风险、代表的价值导向等，便于使用者在修订时做出切合自身情况的选择。

读者如有兴趣学习了解上述股权协议模板，可以扫描右边的二维码，免费获得一份电子版"期权协议模板"。如果需要作为实际签署的协议参考，建议更全面地学习，并在专业人士指导下使用。

第三节　小结与思维进阶

股权合伙不只是确定一个股权比例,也不只是拟定一份股权协议就完了。只有用结构化思维才能在恰当的时空场景下看懂股权合伙立体、多维的本质。

因此在交易之前,第一,要建立正确的股权合伙时空观。

在时间上,首先要考虑实施股权激励的时机是否恰当和成熟;其次要明白股权合伙不是一个时间点,而是一个过程。股权合伙交易完成标志着一段合作的开始,能否获益在于未来的发展情况,如果只着眼于眼前,极有可能不但无法做到共赢,还会导致双输。在空间上,股权合伙不能只守在自己的立场,更要学会换位思考;不仅要保证创业者的控制权和经济收益,还要通过保证其他股权合伙人的信任度和收益提升他们的参与度。为此要清晰地回答:"我"和他分别是谁,各自有什么资源,各自希望通过股权合伙交易得到什么。

第二,设计股权合伙必须建立多维视角,最重要的四个维度包括"读懂人、看清事、算明账、定好约"。

这四个维度涵盖了股权合伙交易中的人、事、过程和成果。要了解股权合伙运行的底层驱动力——人性,引导人性中的"想得到"和"怕失去",激发股权合伙人进入创业状态。股权合伙是实现业务和管理目标的手段,创业者必须深刻理解股权合伙与管理体系各个模块的逻辑对接关系，才能给业务和管理提供"加速度"。规范处理财税问题是公司长治久安的保障，核算好财税成本、用好财税否决权，是包括股权规划在内的各项经营决策的依据。股权合伙是因为有了心灵契约才需要制定文本契约，虽然有很多手段可以提升控制权，但切勿只顾用法律强化控制权，而忽视了建立心灵契约，或者伤害了彼此的信任。无形的信心与信任才是事业成功的真正动力源，才是"本"。

爱因斯坦曾说："如果给我 1 个小时解答一道决定我生死的问题，我会花 55 分钟来弄清楚这道题到底在问什么。一旦清楚了它到底在问什么，剩下的 5 分钟足够回答这个问题了。"

希望一个事物能为我所用时，我们必须先用结构化思维搞清楚它究竟是什么。衡量对一个事物认识的深度和全面性，取决于是否能基于不同的时空坐标系，建立多维、辩证的认知。无用之用，方为大用。搞清楚"是什么"看似枯燥又一时见不到成效，今后解决问题却会变得事半功倍！

第四章 具象思维：

你心中是否有一幅股权合伙人画像

故画竹必先得成竹于胸中，执笔熟视，乃见其所欲画者，急起从之，振笔直遂，以追其所见。

——苏轼《文与可画筼筜谷偃竹记》

在当今社会，一名有能力的创业者如果有好的商业模式，获得各种创业资源就变得越来越容易，唯有找到志同道合的合伙人不仅不容易，反而更难了。而一个适合的股权合伙人可能就是决定事业成败的"东风"。

千军易得，一将难求。创业者成立一家公司，甚至刚有创业的念头时，为了让公司未来做得更大、走得更远，怎么找到一个合适的合伙人就成为他必须面对的难题。很多创业者寻找股权合伙人的心态如同一些大龄青年寻找另一半，既盼望尽快有人分担创业路上的辛劳，补充自己能力和资源方面的不足，又担心遇人不淑，受到伤害。

为此，寻找股权合伙人时，不能只跟着自己的感觉判断是否合适；或者仅仅用"合适""互补"这种抽象、模糊的方式描述自己希望得到的合伙人。创业者必须像胸有成竹的画师一样，提前做好周密的筹划和准备，尽可能准确、清晰、结构化地描绘出一幅股权合伙人画像，可把这种做法称为建立寻找股权合伙人的"具象思维"。

只有建立具象思维，有了一幅清晰的画像，才能清楚股权合伙人拥有哪些能满足自己需要的能力、资源和内在素质，这些人需要具备什么背景和资历，以及通过什么渠道和方式才能高效、准确地找到他们，如何判断双方在使命与追求上是否匹配，如何满足他们在利益、名誉和权力等方面的现实需求等问题。这些问题中包含的因素，也可称为构成股权合伙人画像的标签。

本章中，将首先借用知名企业美团的案例，解读引入股权合伙人需要考虑的各种因素；然后详细介绍股权合伙人的分类以及用于直观描述股权合伙人画像的五个标签；接下来，以企业发展的生命周期为主线，介绍企业的各个发展阶段如何应用这五个标签引入内外部股权合伙人。

通过本章的具象化解读，你会掌握不同类型股权合伙人的特点和需求，也将深入了解与他们"谈恋爱"的技巧和注意事项，这些都将帮助你早日找到可以风雨同舟的合作伙伴。

第一节　王兴如何得到让美团赢了千团大战的合伙人

截至 2022 年 1 月 14 日收盘，美团的市值已经达到了 1353 亿港币，成为位居中国综合实力前五的互联网公司。美团能走到今天可谓九死一生，要知道在 2011 年，团购网站的数量曾高达 5188 家！美团之所以成功，除了创始人王兴及其创始团队能力卓越，也与其在 2011 年得到的一位重将有非常大的关系。他就是美团的前 COO（首席运营官），来自阿里巴巴的干嘉伟先生。

干嘉伟进入美团后担任 COO，分管美团的供应链，其中销售、品控、编辑、销售支持、客服、商品团购等部门都归他管理。他凭借从阿里巴巴中供铁军积累的业务和管理经验，在美团的组织结构、销售管理制度和业务策略上进行了大刀阔斧的变革，短时间内打造了一支美团铁军，并且建立了一套完善的科学运营体系，让美团在千团大战的团购江湖中脱颖而出。相信每名创业者都希望能像王兴一样幸运，找到这样的股权合伙人共创伟业。

是什么样的机缘让王兴结识了干嘉伟？在二人的接

触过程中,王兴为什么会安排六次面谈力邀干嘉伟加盟美团?干嘉伟又为何会放弃了阿里巴巴副总裁的高位,进入彼时前途未卜的美团呢?

2011年,美团在生死路口的选择

干嘉伟进入美团的2011年是团购行业的变局之年。

首先,这一年团购行业迅速迎来了网站关闭潮,在2011年年底时,5188家网站中就有三分之一在激烈竞争中关闭退出。按照业务量来看,美团虽排在第三,但比起第一名聚划算和第二名拉手网仍有较大差距。其次,2011年有21家团购网完成了总计约4.5亿到5亿美元的融资,但伴随着9月份之后的关闭潮,团购市场进入了资本寒冬;美团虽然在7月份获得了阿里巴巴领投的5000万美元投资,但相比拉手网4月份获得的1.11亿美元仍有不小差距,以至于王兴当时判断公司的资金只能支持12~18个月。最后,在业务上,竞争对手凭借资本之力发起了营销大战,以动辄亿元级的广告投放拉客户;企业间的人才竞争也空前激烈,美团曾被挖走重要的大区总经理、城市经理和销售冠军,更经历了拆迁式的整建制挖墙脚。

面对行业的这种发展态势和竞争格局,王兴并不准备跟竞争对手硬拼广告或者去挖对方的人才。他相信想要做好基于本地生活的O2O(Online to Offline,线上到线下)业务，最重要的工作是扎扎实实投入时间和精力经营客户。美团作为一个双边平台，必须经营好商家和消费者两边的客户，让商家获得消费者赚到钱，让消费者得到好的商品和服务，这样才能进入一个良性循环，然后像滚雪球一样做大规模。要让这个雪球滚动起来，需要先把优质商家聚集到美团上，再去吸引消费者。但在那时要通过线上推广的方式搞定商家几乎是不可能的，一是因为很多商家没怎么接触过网络，缺乏对互联网产品的信任；二是不一定能让具体的商家负责人看到推广信息；三是商家产品上线的具体操作需要专人指导才能完成。

王兴认识到要打通客户与商家之间的O2O网络，自己的运营体系不能只有线上，还必须打通线下，于是他决定采取"地推"这种相对原始的方式，与商家快速建立信任，加快商品上线的步伐。在千团大战的这个关键竞争节点上，地推能力决定了美团未来的命运，乃至生死。

地推必须构建大规模团队，以标准化流程高效率执行。如果把O2O叫鼠标加水泥，美团原来的核心团队多是名校出身、从事产品开发和技术工作专业人才，属于玩鼠标的，基本没人见过水泥。王兴需要找一个擅长玩水泥的合伙人进来，才能补上他们构建O2O业务的能力短板。他们希望这名合伙人曾经亲自操盘过类似业务，即针对的客户也是中小微企业老板，完成的任务是帮助他们在线上销售产品，而且必须具有管理大规模地推销售团队的能力。

2011年，干嘉伟的重大人生抉择

在2011年之前，做地推最好的当属号称中供铁军的阿里巴巴中国供应商团队。中供铁军的操盘人就是干嘉伟，所以王兴认为干嘉伟也是主持美团地推业务最适合的人选。

干嘉伟这种量级的人才并不适合采用直接拜访或者找猎头引荐的方式接触，必须找到合适的中间人。恰好美团的B轮融资就是阿里巴巴领投的，所以王兴通过投资人这层关系能顺理成章地安排与干嘉伟沟通。找到干嘉伟容易，但真要打动干嘉伟从阿里巴巴离职到美团共同创业却不容易，为此王兴和干嘉伟在半年时间内前前后后共谈了六次。见面两三次以后，王兴和干嘉伟对彼此有了更深的了解，2011年9月，王兴又专程去杭州请干嘉伟吃饭，正式邀请他到美团工作。

那时的干嘉伟是阿里巴巴的老员工了，收入丰厚，即使到其他地方也完全不缺机会。而且他已经42岁了，老婆孩子都在杭州，干嘉伟离开阿里巴巴北上加入美团创业的机会成本非常高，所以必须是他自己下定决心，做好了长期规划才有可能，这也是王兴与干嘉伟前后沟通六次想要解决的主要问题。据干嘉伟本人在朋友圈中所述，他为此"经历了内心挣扎—组织挽留—下决心离职，所以才搞了半年,还倒贴王兴好多饭钱",最后他向自己提出了下决心改变的粗暴三连问:"这事大不大?这哥们儿以后能排进互联网前十人吗?他们是不是正好缺我?"

从这三连问可以看出干嘉伟的核心诉求:第一,他首要关心的并不是当前美团在市场上排第几,而是要做真正对客户有价值的事情,只有商业模式成立的企业才会有巨大的发展空间;第二,干嘉伟强调合作者要靠谱,他除了多次与王兴及其团队接触,还专门在杭州观摩过美团城市经理的交流会,他看到了员工的高昂士气,这种从上到下的企业氛围给了他信心;第三,要能发挥自己的价值,王兴对美团业务模式的大构想与他的判断非常相符。这些决定了他们就是天作之合。

干嘉伟这种量级的人才,是否选择美团在于能不能达成其精神层面的自我实现需求,王兴及其团队给了干嘉伟满意的答复。同时,虽然没有关于干嘉伟收益的公开信息,想必王兴也不会亏待他。

王兴做对的五件事

美团得到干嘉伟这样一位符合公司整体规划要求的股权合伙人,得益于王兴做好了这几件事:

1. 明确对合伙人资源能力和素质的要求:合伙人一定要能够构建大规模地推团队,并以标准化流程高效率执行。

2.确定候选人的身份特征：合伙人应在原来企业中亲自操盘过类似业务，在美团的任务是帮助线上销售产品，而且必须能有效管理大规模地推销售团队。

3.找到合适的获得渠道：王兴通过其B轮投资机构阿里巴巴找到了干嘉伟。

4.深入了解候选人的使命追求和价值观：干嘉伟的使命追求是进入一个靠谱的团队，通过发挥自己的价值做出一番有巨大发展空间的事业。

5.了解候选人的其他需求：了解合伙人在收益、工作方式、公司权力，以及家庭安排等方面的需求。

王兴规划好的这五个方面，不仅帮助他找到了干嘉伟，它也完全可以成为创业者甄选和获得股权合伙人的基本模式。

第二节 股权合伙人的五个标签，助你找到"意中人"

年轻人想要找到一名可心的终身伴侣，首先要明确自己的需求是什么，看中"高帅富""白富美"，还是想要在茫茫人海之中寻找唯一灵魂之伴侣？然后要分析什么背景的人才能具备自己所需的条件，是"富二代"、"学二代"、退役军人，还是大学老师或者艺术家？当需求越来越明确时，可以着手通过适当的渠道去寻找，征婚网站、相亲大会、请人介绍，或者干脆亲自制造偶遇！一旦遇到适合的候选人，还要了解对方的人生追求和价值观是否与自己匹配。如果自己想儿孙满堂，对方却希望做丁克族（不生育主义人群）享受二人世界；或者自己希望看淡名利过极简生活，对方却希望享尽世间繁华以不枉此生，估计两人难以走得很远。最后，还要解决最现实的一堆经济问题：谁买房子，多少彩礼或者嫁妆，父母要不要同住，婚前财产和婚后收入如何处置，等等。

找到一名伴侣跟王兴找到干嘉伟这位重量级合伙人的内在逻辑是一样的，都需要经历<u>明确对对方资源、能力和素质的要求，确定候选人身份特征，寻找获得渠道，了解候选人使命，了解候选人其他需求</u>这五个方面。据此，可<u>以建立一个结构化的认知框架，把这五个方面分别称为描述股权合伙人的五个标签：资源标签、身份标签、触点标签、使命标签和需求标签</u>。

当对股权合伙人以结构化的标签建立具象的认知模型后，找到适合的人就会变得事半功倍。本节将简单解读股权合伙人的基本类型，并详细阐述上述五个标签的具体内容和应用方法。

图4-1 股权合伙人画像的五个标签

一、股权合伙人的分类

物以类聚，人以群分。不同的股权合伙人画像有显著的差异，为了更有针对性和具象地了解股权合伙人画像的五个标签，需要先了解股权合伙人的类型。

可以从两个维度区分股权合伙人的类型：第一是按照股权合伙人自身的决策机制，可分为机构型与个人型；第二是按照股权合伙人贡献的资源类型，可分为资金型、智力型、产业型和其他型。

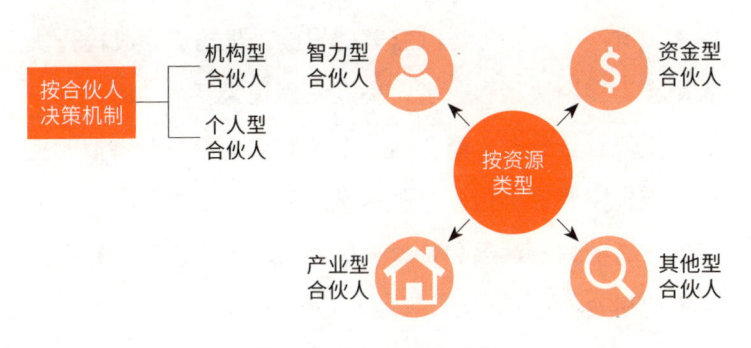

图4-2　股权合伙人分类

同一个合伙人可以同时具备上述两种维度，详见下表。

表4-1　股权合伙人分类表

	资金型	智力型	产业型	其他
机构型	专业投资机构、企业机构	专业顾问机构	提供原材料、生产、技术研发、市场渠道等方面产业资源的企业机构	作为背书的股东
个人型	个人天使投资人、个人众筹股东	创业合伙人、核心股权激励员工、外部专业个人顾问	拥有产业资源的个人	作为背书的股东、亲属代持

之所以区分机构型和个人型股权合伙人，是因为二者的决策机制差别较大。个人成为股权合伙人的决策相对简单，重点考虑的是当事人的个人追求、价值偏好和个性等因素，有些还需要考虑其家庭的影响。机构成为股权合伙人则会有多个决策参与者，决策流程较为复杂。例如与一家国企股权合作时，需要同时考虑股东单位、上级管理机构、国资委监管机构、企业主要决策人和专业职能部门决策参与者的利益诉求和价值偏好，同时还要按照国有产权管理的相关政策，合法合规地走完相关流程。

之所以区分不同的资源类型，是由于不同资源的形态和交付方式差别较大。例如与资金型股权合伙人达成交易后即交付资金，交付的数量一旦约定好一般不会再产生分歧；而提供智力资源和产业资源的合伙人，需要在未来协同工作过程中逐步交付其资源，交付的时间、方式、数量、质量等不仅难以事先准确衡量，还有可能因内外部因素造成无法交付的风险。在这种情况下，除了应尽量明确具体交付要求，还要关注拟加入股权合伙人的个人品格或者企业信誉。

了解了不同类型股权合伙人的区别，接下来就用更有针对性的五个标签清晰地描绘他们各自的画像。

二、股权合伙人画像的五个标签

上文说到的资源标签、身份标签、触点标签、使命标签和需求标签是按照具象思维详细描述股权合伙人的五个方面，也是成功找到股权合伙人常规流程中的五个重要事项。下面通过分别解析这五个标签的具体内容，帮助创业者建立更加清晰的股权合伙人画像。

资源标签：股权合伙人需要具备的资源、能力和素质

甄选股权合伙人的第一步是设定资源标签，即明确需要股权合伙人具体向公司提供什么样的有形资源或者无形能力。对任职的个人股权合伙人，还要特别关注其创新能力和影响力等内在素质。

有形资源的核心是要在数量、时间等方面尽可能具体地描述出来。例如资金，要清楚需要多大规模的资金，小额资金找个人型的天使投资人就可以解决；大额资金则需要找机构投资者。如果除了资金还需要行业人脉资源，更高的要求会导致候选人范围变小。倘若没有足够数量的候选人，就要做好融资延期甚至失败的准备。

对于合伙人的无形能力，创业者不可只用抽象的概念传递信息，也要有具象的描述。假如企业须补充技术研发能力，要具体到技术研发的领域和层面——是基础研发还

是应用研发。如果要找一名市场方面的合伙人，也需要明确其具体职能——偏重营销还是销售，针对个人用户还是企业用户，是大中型企业用户还是小微型企业用户。因为职能、客户类型上看似差别很小，具体运作方式却会有巨大不同，对合伙人的能力要求也不一样，会直接影响对方的经验和资源能否顺利移植过来。所以一定要描述出具体的能力内容，例如美团对COO的资源标签是"能够构建大规模的地推团队，并以标准化流程高效率执行"，而不是简单的COO这个职位名称。

此外，除了保证岗位专业职能与需求精准匹配，也要描述对任职高级管理者的股权合伙人内在素质的要求，这部分内容将在本章第三节中详细分析。

最后，如果希望得到股权合伙人的多种资源，需要按照重要程度对资源排序。例如公司最希望得到某技术总监的智力资源而非资金，虽然为了让其更投入也会要求他出资，但出资不是第一位的，因此可以让他按低价购买股权。对资金型的股权合伙人，则首先确保以市场化的估值水平获得企业发展所需的资金，其次才是尽可能利用他们的行业资源。如果创业者有足够多的人脉，可以更精准地对每名股权合伙人定位，例如先请行业权威人士小比例投资作为公司价值的背书，过一段时间再以被认可的市场估值水平获得普通投资机构的大规模资金。

身份标签：合伙人背景有哪些硬性条件

甄选股权合伙人的第二步是设定身份标签，即确定可以用来识别和寻找候选人的身份特征。人是环境的产物，企业的资源能力也源自其发展历史中的沉淀。对个人型股权合伙人，要分析对方有过什么工作经历、担任过什么职位、负责过什么项目、受过什么教育或者拥有什么技术专长，是否匹配得上资源标签中对于资源、能力和基础素质的要求；对于机构型股权合伙人，则需要分析它们的机构属性、价值偏好、业务聚焦领域等。

确定身份标签的本质是在寻找能够产生资源标签的场景，所以描述身份标签时必须包括针对的客户、所在的区域、要完成的事项、在公司内的职位等要素，尽可能描述一个清晰的场景，这样才便于找到对标候选人。例如美团的COO需要的身份是"针对的客户是小微企业老板，完成的任务是帮助他们在线上销售产品，而且必须能有效管理大规模的地推销售团队"。

资源标签和身份标签常常放在一起描述，是因为曾担任过某个职位意味着可能具备某种能力。在这里之所以分开描述，是因为很多时候，完全对口人才的获取成本会过高或难度过大，或者企业采用全新的业务模式，很难找到直接对标的候选人，所以需要先锁定资源标签，然后再从其他行业、不同业务模式但具有同等类型能力的职位中寻找候选人。

此外，确定身份标签时，还需要考虑"门当户对"的因素，毕竟灰姑娘嫁给王子是小概率事件。每个股权合伙人都希望自己的资源获得最佳回报，所以创业者要客观评价自己能给对方带来多大的回报，包括有形和无形价值。这里的回报并不局限于经济上的收益，还包含履历光环、组织地位、事业成就感等，例如干嘉伟当初离开阿里巴巴，即使不是美团，他也一定会选择一个至少有机会做出与在阿里巴巴旗鼓相当的事业成就的平台。

触点标签：在哪里找到合伙人

甄选股权合伙人的第三步是设定触点标签，即确定获得股权合伙人的渠道，包括私人关系、专业中介机构、社交媒体等。

确定触点标签需要解决两个问题：一是如何提升寻找候选人的效率和质量，二是如何获得候选人的信任从而与其建立关系。

社会是一个巨大的网络，人与人之间有着错综复杂的连接关系，但按照六度分隔（Six Degrees of Separation）理论[1]，你最多通过六个人就能认识任何一个陌生人。在实际

---

[1] 1967年由美国哈佛大学的心理学教授斯坦利·米尔格拉姆（Stanley Milgram）提出，又称为"小世界现象"，意为："你和任何一个陌生人之间所间隔的人不会超过六个，也就是说，最多通过六个人你就能认识任何一个陌生人。"

工作中，为了提升效率和质量，最好借助拥有候选人资源的重要节点人物或者专业中介机构，例如行业或专业大咖、行业协会、垂直领域的自媒体机构、专业化猎头机构等。他们对本行业或专业人才情况比较了解，借助他们可以起到事半功倍的效果。

找到一个候选人并不等于能和他结合起来做事，尤其是股权合伙这种深度合作。达成合作最基础也是最重要的因素是信任，而非利益，信任是"1"，利益是"0"。股权合伙的利益在未来才能兑现，即使有再大的利益，如果没有信任这个"1"，合作也无法达成。所以确定触点标签并不仅仅是发挥找到候选人的渠道功能，最好还能以其个人信用帮助推荐，起到信任背书的作用。

使命标签：合伙人的使命、愿景、价值观匹配吗

<u>甄选股权合伙人的第四步是设定使命标签，即了解股权合伙候选人的长期使命或者个人追求。对机构型股权合伙人来说，需要了解其企业文化和战略规划等体现长期追求的信息。</u>

道不同，不相为谋。股权合伙不是一次性的合作交易，而是长期并肩作战，如果双方的长远追求和底层信念分歧较大，注定难以走得久远。尤其寻找创业合伙人时需要判断其参与创业的初心——是在利益上的盲目跟风，还是真

的对此事业情有独钟。因欲望驱动进入风口行业，但披上了情怀、理想和使命外衣的人并不少见。

使命、情怀往往显得"虚"而不易鉴别，那如何辨别其真假呢？说谎成本很低，但行为的成本很高，一般和人的内在存在一致性和连贯性，所以听其言不如观其行。人是趋利避害的动物，创业者要从成本收益的角度分析股权合伙人的初心。为了了解付出的成本，可以问对方：你已经为这件事做了哪些准备和尝试？你愿意为此事业付出多大的代价？为了解想获得的收益，可以问对方：你希望公司未来发展成什么样子？你个人想从这个事业当中得到什么？通过成本收益的匹配度，才能判断他们未来是想有持续行动风雨同舟，还是一时的冲动。要知道，不合适的人一时冲动后，惩罚的除了他自己，因为其位高权重，同时也会深深伤害所在企业。

创业者应尽力找到具有相同使命的同行者，但不同个体之间高度一致可遇不可求。大部分情况仍需求同存异，在长远目标和路径上一致，同时接受在非核心的性格偏好、做事习惯等方面的不同。若强求相同，反而易生裂痕；求同存异，则会成为互补的榫卯。

需求标签：合伙人希望得到的利、权、名

甄选股权合伙人的第五步是设定需求标签，即了解股

第四章　具象思维：你心中是否有一幅股权合伙人画像　　143

权合伙候选人在物质收益、社会名誉、管理权力以及工作方式等方面的需求。没有面包，就没有明天。通常情况下，股权合伙人的需求可分为三类：利、权、名。所谓"利"，是合伙人可以直接或者间接获得的经济收益，例如出资和分红比例、工作时间，若在公司任职，还要明确薪资待遇等；"权"指合伙人参与公司重要人员任命、重大事项决策、获取必要信息等方面的权力，包括股东表决权、董事

图4-3　空间换位思维的具象化落地

席位、一票否决权等;"名"指给股权合伙人带来的品牌效应和个人荣誉、尊重等,包括公司在社会的声誉、个人在企业内的职位等级等。

第三章中提出了要以结构化思维掌握股权的本质,其中在空间结构上提出股权合伙是换位思考才能达成的交易,核心是理解双方"是什么、有什么和要什么"。股权合伙人的这五个标签就是对空间上换位思考的具象化落地,即:考虑清楚自己"要什么"——确定资源标签;分析拥有这个资源的"他是谁"——确定身份标签;然后选择合适的渠道找到他——确定触点标签;再看对方在使命追求和利、权、名上"要什么"——确定使命标签和需求标签,最终实现共赢。

第三节 四种典型股权合伙人的画像

本书第一章第二节中遵从以终为始的原则,以上市为目标推演了股权设计,首先按照空间维度展示了引入各种股权合伙人后形成的股东结构,然后按照时间维度展示了引入股权合伙人的进退节奏。从中可以清晰地看到,企业根据发展需要引入的各种股权合伙人包括:最开始创业时要找到付出智力资源的核心创业伙伴,接下来需要找到提供资金的投资人，在发展过程中则要根据公司商业模式需要与提供产业资源者合作，最后要对共同奋斗、提供智力资源的内部员工进行股权激励。

以下以公司业务发展与资本规划的典型路径，用五个标签描绘出在此过程中引入的创业合伙人、资金合伙人、产业合伙人和股权激励员工这些内外部股权合伙人的画像，作为创业者引入每种股权合伙人时的操作指导手册。

图4-4 四类合伙人

一、创业合伙人画像

<u>创业合伙人指共同参与发起创立公司的非大股东股权合伙人，也称联合创始人</u>；也可指公司运营过程中引入并起到核心作用的股权合伙人。<u>创业合伙人主要贡献自己的智力资源，可在公司的技术、市场、生产等某个职能领域独当一面，或者以其他方式在公司运营管理中发挥重要作用。</u>

资源标签：创新与执着、契约精神与影响力

一个好汉三个帮，在激烈的竞争环境下，创业者单枪匹马创业的难度越来越大，成大事者往往都事先组建了团队。刘备桃园三结义得张飞、关羽，三顾茅庐获得诸葛亮的辅佐，还陆陆续续得到赵云、黄忠、马超等大将，才能支持他实现光复汉室、三分天下的大业。当今的腾讯、美团、小米等成功企业，各自的铁血合伙人团队也都立下了汗马功劳。所以，创业者必须高度重视且拿出足够多的时间精力用于核心团队的搭建。

<u>寻找创业合伙人时，首先应根据业务需要明确具体工作职能方面的详细要求</u>。每个企业的所属行业、商业模式和发展阶段的需要不同，因此职能要求并无一定之规，在此不再赘述。创业者可以使用本书第一章第三节中介绍的两个商业模式分析工具"商业画布"和"企业运行模式

图",参照本章第一节美团案例中王兴确定美团COO(首席运营官)岗位具体要求的方法,分析自己企业对创业合伙人的资源标签。

创业合伙人往往同时是高级管理者,本质上也是创业者,所以专业职能之外的内在素质变得更为重要。他们都需要与他人合作把事情做好,根据大量投资人和创业者的经验,以下从"如何做事"与"怎么合作"这两个方面提炼出创业合伙人应具备的四个核心内在素质。"如何做事"包括具有辩证关系的两个核心素质:创新与执着。"怎么合作"也包括具有辩证关系的两个核心素质:契约精神与影响力。

图4-5 创业合伙人应具备的四个核心内在素质

1. "如何做事"的两个核心素质:创新与执着。

所有商业机会都是因为创新性地满足了客户需求而获得了竞争优势,要想获得各种优质资源,必须通过创新产生更高的投入产出比。创新是一个持续的过程,而强大的学习能力是保持创新的源泉。

创业维艰，"十年磨一剑"并不是一句比喻，而是很多创业项目的真实写照。创业合伙人也必须执着，具有长期主义的信念，接受延期满足，能与追求无风险和快速变现的人性对抗。选择了创业就必须忠实于自己的使命，不改变对于目标的执着。

创新要不断变化，执着则须有所坚持，这两者看似矛盾，其实是最佳的匹配：执着是对于目标的坚持，任何时候不忘初心；而创新要通过强大的学习能力科学创业，对达成手段不拘一格，根据时势环境权衡利弊得失后选择是否打破传统规则。创新与执着很好地体现了变与不变的辩证关系。

2. "怎么合作"的两个核心素质：契约精神与影响力。

要保持任何与他人长期的商业合作，首要具备的都是契约精神，即不论发生任何情况都要信守承诺。自己敢于为了诚信承担不确定的风险，才会得到合作方的信任。做到契约精神，诚信是底线要求；而遇到意料之外的黑天鹅事件或者没有明确约定责任边界的事项时能否勇于担当，则决定了契约精神的天花板。

影响力是对他人的吸引和感召能力。若想提升影响力，应知道人为何会被影响。拥有巨大影响力的机构都是致力于为他人创造价值。例如小米让发烧友用上高性价比的电子产品，腾讯的微信让人与人之间的沟通变得更容易。创业合伙人也必须思考：我能为这个社会、为这个组织贡献什么样的价值？如同干嘉伟三连问中的最后一问"他们是不是正好缺我"，即"我"能不能为这个组织贡献独特的价值。

老子在《道德经》中讲："以其无私，故能成其私。"这就是对影响力的最好诠释。

契约精神是自己坚守不变的东西，影响力则是使别人发生改变。唯有自己有所坚守，才有可能形成对他人的召唤、影响和改变，这也是与他人合作的两个核心素质中变与不变的辩证关系。

身份标签：明确行业、岗位、经历

设定创业合伙人的身份标签是为了便于识别和寻找适合的候选人，这需要把资源标签中分析出来的无形能力转化成为可以清晰识别的行业、岗位、经历等。如果能进一步明确候选人职业经历中的企业规模和性质、下游客户类型、岗位产出成果等信息，则更有利于提升匹配度。

创业者如果不了解哪些行业或者岗位的人拥有自己所需的能力，可以咨询资深的猎头从业人员或者人力资源管理师。他们接触过大量的行业与岗位，对于各种岗位的核心能力比较了解，能给创业者提供专业的指导意见。

触点标签：做好自己早准备

设定创业合伙人的触点标签，目的是确定通过什么样的渠道和方式才能按照身份标签的要求找到一定数量和质量的创业合伙候选人。

首先，重视自己的"朋友圈"，又不依赖"朋友圈"。从直接了解的同学、同事、朋友甚至亲戚中寻找创业合伙的候选人，不仅真实度高，而且未来协作的融合成本也会比陌生人低得多。但"朋友圈"毕竟数量有限，人才层次也可能有所局限，所以聘请猎头机构、发动更多朋友转介绍，或请行业或专业协会组织的内部人士介绍也是很好的渠道。需要重点提醒的是，创业者要善于在平日里经营好自己的"朋友圈"，在"朋友圈"中分享的行业观点、人生追求、价值导向，都会成为影响他人是否愿意与你合作的因素。

其次，高度重视并提前投入时间精力，不可临阵磨枪，急于求成。千军易得，一将难求。获得稀缺资源一定需要付出高额代价，获取人才则既需要努力又靠缘分。例如找到某名候选人时，也许当时他并无意更换职业发展路径，但不代表永远不换。创业者唯一能做的就是及早动手、多花时间，早早种下缘分的种子，把分母做大，人才的分子自然会被筛选出来。

最后，找人不仅仅是在找人，也是在学习如何做事。

创业者在找人过程中，与各有千秋的候选人交流关于行业发展趋势、商业模式、某个职能的前沿技术等话题，这就是一个全面学习的过程。如果创业者能在公司正式运营前，就各业务模块与行业前十名人才中的一半有所交流，相信创业者对于商业模式和运营策略的认知可以上升一个大台阶，而这种认知能力其实才是吸引"英雄豪杰"来投奔的重量级砝码。

综上所述，<u>构建寻找创业合伙人的触点标签，在创业的第一天就应该提上日程并付诸行动。创业者日常做人做事的方式，都在无形中铺垫着迎接贵人降临的通路。</u>

使命标签：用价值观筛选合伙人

俗话说，知人知面不知心。事关人生使命与核心价值观的使命标签是最难以识别的标签，这也是影响长久合作最大的因素。下面我们从创业者 H 与两名创业合伙人聚散的故事中，看看使命标签的巨大影响。

【案例解析】合伙人能走多远，其实在最初就已注定

H 从事美容行业，创业时激情满满找了两名创业合伙人，分别是闺蜜 W 和以前的客户 M。H 希望他们能在资金、内部管理、市场推广等不同方面帮到自己。此项目主要由 H 出资和主导，为了公平体现各自的实际

贡献，同时也为了检验两名创业合伙人的信心和创业决心，H提出按照实际出资的三倍价格作为公司估值，计算股权比例。鉴于对美容行业发展前景和H的认同，两名创业合伙人欣然同意。但是，在最艰难的前两年创业期内，两个人都离开了。

首先离开的是全职工作的W。W家境优越，大学毕业后很快结婚育子，但她不希望自己长期脱离社会，既不愿意挑战高难度的自己开公司，也不愿意做普通打工者，所以参与闺蜜的创业公司成为最佳选择。虽然W并无行业和职场经验，但社会经验毕竟比二十多岁的普通店员丰富，又是自己信任的闺蜜，所以H安排W做店长，自己指导她。

导致W离开的矛盾爆发于公司试营业期间。H发现W作为店长却没有执行自己布置的工作，甚至拉拢员工做出与H的安排背道而驰的事情。这让H绝对无法接受，虽然距离公布的正式开业不到一个月了，H仍然痛下决心与W"分手"，相关的员工也一起解聘，真应了那句诗：第一次放飞，就碰上下雨。[1]

产生这个结果的根本原因在于W与H使命追求的差异。W最大的追求并不是这份事业能做多大，即使公

1《四月的纪念》，作者刘擎、王嫣。

司破产导致出资损失，对她也不算什么；这样一个小项目就算生意很好，带来的分红对她也构不成太大吸引力。W真正追求的是借助一个公司的平台，获得他人认可和尊重的社会融入感。所以，没有职场经验的W利用公司平台满足自我的需求，当与公司的管理需求产生矛盾时，就成为一个无解之题，只能以"分手"告终。

第二个离开的是兼职的M。M社会资源广泛，经常从事房产、股票等各种投资，自己也是美容行业的资深客户，深知行业的发展潜力，所以一直希望找到一个靠谱的创业者投资进入这个行业，既当客户享受优惠，又做股东获得收益。同样，H既希望M投入资金，又希望调动M在市场推广、客户等方面的资源来助力。在两年的合作期间，M尽力介绍客户，在市场推广方面导入资源，其他具体经营情况不大过问。当然，M个人也享受了超级VIP（贵宾）客户的待遇。

M离开的起因是在第二年的股东会上，H报告了公司的经营情况，第一年摸索期走了很多弯路，确实浪费了很多人财物资源，整体略亏；第二年H决定申请医疗资质，很多钱花在门店改造和资质申办方面。在经营理念上，H希望长期稳健经营，所以一方面用好的原材料势必成本较高，另外也不想走拉人头办卡集资的模式，这导致最后算下来，公司当年并无利润可以分配。

M对比听说的其他美容行业项目的收益情况，认为公司的账目有问题，要求查账。巧合的是H这两年一直忙于经营，确保让公司活下来，在财务管理上确实有疏忽，M查账时发现了一些错误的收支记录和不恰当的财务处理方式。虽然金额上完全不足以证明H刻意造假，但是这让M曾经全然的信任消失了，决定退股离开。

M的离开一方面跟H没有处理好财务账目导致失去信任有关，另一方面，这次投资在M心中就是一个类似房产、股票的投资项目，M最关注的是相同时间内的投资回报率，并不关心项目的经营理念以及具体的发展节奏，当投资回报和预期相差较大时，收益预期落差的炸药就被财务瑕疵的雷管引爆了。

面对两名创业合伙人的退股，H不希望纠缠影响经营，所以都选择了快刀斩乱麻，自己咬牙卖房抵押车，给离开的股东退还了本金，投资时间长的还支付了资金利息。这次变动虽然短时间内对业务发展有一定的震动，所幸没有留下大的隐患。但这一遭走下来，H变得十分谨慎，甚至谈合伙人色变，宁可自己辛苦点儿，也不敢轻易找创业合伙人了。

【思考与启示】

看到H的经历，相信创业者已明悉为何要找到共同使命和愿景追求的合伙人，这也是阿里巴巴如此强调价值观、华为很早就制定了企业文化读本《华为基本法》的原因。股权只能让大家把利益绑在一起，让合伙人同心协力干出一番事业的一定是对使命的认同！

需求标签：充分尊重个人差异

创业合伙人的需求标签主要包括利、名、权三部分，并具有非常明显的个人特色。

其中"利"主要指物质利益，包括股权比例、分红安排、退出安排以及工资收入等。分红是很多创业合伙人关注的现实问题，例如雷士照明创业初期，大股东希望不分红用于长远发展，但小股东希望分红尽快收回投资，分红安排的分歧成为激化股东矛盾并最终分道扬镳的一个重要原因。其实分红与否或者分红多少本无对错或合理与否之说，重要的是提前达成共识。还有的创业合伙人家庭负担重，必须要有工资收入，如果只有股权的"大饼"就维系不住合作关系，这些都需要提前了解清楚并做好安排。

"名"指个人的受尊重感和名誉，包括在公司的职位等级、在公司受尊重程度、公司给自己带来的社会地位等。《公司法》与有限责任公司相关的章节中只有"股东"一词，但关于股东的称谓非常多，例如合伙人、创始合伙人、联合创始人、高级/资深合伙人等，这些都是为提升股东心理感受而在内部授予的名号。实际运行中，更重要的还是创业者传递的尊重。当然，尊重并不能狭隘地理解为礼貌、客气，真正的尊重是对人格的尊重，帮助合作伙伴取得成功和获得自我成长的成就感才是最有力的尊重。

"权"指公司赋予的各种权力，权力往往与"利"和"名"有密切的联系，"权"是"名"的直接体现，也是获得"利"的可靠保障。如果创业者为了提升自我安全感，希望以投票权委托、股权代持、间接持股等方式"剥夺"创业合伙人权力的时候，一定要换位思考一下：如果满足不了他们的现实需求，他们是否还会与自己合作？

【小贴士】调研创业合伙人的"一二三四法"

为了根据上述五个标签全面、深入和细致地了解创业合伙候选人，创业者可以采用"一查、二谈、三访、四试"的方法调研分析。

"一查"是根据创业合伙人的简历了解其职业发展路径，通过个人的微信、微博等社交媒体，以及公开的信息渠道，查看其个人文章、论坛发言、个人感悟、外部报道等信息，一是验证其职业路径的真实性，二是从发生的具体事件上判断与需求标签的匹配程度，三是从蛛丝马迹中寻找其个人追求和价值观等不易通过直接交流获取的信息。

创业合伙人的内在素质还需要在更长的时间维度上追溯其个人成长史，而不仅仅是跟工作能力有关的经历。例如曾经当过兵，在部队受过训练的人执行力会比较强；上学时成绩不是特别好，但课堂之外折腾的东西都能达到顶尖水平，这类人的学习和创新能力会比较强；小时候是孩子王，大学经常组织各种社团活动的人，一般组织影响力会比较强。

图4-6　创业合伙人的画像

"二谈"是要通过多次、不同场景、不同主题的见面交流，了解其专业技能、内在素质，尽可能触及其价值观倾向。有些创业者把交流安排在不受人打扰的饭局上，也是希望创造酒后吐真言的氛围。

"三访"是走访候选人的上下级同事、客户、朋友等与其有过密切交集的人，通过他人的反馈全方位了解候选人。

"四试"是拿出公司遇到的具体问题，请候选人发表自己的见解和观点，只有拉出来遛遛，才能看出是不是怀揣着金刚钻。此外还可以邀请候选人参加公司的活动，观察他与现有管理团队的融合度。

二、资金合伙人画像

资金合伙人也被称为财务投资人、资金股东，指主要提供资金资源的股权合伙人。

资源标签：规划好规模与时间

创业者必须首先做好战略规划和资金计划，然后再提出所需资金的规模和时间，以及资金背后的资源等具体要求，再据此选择最适合的资金合伙人。融资的间隔时间与融资规模密切相关，一般而言，每轮次的融资间隔时间最短不要低于一年,因为每次融资都会耗费创业者大量时间精力;同时也应避免融资过多而长期不用,造成对股权资源的浪费。

身份标签:分轮次和行业匹配

成熟的投资机构往往会根据自己的融资能力、产业研究能力、对商业社会发展趋势的判断、风险偏好等因素,只针对特定的行业或者企业发展阶段投资,这形成了它们各自鲜明的身份标签。区分投资机构的身份标签,通常可以按照两个维度区分:

第一种是按照投资专注的企业阶段或者投资规模划分。

投资机构会根据企业发展生命周期阶段划分为:种子期、VC(风险投资)、PE(私募股权投资)、Pre-IPO(首次公开募股前的投资),还有上市以后的PIPE(上市后私募股权投资)等不同的轮次,各轮次的投资规模从小到大逐步提高。每个轮次投资机构甄选企业时的关注点也不一样,可以对应到我们常说的企业发展从0到1、从1到10、从10到100的过程。

例如种子期对应的是天使轮投资,主要在从0到1的阶段投资,即针对能够找到精准的客户群、做出能够解决客户痛点的产品,需要完成对客户和市场验证的企业;VC对应A轮或者B轮,主要在从1到10阶段投资,即针对已完成客户和市场验证后,需要规模化复制的企业;PE一般对应C轮及以后轮次，主要在从10到100阶段投资，会关注企业的组织管控能力和对上下游的影响力，看其是否能支撑更大规模的扩张或者产业链的延伸，逐步建立行业壁垒；Pre-IPO阶段的投资机构在上市前夕完成投资，通过企业上市获得资本增值溢价，比较关注企业的合规性，以及细分行业与资本市场热点是否匹配等问题；PIPE投资机构是靠已上市公司在资本市场上的市值提升获利，关心的是资本市场的波动周期，以及企业是否善用资本市场的资源进行产业整合而提升股价。

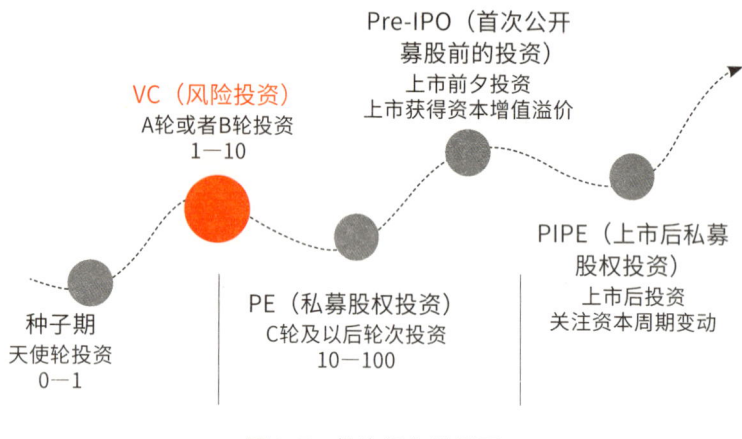

图4-7 投资机构类型图

第二种是按照投资机构专注的行业划分。

任何一个行业都有其独特的行业特性、内部资源和专业知识，只有聚焦行业才能快速准确判断企业是否值得投资；只有掌握行业资源才有机会获得头部企业的股权；只有投资优质企业才能降低投资风险，提高未来变现收益，所以很多投资机构会聚焦某些细分赛道。同样，创业者也要选择在细分产业上相匹配、真正懂自己的投资机构。

例如某创业者进入养老装备行业创业，大部分投资人难以理解这种冷门的细分赛道，如果能找到聚焦此行业的投资机构则会不同。第一，它们很容易听得懂创业者讲的项目，业务方面的沟通会比较顺畅，因为有较强的辨别能力，看到好项目也能快速做出投资决策；第二，它们有动力帮助创业者穿针引线，与自己的其他投资项目做资源嫁接，例如不同投资项目在销售渠道上可以相互导流，同类企业在技术方面联合研发，或者上下游企业间协同合作。

最后，创业者还需要了解不同轮次资金合伙人的一些特殊利益诉求。例如天使轮投资人可能并不想一直跟到项目最后上市，而是希望在 VC、PE 阶段能够退出一部分，完成变现收回本金。例如有些地方政府的产业引导基金，只投符合当地产业政策的企业，并要求其在当地注册落户。例如还有些投资人要求必须业绩对赌，且包括对赌失败的赔偿条款。这些都需要创业者综合考虑，而不是仅仅关注估值、股权比例等常规条款。

触点标签：专业媒人效率高

了解投资机构的身份标签类型后，通过专业中介机构找到适合的资金合伙人会变得更加容易。

第一，寻找资金合伙人可以聘请财务顾问（Financial Advisor，FA）辅助完成，把自己确定的资源标签和身份标签跟他们讲清楚，支付一些费用，他们可以帮助快速对接适合的投资机构，更高效地接触到真正的决策者。此外，有经验的财务顾问比较熟悉投资机构的诉求、思维方式和话语体系，可以帮助创业者修改融资计划书。这个角色就像媒人带男方到女方家见父母前，会告诉男方：女方的父母什么性格、有什么喜好、可以买什么礼物、到时候应该说什么话、不能说哪些忌讳的话等等。创业者融资有了专业媒人的指导，与投资机构沟通可以事半功倍。

第二，创业者企业所在的产业园、孵化器、众创空间等一般也会跟投资机构有合作，所以参加推介活动也能有很好的展示机会。

第三，通过创业者的社交关系找到行业权威人士引荐，依然是高质量的路径。

此外，创业者不要低估投资机构发现好项目的能力，它们也在通过各种渠道搜寻好项目。在这个信息充分透明的时代，与其担心自己的好项目无法被人发现，不如努力让自己的项目具备真正的价值和竞争力。

使命标签：钱的来源决定生存使命

人是环境的产物，其人生理想和价值观会受限于生存环境，例如人穷志短是穷困者的常态，否则不为五斗米折腰就不会成为道德典范。一个商业组织的使命也深受其生存模式的影响，所以要从资金合伙人的业务模式上找到其使命的端倪。

投资机构做钱的生意，衡量其业绩好坏的核心指标就是钱生钱的能力——投资回报率。绝大多数投资机构的基本业务模式包含募、投、管、退四个模块，即资金募集、项目投资、项目管理、项目退出。对形成其使命和价值观影响最大的是决定资金属性的资金募集环节，即资金是自有资金还是从外部募集，资金使用期限是长期还是中短期，资金的成本高还是低。

例如国内著名的高瓴资本之所以能"做时间的朋友"，成为具有全球视野的长期价值投资者，很大程度上因为其受托管理的资金主要来自眼光长远的全球性机构投资人，包括顶尖大学捐赠基金、养老基金、非营利性基金会以及家族办公室等。资金可使用的时间长，自然就可以长期投资；而国内很多基金只有5～7年的封闭期，进入时必然要设计好退出通道。自有资金虽然有机会成本，但时间上拖延一下也不会有大的影响，但有成本募集的资金收益率达不到一定程度就是亏钱，可能造成投资机构的信誉损毁甚至破产。面对这样的压力，资金合伙人又怎会对使用资金的创业者"手软"？

再比如国内被称为"圈内最受创业者欢迎的天使投资人"徐小平先生，他最初是拿自己在新东方变现的财富做投资。自有资金就可以随性一些，有些个人天使投资人投资一些项目甚至不追求过高的回报，满足个人的某种情怀是其核心动因。相反，如果拿别人的钱投资，还靠自己脑子热，恐怕没人敢把钱交给他。

<u>创业者只有真正理解了资金合伙人形成使命的根源和完成自己使命的"不容易"，才知道该选择谁做自己的资金合伙人，找到与资金合伙人的相处之道。</u>

需求标签：重利、要权、名随缘

一旦理解了资金合伙人的使命标签，再去分析他们的需求标签，思路就会非常清晰。<u>完全使用自有资金的需求标签有较强的个人色彩，创业者可以两种方式深入了解：一是了解投资人的经历背景和个性特点，推测其投资偏好；二是研究其过去曾经投资过的项目及其创始人，用多样本分析投资人偏好的维度。</u>例如行业、企业发展阶段、投资收益要求、占股比例、参与管理方式，以及创业者的年龄、性别、风格、教育、个性等。

<u>机构型资金合伙人的需求也包括利、权、名。</u>它们最

核心的需求是对自己的投资人负责，即在风险可控的前提下提升投资收益率，这是"利"。由于收益往往要求在基金封闭期内完成，所以机构型资金合伙人常常会提出业绩对赌来作为保障。而企业的盈利情况以及能否上市等受到外部环境的影响，创业者需要根据行业趋势和企业发展阶段来判断是否可以满足投资人的要求，再决定是否接受对赌条件。资金合伙人为了控制风险，对于"权"有更高的要求。最常见的包括公司管理方面的权限，例如董事席位、一票否决权、决定财务负责人选等；还有保护其利益的安

图4-8 资金合伙人的画像

排，例如业绩对赌的现金或股权补偿、回购补偿权、优先认购权、回购请求权、共同出售权、强制出售权、清算优先权等。个人型或者不知名的机构型资金合伙人会更看重投资一些明星项目的"名"，因为明星项目不仅能带来丰厚的投资回报，还能让其一战成名，在未来得到更多的创业项目信息。

创业者与资金合伙人是相辅相成的合作关系，大家的利益结合点在于做好公司共同变现，创业者需要获得资金资源，资金合伙人要在风险可控前提下提升收益。虽然上面罗列了很多投资人要获得的"权"，但创业者不应把资金合伙人看作要夺取创业者控制权的洪水猛兽，因为资金合伙人非常明白自己没有产业运营能力，即使拿到了控制权也无法创造价值，从而手里的股权价值最终也会变得一文不值。

三、产业合伙人画像

产业合伙人是一个统称，泛指提供除资金资源和内部员工的智力资源的各种企业发展所需资源的股权合伙人，按照贡献的产业资源类型不同，也会被称为渠道合伙人、技术合伙人等。

资源标签：资源为重、明确约定

产业合伙人的定位首先是资源，其次才是资金，但资源与资金可以同时获得，有的也可以只出资源而无须出资。创业者必须首先根据自己的商业模式和战略规划明确提出包括上游原材料、技术研发、生产制造、下游市场渠道等所需的资源的种类、数量规模、交付方式、时间等具体要求，才能据此选择最适合的产业合伙人。

确定产业资源时，一定要注意产业资源的三个显著特征：首先，不同于资金资源的价值明确且容易交付，不同人对产业资源价值的判断差异较大，要达成共识往往会经历艰难的讨价还价过程；其次，产业资源的交付方式也比较复杂，有些需要在业务进行中完成，有的需要分期交付某种成果，但成果的质量往往难以在事前拟定清晰标准或者在事后难以准确衡量；最后，尽管大多数产业合伙人既投入产业资源又投入资金资源，但他们的主要目标是得到所投资企业的产业资源，并非财务收益。总体上引入产业合伙人是相对比较复杂的交易，只有深刻理解了所交易资源的属性和交易主体的诉求，才能判断是否应该交易以及如何交易。

身份标签：个人与机构属性不同

创业者所需的产业资源可能存在于个人型或机构型两

种身份的产业合伙人手中。

个人型产业合伙人因其个人的社会人脉、影响力、职务等原因，可以帮助创业者直接或者间接获得产业资源，但是他可能没有自己的公司去应用该产业资源来获利。例如，曾在某公司负责供应链的离职高管可以帮助创业者引荐、甄选供应商，某公司老板可利用其在行业协会中的影响力介绍企业客户。

机构型产业合伙人特指拥有产业资源的各类组织和机构。它们可能自己拥有这类资源，也可能需要使用此类资源或者拥有资源的配置权，对其有一定影响力。创业者可以使用本书介绍的"商业画布"和"企业运行模式图"这两个工具深入理解对方的商业模式，从中了解该机构曾经输入过哪些有形资源、培育了哪些核心能力、产出过什么产品，再分析是否与自己所需的资源相匹配。

不同身份标签的主体可能提供相同的资源，创业者要从以下四个方面综合考量哪类主体最适合。

第一是资源成本。相同的一瓶可乐在不同的地方售价会不一样，产业资源也是如此。例如咨询公司通过市场资源获得企业客户，由于佣金是培训公司收入的重要组成部分，所以与培训公司合作时，对方会索要很高的佣金比例或比较高的股权比例；如果与政府的产业园、孵化器、协会组织合作，他们本就需要为入驻企业提供增值服务，所以非常欢迎咨询师做管理沙龙，大部分不要佣金，有些甚至会支付讲课费用。

<u>第二是交易成本。</u>仍以资源成本中的两个主体为例，培训公司日常组织培训时跟学员频繁深度地互动，能准确掌握客户需求，而且客户对其非常信任，故推荐的成交率非常高；产业园一般只是活动组织者，对客户不太了解，是否成交主要靠咨询师授课过程中建立的信任度，然后再逐步转化，过程漫长而且成交率低。

<u>第三是信誉一票否决。</u>产业资源交付过程烦琐、合作边界不易确定，事前再详细的协议也很难让没有信誉的人遵守承诺，总有无数个漏洞可以钻，所以人不靠谱应直接免谈。

<u>第四是注意法律红线。</u>例如为获得某种产业资源，可以直接跟某企业机构谈合作。创业者如果为了降低资源成本，选择在公司任职以此影响资源流向的高管私下合作，甚至与国家公职人员谈股权合作，都会面临法律风险。

创业者一定要根据具体情况综合考量以上因素，选择最适合的产业合伙人。

触点标签：在产业上下游或外部寻找候选人

产业资源部分归属于个人，寻找产业合伙人操作上跟寻找资金合伙人大致相同，需要靠个人人脉解决；大部分的产业资源归属于机构，所以以下叙述重点以寻找机构型产业合伙人为例，讲述如何构建触点标签。创业者可按照资源所在的范围，在产业内或产业外寻找。

产业内可以分两个维度。一是横向上，在产业链的上下游寻找产业合伙人。例如为了保证稀缺原材料供应的稳定性，可以吸引上游供应商入股；有些咖啡厅、餐馆针对意见领袖型客户做众筹，就是把下游的客户作为产业投资人；还有的企业把掌握客户资源的中间渠道商作为产业合伙人，例如格力电器针对经销商发行股票。二是纵向上，在与自己做同类或者互补产品的机构中寻找产业合伙人。例如雷士照明为了满足上市需要和增强其制造节能灯的能力，以股权方式收购世通投资有限公司成为其产业合伙人，世通也跟随雷士照明上市获得了丰厚的回报。

不同行业的公司有时会使用同一种资源，所以从本产业外拥有共同客户但不具有竞争性的企业中寻找产业合伙人也是常见方式，这种合作被称作"异业联盟"。在本产业内，各公司使用资源天然具有竞争性，往往获取的难度大、价格高；在产业外反而更有可能低成本获取。例如，要获得某种行业内技术严密封锁的新材料资源，可以尝试与其他应用这种技术资源的行业外公司合作。

使命标签：研究对方战略，发现真实意图

机构型和个人型产业合伙人的属性不同，其使命标签

差异也较大，创业者需要以不同的标准和方法确认。

部分机构型产业合伙人纯粹是用产业资源投资获得财务性收益，他们的目标是收益不低于机会成本，即市场平均回报率或者其主业的投资回报率。

<u>大多数机构型产业合伙人的目的是利用投资企业的资源提升自己的主业收益，或者进行业务协同以完善自身的产业链。</u>创业者需要从其商业模式和发展规划深入分析对方的使命标签，找到其真实意图。

【案例解析】58同城真的是优信的白马骑士吗

2019年上半年，优信遇到了严重的资金困境。2019年6月28日，优信在工行和中行两笔合计1.75亿美元的债转股即将到期，优信自己还有6亿人民币的待付资金，经营上公司还处于亏损的状态。如果工行跟中行的债转股到期不能兑付，一旦银行要求还债，公司的现金流就会面临巨大挑战。

常规情况下，作为上市公司的优信可以向社会公众增发新股募集资金，但公司当前不论是时间还是募集难度上，都很难走增发这条路，只能四处寻找产业投资人募集资金。最后时刻，58同城挺身而出，联合优信的老股东华平投资、TPG等，以私募方式发行总价约2.3亿美元的可转债，挽救了处于亏损还深陷财务泥潭的优信。那么，58同城真的是优信的白马骑士吗？

优信的大生态战略着眼于消费服务的扩围、物流服务的均等化和全国市场的一体化，以及下沉到三、四线城市。优信可以通过58同城获得低线城市的流量，并进行有效的销售转化，不断打开新的汽车消费空间。

58同城做这笔投资的目的绝不只是获得财务性收益，背后有更深层的产业目的。第一，优信通过58同城在低线城市获客本身也是一个流量采购行为，58同城可以立刻获得业务收入。第二，58同城投资优信采用的是可转债方式，今后58同城可以根据届时优信的股价表现做决策，如果看好未来前景，可以选择以优信IPO（首次公开募股）时1/3的价格债转股获得优信的股权；如果认为不合适，也可以选择要求优信偿还债务，获得资金的收益。第三，此次交易完成后，58同城、华平投资和TPG各有权向优信董事会提名一名董事，有机会更好地利用优信的产业资源。

优信引入58同城作为产业投资人，当下确实解决了一时之危，但长期来看也付出了巨大代价；58同城则是进行了一次进可攻退可守，兼顾产业和财务目标的投资。

【思考与启示】

在与各种股权合伙人的交易当中，机构型产业合伙人是最复杂的一个类型，它们投资一家企业的目的往往是多元的，有些还会刻意隐藏真实想法。创业者必须分析清楚它们的真实意图，由此判断对方带给自己的价值到底有多大；以及为满足其要求，自己须付出多大成本。所有得到皆有成本，创业者切勿奢望别人能给你带来免费的午餐！

个人型产业合伙人并不会直接利用该资源产生经济性的成果，其核心使命就是完成对产业资源的经济变现，一般关注三个要点：一是变现的收益率，他们会选择更高投资回报率的创业者；二是变现的可靠性，个人型产业合伙人往往需要先交付产业资源，所以更在意合作方的信誉；三是产业资源的"保质期"，即他们往往只能在特定条件或者一定时间内影响产业资源，所以对资源变现的可靠性和紧迫性要求较高，谈判中其实对创业者更有利。

需求标签：权、利、名的要求千差万别

个人型产业合伙人总体上重"利"、轻"名"、轻"权"。他们最核心的需求是找到适合的创业者，把自己所能影响和调动的产业资源进行价值变现，所以会优先选择变现价值高

的可靠公司。在"名"的方面，个人型产业合伙人往往非常低调，甚至不愿意直接持股，创业者要注意尊重这种诉求。他们对于"权"的需求是为保障"利"而产生的，尤其占股比例小的产业合伙人，一旦选择了信任的创业者，在保证基本知情权的前提下，对管理方面的权力要求比较小。

机构型产业合伙人的需求则要区分两种情况：

第一种是单纯追求财务性收益的，它们重"利""权"，轻"名"。由于一般投资规模较大，为了维护自身利益，它们对表决权方面的诉求比核心诉求同样是"利"的个人型合伙人高；在"名"的方面，除了成为正式股东，一般不会有较高要求。

第二种"醉翁之意不在酒"，还追求业务协同、产业资源的，他们对于"利"的首要诉求不一定是财务性收益，而是使用创业者公司的产业资源促进自身公司业务的发展，甚至是为了今后进入这个领域或者未来进一步控制所投资公司做准备。为了更方便地使用资源和全面了解公司，他们对"权"的要求非常高，有些还会把对资源的使用权益写在投资协议中。例如施耐德公司投资雷士照明，除了利用自己的资源帮助雷士照明提升工程项目能力，它更关注的是利用雷士照明的销售渠道在中国销售施耐德的产品，所以不断派驻高管到雷士照明，从而引发后来的一系列纷争。这类产业合伙人对于"名"的诉求一般不会太高，有

图4-9 产业合伙人的画像

些为了向外界传递自己对产业资源的整合能力，会做一些必要的宣传。

本小节讲的是创业者为了获取产业资源，让拥有产业资源者成为自己的产业合伙人。反之，如果创业者足够财大气粗，为了获得某种产业资源，也可以像上述的施耐德公司一样直接成为拥有产业资源企业的股权合伙人，以此获得其产业资源。

四、股权激励员工画像

股权激励员工指直接或者间接持有公司股权的公司核心骨干员工。他们占股比例虽然较小，但也是公司的股权合伙人。

资源标签：只为得到智力资源

大多数企业给内部员工分配股权，主要目标并不是获得资金资源，而是以股权为手段凝聚人心，提升大家的工作激情，以便让员工更多、更投入地贡献他们的智力资源。由于股权资源有限，往往只能给予少部分员工，创业者决定实施股权激励时，重点考虑的是把有限的资源给哪些员工，即确定其身份标签。

身份标签：兼顾公司与个人价值

创业者在确定员工股权激励对象的身份标签时，不能仅仅用重要、核心、关键此类模糊的语言描述。如果员工不知道具体标准，他们会认为是老板一拍脑袋、凭个人喜好做出的人员决定，这样会强化公司的人治文化，在股权分配过程中给员工不公平感，所以一定要制定让所有员工都能理解的具象标准。

可以用体现岗位和个人价值的四个指标来确定激励对

象的身份标签，即：管理层级、职位序列、历史业绩和司龄。其中，管理层级和职位序列体现该岗位在公司内的价值高低，历史业绩和司龄是从历史贡献和个人资历体现具体某个人的价值。

第一个指标：管理层级，指主管、经理、总监等行政管理级别。由于高层管理人才承担的责任、对公司经营的影响以及培养难度都比较大，如果股权相对比较稀缺，一般会优先给予高管理层级的员工。

第二个指标：职位序列，指诸如技术、财务、销售、生产等不同的职位类型。可将其分为两大类：一类是偏基本业务的职位序列，如研发、生产和销售等；另一类是对业务给予支持的职位序列，如人事、行政、财务、审计等。选择股权激励对象应优先选择能直接影响公司整体价值创造的员工：假如技术部长、销售部长和人力资源部长同是经理级，如果只能给两位经理，人力资源作为偏支持性的职位序列就暂时无法成为激励对象；如果只能给一位经理，到底是销售部长还是技术部长呢？并不能因为销售部把货款拿回来而认为销售部重要程度一定优先于技术部，而要根据公司的商业模式和产品定位，分析客户为何而买单。例如消费者购买苹果（Apple）手机，并不是因为销售人员能力强，而是因为领先的产品研发设计、乔布斯（Jobs）个人魅力延展的公司文化等因素。谁能够创造促发客户买单的因素，谁能够构建公司核心竞争力的因素，谁能够提升公司的长期价值，谁就是最该激励的职位序列。

第三个指标：历史业绩，指根据某岗位上的员工曾经取得的业绩水平选择激励对象。这里特别注意选取的指标一定要指向未来发展，例如某学校针对优秀的老师实施股权激励，过去该学校主要为20人的小班授课模式，未来打算逐步调整为100人的大班授课模式。选择优秀老师时，为配合学校的战略，要用体现大班授课质量的指标作为筛选标准。这样不仅选出了符合未来战略的人才，也给暂时没有得到股权的员工发出一个清晰的信号：要想得到股权，就要积极适应大班授课。只有如此，股权激励才能上接战略、下连人才。

第四个指标：司龄，指员工在公司的任职时间。采用司龄这个因素出于两个方面的考虑，一是在企业文化上鼓励员工与公司长期共同成长，二是有些岗位的工作性质需要较长的时间培养和积累经验，并且经验价值的边际效用提升明显。

总之，选择激励对象的身份标签时，创业者应结合公司自身的发展阶段、商业模式、文化价值导向等因素，优先给予能够全局、长期、直接影响公司价值创造的人。

触点标签：集团公司内部相互关联

专门针对内部员工的股权激励，原则上所有企业员工都是股权激励的候选人。需要特别提醒的是，<u>集团型的企业中，母子公司和兄弟公司之间往往有着复杂的业务关联，所以集团型企业实施股权激励时，覆盖范围不能仅仅是本公司，也需要对给予业务支持的关联公司员工分享股权。</u>

使命标签：红线、年限加公示

公司希望股权激励对象能与公司长期奋斗，除了考虑身份标签中的管理层级、职位序列、历史业绩和司龄四个指标，还必须考虑员工的个人追求和价值理念是否与公司的使命与战略匹配。匹配并不是强求完全一致，而是至少不矛盾，在一定时间内公司发展应与个人成长同步，大家可以各取所需。

创业者有三种方式解决这个问题：<u>一是甄选激励对象时一定要设定红线指标，</u>即如果某员工的管理层级或者业绩等指标非常优秀，符合入选标准，但其曾触犯公司文化红线，也应取消其入选资格；<u>二是利用身份标签中的司龄指标筛选，</u>一般不适合刚入职就马上给予股权，应根据职位等级不同设定考察期；<u>三是在流程上控制，入选名单要公示，</u>接受所有员工评议和举报，如不认同的员工达到一定比例或者被举报有重大不适合入选事项，都应取消其资格。

需求标签：先利后名不重权

参与股权激励的内部员工，其通常的需求排序是：利、名、权。员工首先希望能够伴随公司的发展获得良好的经济收益，其次是股权体现的身份价值认可，最后追求股权所代表的公司决策权。

"利"包括了获得股权分红或者资本增值收益，如果公司的股权收益主要来自分红，应跟员工约定获得分红的业绩条件、总利润占比、是否预留运营准备金等；如果主要来自资本溢价，需要创业者把公司的战略规划，以及上市或者股权转让等形式的资本规划描述清楚。所以，股权激励项目中，创业者应像对外部投资人一样对内部激励对象进行正式的路演，否则效果会大打折扣。

能够得到稀缺的股权资源本身就代表了公司对激励对象个人价值的认可，这就是"名"。正是这种包含着价值认可的荣誉感，才能激发出每个人心中的责任感和使命感。创业者不要认为签协议给了股权，员工就会立刻脱胎换骨。往往还需要举办一些股权授予大会、分红大会、股东会议等激发荣誉感和参与感的仪式，才能让员工的主人公精神逐步落地。

"权"之所以不是股权激励对象最关注的，原因有两个：第一是日常工作中，员工已经习惯了接受上级行政管理；第二则是因为激励对象的股权比例比较低，并且通常采用持股平台间接持股,即使有权力也不会产生实质性的影响。

综上所述,创业者要想和员工激励对象创造出来"利",核心是尊重和发动员工,激发他们去珍惜与捍卫"名"。只有创业者把员工真正当成公司共同的主人,员工才会把自己当作主人翁!

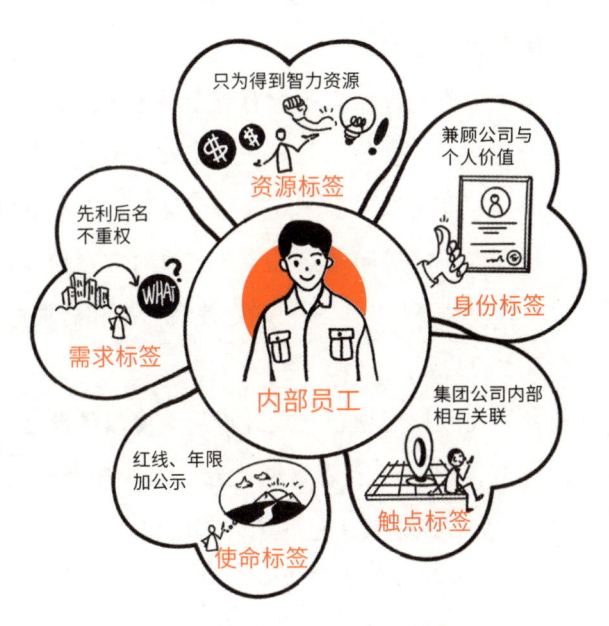

图4-10 内部员工合伙人的画像

第四节　小结与思维进阶

创业者都希望找到合适、优秀、同频的股权合伙人，但这些抽象的描述只是停留在感性层面，在执行时很容易受到自己一时情绪好恶的影响，所以必须建立具象思维，通过具体的标签全面描述各种类型股权合伙人的清晰画像，这样才能有效指导行动。

具象化描绘股权合伙人画像有五个最重要的标签，即首先考虑清楚自己"要什么"——确定资源标签；分析拥有这个资源的"他是谁"——确定身份标签；然后选择合适的渠道找到他——确定触点标签；再看对方在使命追求和利、权、名上"要什么"——确定使命标签和需求标签，最终实现双方的共赢。

创业者做完股权规划顶层设计以后，可以借助这具象化的五个标签，分别确定诸如创业合伙人、资金合伙人、产业合伙人和股权激励员工这些内外部股权合伙人的画像，只有知彼知己才能找到与他们达成合作的法门。

当创业者打算引入不同类型的股权合伙人时，应把本章当作教材一样使用，查阅与要引入的股权合伙人对应的小节作为指导和参考，掌握具象化传递信息和表达需求的方法。这是理论与实践结合科学创业的基本素养，有备而战必定能大大提升胜算！

在人生旅途中，如果能在对的时间遇到对的人，是彼此一生的幸运。同样，在事业发展中如果能在对的时间做对的事，也会获得丰硕的回报。

这里所谓的"对"只是事后根据结果做出的一个判断，但仅凭这句话并不能实现幸福和富有，还必须启动具象思维，根据自己的人生价值观具象地定义何为属于自己的"对"？例如笔者在做二次职业选择时，对自己希望的职业状态具象地描述为：读万卷书、行万里路、阅人无数，加上体面的收入。一旦完成具象化描述，咨询师这份职业就成了不二之选。也正是使用具象思维找到了自己的"对"，笔者才有勇气和毅力在选择的道路上披荆斩棘，做出成绩。

第五章　组合思维：

揭秘底层分类逻辑，轻松组合定制股权模式

> 声不过五，五声之变，不可胜听也；色不过五，五色之变，不可胜观也；味不过五，五味之变，不可胜尝也。
>
> ——《孙子兵法·势篇》

创业者一旦决定建立股权型合作关系，无论是项目型股权合作模式还是永续型股权合作模式，都要明确合作中各自应该承担的责、权、利，保障合伙关系的持续健康运行。接下来就应有针对性地选择股权模式。

为了便于区分，学术界和企业界根据交易方式、交易标的、交易主体、责权利方式等因素，创造了种类繁多的股权模式：身股、银股、干股、实股、原始股、股票期

权、虚拟股权、限制性股权、非限制性股权、业绩股票、员工持股计划、股票增值权、超额利润分红、股权[1]众筹、TUP……

看到这些五花八门的股权模式，创业者不仅难以理解，更不知针对自己的情况应该如何选择。万变不离其宗。本章所讲的组合思维，意思是只要能够识破构成不同股权模式的分类逻辑，不仅能准确理解常规股权模式的应用，更可以根据需要组合各种交易条款，定制最适合自己的股权模式。

为了便于切实掌握，本章首先揭秘"股权模式二维透视图"，将杂乱的股权模式分门别类、各归其位；其次，用案例形式具体介绍三个可以解决80%以上应用场景的基础款股权模式；最后，对诸如外部股权合伙人不出资、内部员工没有支付能力、一个人获得两种模式的股权、亏损企业如何引入股权合伙人等常见的业务和管理场景，以创业者的案例为引导，提出具有借鉴价值的可操作性解决方案。

---

[1] 在本书中除非专门针对股份有限公司时使用"股票"一词，其余情况均假设针对的是有限责任公司，故使用"股权"一词；有限责任公司所使用的"股权期权"和"业绩股权"，由于已被大多数人习惯称为"股票期权"和"业绩股票"，本书亦尊重习惯用法。

第一节　用对股权模式的核心是理解其分类逻辑

常规的商业交易有两种方式：一种是一手交钱、一手交货的现货交易，例如消费者购买日用品、企业采购生产设备等；一种是跨越时间周期的期货交易，例如企业购买石油、重金属、粮食等大宗商品时，往往通过购买期货锁定价格，平抑价格大幅波动对交付订单成本的影响。

股权合伙交易作为一种特殊的交易，也有类似现货、期货的交易模式。除此之外，因为交易环境、交易主体、交易目的等因素的不同，人们有简化理解的需要，实践中还有很多五花八门的模式，这让很多创业者望而却步，想要掌握股权模式太难了。然而，要想真正理解股权模式，并不在于记忆多少种名称和概念，关键的是透过现象看本质，搞清楚不同股权模式的产生和分类逻辑。

一、股权合作分类的核心维度与典型模式

股权合作是一种需要跨越时间才能产生收益的投资型交易，交易双方最关心的是两个要素：权益与风险，这就是划分股权模式核心的两个维度。

首先，按照给予股权合伙人在持股过程中可获得的权利和最终收益的类型，股权合作可分为权益结算类和现金

结算类两种。

权益结算类的股权模式指股权所有者会获得法律意义上的一系列完整权益。既包括表决权、提案权、知情权等身份权益，还包括分红、股权增值收益、股权的资本溢价等财产权益。

其中，身份权益代表因股东这个特定身份而获得的没有直接经济内容的权益，比如享有股东身份可参与重大事项的表决、可要求公司提供相关的财务报表等信息，这样的设计能给企业带来更多的思想、观点，但也可能会产生潜在的矛盾和风险，意味着比较高的管理成本。

财产权益指股东获得的可以金钱计算价值的权益。分红一般指将公司当年的收益，在按规定提取法定公积金、公益金等项目后向股东分配。股权增值收益指不同的时间节点上因股权对应的价值增加而产生的收益。获得分红和股权增值收益无须发生股权买卖行为。股权资本溢价指因成为上市公司或者企业间的并购而产生的市场估值溢价；一般情况下，只有办理了工商变更登记，才可在股权买卖后获得市场估值溢价的收益。那些随着公司在海内外上市而获得巨额财富的股东，他们所获得的就属于权益结算类股权模式。实际出资人未办理工商登记，而是委托他人代持的，获得的收益由代持人收取后转交。

现金结算类股权模式一般指没有身份权益，只有部分财产权益的股权。通常包括享有分红收益和股权资产增值部分现金收益的股权。获得此类股权的收益并不需要经历买入、持有、卖出获得差价的完整过程，而是直接获得从授予股权至约定到期日之间的增值差额或者分红的现金，华为的虚拟股权就属于这一类。

其次，按照股权合伙人实际获得股权的时间，可分为现在获得类和未来获得类两种。

由于股权合作是需要通过长期协作在未来共赢才能获得收益的交易，所以最大的风险来自跨越时间所造成的不确定性。例如国家出台一个有利的产业政策可能让企业估值一夜之间提升数倍；反之，投资机构上月刚投资了某公司，这个月一名核心高管因与创始人不和，突然带走核心团队离职另起炉灶做一样的业务，公司可能面临灭顶之灾。所以，交易一方可以选择现在投资获得股权；为了规避风险，也可能现在约定好基本交易条件，未来再出资获得股权正式成为股权合伙人。

按照可获得的权利与最终收益类型划分的现金结算类与权益结算类，以及按照获得股权时间划分的现在获得类和未来获得类，是区分股权模式最常用、核心的维度，各种股权模式都是在此基础上又考虑了其他维度影响因素而做的组合。如以股权获得的时间作为横轴，收益模式作为纵轴，就会形成图5-1的"股权模式二维透视图"，五花八门的股权模式均可划分到四个象限中，使得股权模式分类变得有迹可循。

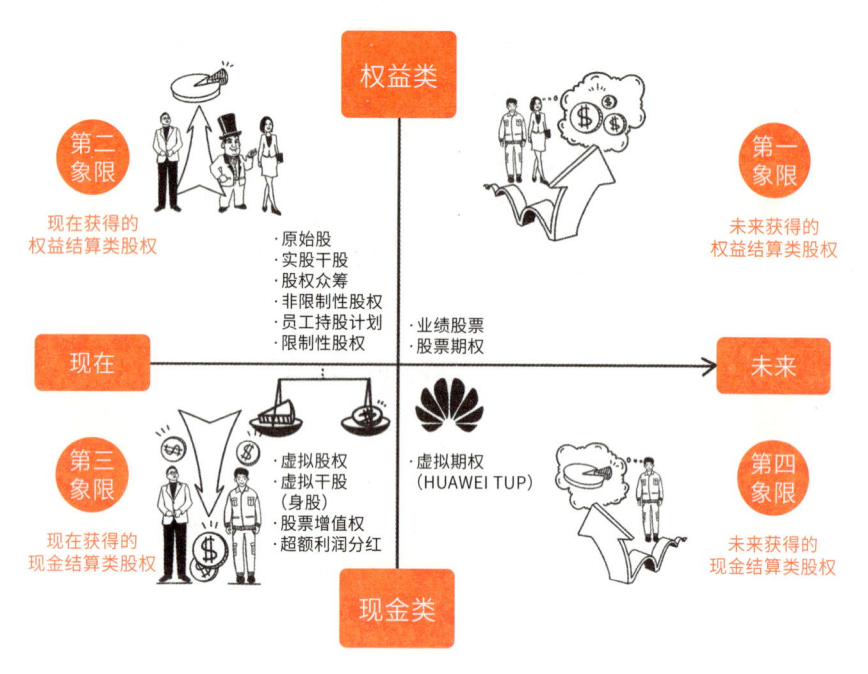

图5-1 股权模式二维透视图

非限制性股权、限制性股权、员工持股计划、实股干股等是现在获得、以权益结算的股权，以及股票期权和业绩股票等未来获得的股权都是实股，也称为注册股。除此之外，所有不做工商登记的现金结算类股权统称为虚股。下面分四个象限详细解读一下"股权模式二维透视图"中的各种股权模式。

1. 第一象限：未来获得的权益结算类股权

股票期权：指交易双方现在约定在未来可获得以权益结算的股权，可以根据业务和管理需要设定获得股权的条件，如工作年限、业绩等。

业绩股票：指交易双方现在约定在未来可获得以权益结算的股权，给予多少数量的股权根据事先约定的业绩完成情况核算。

2. 第二象限：现在获得的权益结算类股权

限制性股权：指现在就获得股权，但会根据约定只享有部分股东权益，或者约定获得股东权益需要满足一定的条件，通常是在工作时间、业绩、表决权、锁定期、退出机制等方面有所限制。

非限制性股权：指现在就获得，且按照《公司法》规定享有所有股东权益的股权。清代晋商东家的"银股"就属于非限制性股权。

员工持股计划：会设定持股权期限等条款的限制性股权，且一般特指股权持有对象面向的是较大范围的公司内部员工。

股权众筹：也属于会设定持股权期限、资源贡献等条款的限制性股权，且一般特指股权持有对象面向的是大量外部人员，例如客户、上下游合作伙伴等资金或其他资源的提供者。[1]

实股干股：指合伙人不用出资，且获得的是以权益结算的股权。实股的"实"指股权进行工商登记。干股在此特指不出资，是否设置限制性条款由创业者和股权合伙人商议确定的合作方式。

原始股：一种非正式股权模式的称谓，一般指公司刚成立时或者公司正式上市前获得的权益结算类股权。创业者可以根据具体需要与相关条款进行组合创新，例如与限制性条款组合，就成为限制性原始股；如果面向消费者众筹，就成为原始股众筹；如果组合不出资的条款，就是实股类原始干股。

3. 第三象限：现在获得的现金结算类股权

虚拟股权：指现在即可获得，最终以现金结算分红收益的股权。

虚拟干股：指不用出资，获得的是以现金结算的虚拟股权。例如晋商分配给不出资的掌柜（总经理）或者资深伙计的"身股""顶身股"，就相当于现在的虚拟干股。

超额利润分红：本质是一种狭义的虚拟干股，只是特别约定了分配收益的来源是期末实际利润与期初利润相比

---

[1] 股权众筹给予的股权可以是具有限制性条件的实股，也可以是虚股，取决于交易双方的具体约定。

超额的部分，或与事先约定的某个固定目标值相比超额的部分。

股票增值权：指现在获得，享有股票授予时点与结算时点的增值差额收益，以现金直接结算的股权。

4. 第四象限：未来获得的现金结算类股权

虚拟期权（如华为 TUP）：指未来分批获得，享有公司分红及股票授予时点与结算时点的增值差额收益，以现金直接结算的股权。

在股权应用历史中，因为时代背景、交流需要、强化特色等原因，人们发明出了众多的股权模式，未来还会根据公司业务和管理甚至宣传吸引眼球的需要产生更多新的股权模式。作为创业者，不能纠结于这些原本就没有统一标准的股权模式名称，而应首先根据自己业务和管理需要整体规划股权，然后确定引入的每个股权合伙人需要现在还是未来给予对方股权，是现金结算还是权益结算，收益是给予分红还是股权增值部分，是否需要设定限制性条件，对方如何出资，等等。把这些本质性的问题组合在一起，就会得到适合自己的股权模式，具体叫什么名字只是一个代号。如果市面上没有相同的，那就像华为一样，创新一个自己专属的名字吧！

二、选择股权模式背后要考虑的人与事

股权模式连接的是"人"——股权合伙人,服务的是"事"——公司战略。

要真正理解并应用好股权模式,关键是理解不同的股权模式与人性的关系,对业务和管理的影响。为此,下文将重点从股权收益的形式、获得股权的时间以及获得股权的代价这三个核心维度来分析。

股权收益的形式:现金结算与权益结算

股权合作中采用拥有完整权益的权益结算类股权模式,还是采用只有部分财产权益的现金结算类的股权模式,需要综合考量以下五个因素:

1.公司的行业特征。有些公司的所在行业决定了未来的投资获利方式。如果公司从事的是国家并不支持上市的行业,且被并购获得股权资本溢价的可能性不高,或是从事现金流良好的生意,如开家单体小餐厅、特色培训学校等,且交易方的预期是获得相对稳定的现金收益,本着简化管理的原则,有些股权比例比较小的股权合伙人就可以采用现金结算的模式,例如虚拟股权。反之就偏重选择权益结算的股权模式。

2.公司的发展阶段。不同发展阶段的公司现金流状况

不同，会影响投资获利方式。一家公司一般会经历初创、成长、成熟、衰退几个阶段，在初创期和衰退期，公司的现金流都会比较紧张，不具备现金结算收益的基本条件，所以初创期吸引股权合伙人，按照高风险高收益的原则，对方承担了高风险也理应获得完整的权益，应该采用权益结算的股权模式。例外情况主要有两种：一是公司虽然初创，但是可以快速进入盈利期；二是公司的商业模式特别好或者有非常明显的核心竞争力，虽然短时间内无法盈利，但预期未来利润率很高，有众多有意向投资的股权合伙人。

3.公司的资本规划。不同的资本规划也会影响投资获利方式。如果公司虽然有机会上市，但自身不打算上市，采用现金结算的股权模式就是简单高效的选择。很多互联网型企业即使当前不盈利，也筹划着在海内外资本市场上市，或者规划被其他公司收购获得股权资本溢价的收益。那么为了吸引股权合伙人，必定要采用权益结算的股权模式。例如阿里巴巴用95亿美元收购了并不盈利的外卖平台公司饿了么，对于饿了么的股东而言，他们的收益并不是来自分红，也不是来自公司净资产价值的增加，而是来自阿里巴巴愿意付出的股权资本溢价。如果饿了么的股东在早期约定的是只获得以现金结算的分红，那么他们在公司未盈利时的高溢价被并购行为中就不会获得任何收益。

4.公司的商业模式。不同的商业模式对资源的需求种类和数量的差别会影响获利能力和获利分配方式。股权是一种稀缺资源，有些公司需要利用股权获得多种资源，如果没有足够的权益结算类股权，且公司有盈利可以实施分红，就可以考虑对部分股东采用现金结算类的股权模式。

5.公司的激励体系。公司激励体系对公平性和竞争性的定位会影响内部股权合伙人的股权投资获利。如果公司现金流充裕，也有未来获得资本溢价收益的良好预期，就有足够多的选择空间，这时要根据内部股权合伙人激励体系的规划来决定采用何种股权模式。例如总部核心人才的工作影响全局且显效比较持久，适合采用权益结算的方式，追求长期的更高收益；对区域子公司的高管可以针对区域业绩按现金结算方式给予子公司的股权。

获得股权的时间：现在获得与未来获得

常言道：此一时彼一时。世界是不断变化的，就公司及其业务而言，不同发展阶段的投资价值、风险、资源需求等都不一样；就人性而言，好东西人们总是希望尽快落袋为安，有风险就会多观望，看准了再出手。所以现在获得与未来获得股权本质上有着巨大区别。下面用四个场景举例说明。

场景一：一家收益良好的行业龙头公司准备招募一位技术专家，并且愿意给予股权。作为企业方，为了避免选错人，会希望先考察对方的真实能力再给股权，也就是期权模式。作为技术专家方，肯定希望现在就拿到好公司的股权，这样才能尽早获得股权的分红，提升自己的收益水平。由此可以看出：交易双方对于股权模式的选择倾向往往是不一致的。

场景二：一家刚刚创立的新公司准备引入一位技术专家且给予股权。这时企业方往往希望尽快锁定人才，技术专家最好可以马上从原公司离职，给予股权时再让他出些资，让技术专家铁了心跟自己一起创业；而对于技术专家，打工有一份稳定的收入，到一家初创公司则有巨大的风险，离开大公司投入时间赌一把已经是不小的代价了，所以往往希望先约定好购股价格，等确认公司业务稳定且能引入投资时再出资。由此可以看出：交易双方对于股权模式的选择不仅不一致，而且会随着公司与股权合伙人之间的博弈情境不同而发生变化。

场景三：一家已经获得第二轮融资的企业 A 准备引入两位技术专家且给予股权。甲是现技术总监的老部下，技术总监对其能力和人品都非常了解；另一位乙是社会招聘来的，公司初步判断其能力也不错。作为企业方，为了吸引甲尽快离开原公司入职，且基于对甲的了解信任，愿意现在就给甲股权；企业虽初步认可乙的能力，但是由于不了解其人品，希望给予乙期权，考察通过后再让乙行权。

由此可以看出：基于信任度的不同，公司对不同的股权合伙人也可以采取不同的股权模式。

场景四：场景三中的 A 企业向甲发出邀约后，甲提出不希望现在入股，他认为 A 公司虽然获得了第二轮融资，但其技术能力在同行业中属于中下水平，未来前景如何还不好做判断；而且自己仅仅是对老上级技术总监了解，并不确定公司老板的人品、格局和能力到底如何，老板才是对公司的前途起决定性作用的人，所以他希望采用现在约定好条件、未来再购买的期权模式。由此可以看出：股权合伙人个人对公司和老板的判断和认可程度也会影响购买股权的时间，从而采取不同的股权模式。

综上所述，某一种股权模式对于交易双方的影响往往是相对的；同一种股权模式在不同情境下的利弊也会变化；相同的情境下，企业面对不同的合伙人可能选择不同的股权合伙模式，不同的合伙人也可能选择不同的股权模式。所以选择股权模式并没有一个科学客观的标准，它是双方决策者基于主观判断博弈后选择的结果。

获得股权的代价：出资形式与出资多少

第三章阐述了如何从人性角度理解股权的本质，获得股权既要有对收益的憧憬，也要有因付出了成本代价而对损失的厌恶，这样才能最大程度激发人的行动力。所以关于出资的必要性在此不再赘述，重点分析出资方式和出资多少对股权模式的影响。

1. 出资方式

人们经常说的干股是不需要付出资金的股权。但是天下没有免费的午餐，所有的干股背后都应该有干货，所以并没有所谓的不出资，只是出资的具体形式不同而已。给予干股有三种常见情况：第一是合伙人在过去已经付出了资源或做出了某种贡献，现在给予干股是对其历史付出的补偿；第二是合伙人在当前虽然没有付出资金，但是贡献了其他方面的无形资源（如智力资源）；第三是合伙人承诺未来将贡献某种资源，这种情况下必须约定采用限制性股权，如果对方没有履行承诺，对应的干股就无法得到或无法全部得到；如果已经给予了，未履行部分则应退回。

2. 出资多少

出资与否是质的问题，出资多少则是一个弹性很大的量变问题，尺度的把握同样也受到多种因素的影响。

一是公平的对价。即股权合伙人所得股权应该与其贡献的总量相匹配，如果合伙人已经贡献的智力和其他资源的价值达不到其持有股权本身的价值，可以让其通过低价购买股权的方式，实现"其他资源价值＋付出资金＝实际股权价值"的结果。

二是支付能力。很多公司希望充分激励内部员工，但员工的支付能力通常比较弱，因此常常采取打折购买的方式，其中差价部分视为公司多支付的薪酬，在这种情况下理应采用限制性股权，提出特别的工作要求。

<u>三是持股人面临的风险大小。</u>2018年9月15日施行的新修改的《上市公司股权激励管理办法》中规定[1]，员工在限制性股票模式下购买股票的价格最低可以是股票期权模式的一半。[2] 这种价格差异是购买时间不同造成风险不同引起的。限制性股票需要立刻购买，即使公司业绩不变，合伙人也要面对资本市场本身大幅波动的风险；而股票期权最早也要在一年后才能分期行权购买，且届时如果股权过低可以放弃行权，合伙人是没有风险的，所以政策规定给予立刻购买的限制性股票者更低的授予价格。

三、确定股权模式三步法

每个企业都是一个动态变化的独特系统，不同阶段有

---

[1] 上市公司在授予激励对象限制性股票时，应当确定授予价格或授予价格的确定方法。授予价格不得低于股票票面金额，且原则上不得低于下列价格较高者：（一）股权激励计划草案公布前1个交易日的公司股票交易均价的50%；（二）股权激励计划草案公布前20个交易日、60个交易日或者120个交易日的公司股票交易均价之一的50%。上市公司采用其他方法确定限制性股票授予价格的，应当在股权激励计划中对定价依据及定价方式做出说明。

[2] 此处特指上市的股份有限公司，故使用"限制性股票"和"股票期权"。

不同的目标和需求，股权合伙人更是形形色色、需求不一，所以选择股权模式的影响因素众多，不存在科学合理的和一劳永逸的股权模式。<u>创业者要改变刻舟求剑的认知方式，避免照搬优秀企业的股权模式，要根据自己的需求与限制条件，按照黄金圈法则分三步初步确定适合自己的股权模式。</u>

第一步：列出自己需要通过股权合伙达成的目标和限制性条件——WHY。

黄金圈法则中的"WHY"就是知道自己要什么，做一件事情要达成什么样的目标永远是最重要的思考源头。同时，创业者还应知道自己不能要什么，要明确自己的限制条件。例如公司需要通过融资补充现金流，那么过高比例的现金结算类股权模式就难以实施；如果核心高管过去从没有接触过股权，那么立刻给予其工商登记的权益类股权，公司也要承担一定的风险。

第二步：确定股权模式适用的象限——WHAT。

根据自己的目标和限制条件，利用"股权模式二维透视图"分别确定两个维度的归属：适合采取的收益方式是现金结算类还是权益结算类，获得股权的时间是现在还是未来，由此确定选择哪一个象限中的股权模式。

第三步：根据自己的独特要求和限制条件选择具体模式或发明创造新模式——HOW。

创业者可根据具体交易的需求，从第二步中选定的象限里选择相对比较适合自己的股权模式作为"母版",然后再按照需求组合具体交易条件,设计适合自己的模式。如果没有合适的"母版",也完全可以根据自己的需求在法律边界内创新。

第二节　搞定三个基础款股权模式,足以应对80%的场景

社会学和管理学领域有个普遍使用的二八定律,即一组事物中发挥主要作用的少数个体做出的贡献往往占多数;反之,占多数的个体却只有少数的贡献。"二八定律"在股权领域同样适用,即20%的股权模式足以解决80%以上的股权问题,多数的股权模式应用场景其实并不多。

近三年所有实施员工股权激励的上市公司公告的方案显示,超过90%的公司选择的是限制性股票和股票期权。笔者经手的大量股权咨询案例中,解决引入新合伙人、合资成立新公司、员工股权激励等常见股权合作时的合作模式几乎都是在结合交易双方个性化需求的前提下,采用三种基础股权模式组合设计而成的。对照"股权模式二维透视图"来看,这三种模式分别是位于第一象限的股票期权、位于第二象限的限制性股权、位于第三象限的虚拟股权。

接下来，走到具体的案例场景中，学习这三个基础款股权模式的应用方法吧。

一、限制性股权：兄弟合伙也要先把丑话说清楚

图5-2　限制性股权：先把丑话说清楚

创业者引入每个股权合伙人都有一定的需求，例如期望他带来资源、投入技术、投入资金等。如果股权合伙人无法满足这项需求，股权合伙的基础将不复存在。所以原则上股权合作中应该对股权合伙人设定一定的限制条款，例如股东权益的实现是附条件的，股东未能履行责任和义务将触发取消股东权益的条款，这样才能避免股权合伙人拿到股权后不再继续贡献，才能众志成城，实现公司目标。

【案例解析】为何公司做好了，朋友却反目了

小明经营一家民宿公司已有三年，员工从两三个到现在的四五十人。公司发展快速所以投入也很大，

但依然可以做到盈亏平衡。随着公司规模的扩大，小明感觉一个人比较吃力，希望找到合伙人一起经营。

某次大学同学聚会聊天，小明发现在某大型网站负责旅游板块的小亮和在互联网公司任产品经理的小红也喜欢民宿行业，有很多独到的理解。三人对民宿发展趋势和前景的看法不谋而合，小明趁热打铁邀请他们作为合伙人加入公司，两人很快就欣然同意了。

小亮和小红各自出资50万，均占10%的股权。小红提出如果将来退出，股权如何处理的问题。小明和小亮都认为既然决定在民宿行业扎根，短期内就不会退出，而且大家是多年老同学，信得过彼此，万一需要退出怎么都好商量。小明为了表示诚意，很快给二位办好了工商变更。

然而，理想与现实之间的差距有如鸿沟。尽管三个人在公司长远规划上有很多共识，但多年工作背景养成的思维和行为方式却风格迥异，导致在市场渠道、客户细分、服务执行等层面的许多细节问题上产生了很大分歧，严重的内耗导致工作落实不到位。小亮和小红加入两年后，业务规模跟两年前差不多，发展增速明显低于行业平均水平，财务上还维持在盈亏平衡点附近。

小亮感到工作理念上的冲突让他很痛苦，创业对家庭方面的影响也大于职业经理人。迫于家人的压力,他萌生了退意。公司在市场拓展的新模式方面刚刚有些起色,此时退出对公司影响很大,虽经小明和小红的极力挽留,小亮还是选择了离开。

公司现金流比较紧张,小明个人也没有闲余的资金,于是口头跟小亮商议说退股的事情晚些时候再说。小亮对此时离开公司有些愧意,再加上自己也不是特别缺钱,就同意了。

小亮离开后,小明和小红经过之前两年多的磨合慢慢地默契起来。他们研发了一款针对中高端年轻人群体的精品民宿产品,公司进入发展快车道,很快有了一些利润盈余。这两年恰好遇到了旅游行业的小爆发,在民宿领域布局的投资机构看上了他们,有两三家已经开始初步接触洽谈,他们也希望借助资本的力量加快发展速度。公司经过七年的艰苦探索,现在前途一片光明。

投资人问到了公司的股权架构问题,小明抓紧和小红商议小亮的股权处置问题。现在公司现金流充裕了,他们决定先分一次红,两个人拿分红的钱按持股比例把小亮名下10%的股权接过来,作为未来的员工股权激励池。这两年占用了小亮的钱,他们打算按年化15%的利息向小亮支付资金成本。

然而，回收股权的事情并不顺利。小亮也得知公司最近发展不错，现在不想退出了，而且他认为自己毕竟在公司奋斗了两年，即使离开了，资金也一直被公司使用。当时并没有明确的说法是退还是留，如果公司这两年倒掉了，估计自己的50万也拿不回来。明明跟大家共担了风险，现在公司发展好了，凭什么就变成债权了呢？

小亮提出，自己足额缴纳了投资款，而且办理了工商变更，是名正言顺的股东，理应获得公司归属于股东的所有权益。现在只有两条路：一是继续做股东，该拿分红就拿分红，而且要求看往年的财务报表；二是如果有人愿意出500万，可以股权转让退出。这个价格是小亮提前找朋友打探过的，基本跟投资人给的估值不相上下。

小明和小红顿时没了主意：公司的盈利是这两年他们一起拼出来的，不甘心给没有参与的小亮分红；他俩既没足够的现金回购股权，也不能违法私自挪用公司的钱。听说投资人一般都是增资，不愿意收购老股；他们也怕跟投资人提出这个要求后暴露了股东间的矛盾，反而影响后续融资……

祸不单行。投资方尽职调查时走访了小亮，认为现有的股权结构不稳定，是一个比较大的隐患，提出如果不能解决该问题将暂缓投资。

小明专门咨询的股权专家答复说通过法律手段强迫小亮退出几乎没有胜算，最好的结果就是跟小亮谈一个尽量低的收购价格快速了结这件事，否则公司业务做得越大，以后解决的代价就越大。

可是，小明名下股权的分红也远远不足以支付500万的收购款，剩余的钱从哪里来呢？

【思考与启示】

很遗憾昔日的好友最终陷入这样一个僵局，因为小明在合伙人进入和离开时各犯了一个致命的错误。

第一个错误：进入时没有使用"限制性股权"。

"把丑话说在前面"正是契约精神的体现。小亮只工作了两年就退出，如果提前约定所有股东的全职工作时间不得少于五年，若提前退出，必须按出资时的价格将股权转让给其余股东，就不会出现这种结局。

第二个错误：小亮退出时没有立刻结束股东关系。

当断不断，反受其乱。即使资金紧张，也应该在股东退出时就办理股权变更，结束股东关系；对于暂时无法支付的资金，约定好偿还时间和应支付利息，为了让对方接受，用自己的股权做担保都是可以的。

总之，任何股权合伙人要真正得到股权，按照责、权、利对等的原则，都应当完成与其股权匹配的资源贡献、工作业绩、工作时间等条件。基于这些条件的限制性条款几乎是组合所有股权模式时的必选项。尤其是拥有权力比较多的权益类股权模式，更需要提前设定清晰明确的限制性条款，这样万一股权合伙人中途退出，也能有章可循，即使生意上不能合伙也不至于反目成仇伤了感情。

二、股票期权：先谈恋爱后结婚是对双方负责

图5-3 股票期权：先谈恋爱后结婚

男女结婚前需要先谈恋爱相互了解，判断彼此价值观、生活习惯等方面是否匹配，然后再决定是否结婚，这是对双方负责的表现。未来获得股权的股票期权模式核心的作用也是通过从授予股权到实际行权的这个间隔期，让交易双方加深了解，看看对方是否真的是自己的 Mr. Right（理想的伴侣）。

【案例解析】莫急，人家还没做好心理准备呢！

某游戏公司主要开发运营MOBA[1]类手机游戏，赶上了电子竞技全民化的趋势，公司业务以40%的复合增长率快速增长。

但最近公司两名股东愁眉不展，因为配合默契的铁三角之一、负责市场的股权合伙人因家庭发展规划，即将前往其他城市定居，现急需一名新的市场合伙人。

虽然很多朋友都推荐了业界的优秀人选，但两名股东依然不甚满意。因为MOBA手机游戏领域竞争的结局往往是王牌产品绝对垄断，其他小产品若不能牢牢绑定精准的细分人群，即使短期数据再好也未必能生存下来。要找到真正深刻理解细分客户，又擅长使用各种市场策略的人，不亚于大海捞针。

大量筛选后，两人发现一名同行业的市场总监比较符合条件，但仔细询问他以往的工作经历和实操项目运营情况，发现对方最擅长的市场领域更倾向于青少年，并不契合公司的目标人群。因为公司想在MOBA领域内做出产品差异，不与主流产品正面竞争，侧重选择压力较大的中青年人群。股权合作是在双方能力资源匹配的前提下紧密绑定，所以他们放弃了这名市

---

1 MOBA：Multiplayer Online Battle Arena，多人在线战术竞技游戏。

场总监填补空缺。

两名股东重新梳理了新市场合伙人的画像，核心是拥有公司产品对应细分领域人群的深刻理解，以及能够对接相关的流量资源，职业范围上则不再局限于业内人士。调整策略后经多方寻觅，他们找到一名候选人A。A曾在几个知名大型论坛工作多年，对不同群体关注的话题、情绪爆点等都有精准的了解，在圈内有很多朋友，有多个流量平台的对接关系和资源。并且他个人不太喜欢竞技性非常强的游戏类型，认为太注重游戏结果不利于中青年人群压力的释放，这与公司更倾向于打造休闲类产品的方向不谋而合。

由于公司迫切需要新的市场负责人，两位股东向他抛出橄榄枝，提出采用限制性股权的模式，愿意出让10%的股权，希望A能够即刻以优惠价格出资入股，同时约定如果A今后离开，则根据实际的工作年限确定离开时需要退回的股权，这样既能表示出公司与A长期合作的决心，也控制了万一遇人不淑的风险。没想到对方反而犹豫起来，对抛出的橄榄枝迟迟没有回复。

两名股东一时不知该如何处理，找到李老师咨询如何破局。李老师解析了A心中的顾虑，并提出了能打消其顾虑、建立共赢的股权模式。

首先，要分析A为何会犹豫。

A虽然与两名股东理念相投，也认可公司的产品和前景，但毕竟是跨界转型，能否成功自己心里也没底；虽然股权价格不高，但10%对应的出资金额也并非小数目，即刻出资入股对他而言是个"豪赌"；而且，还没来得及建立信任的两名合伙人让其一步到位马上出资，反倒让A怀疑这究竟是馅饼还是陷阱。

其次，这种情况之下如何破局？

破局的方法非常简单，在限制性股权基础上进行一个微调，即不要立刻给予A股权，改为分期授予的股票期权模式。这个行业有可能爆发性增长，原先设计的按照工作年限分期获得股权并不能最大限度地与公司业绩挂钩，也不能更好地激发A的积极性。可以这样约定行权标准：如果A任职第一年的销售业绩同比增长10%（已考虑了市场的自然增长），说明A已基本适应了公司运营模式，授予5%的股权；如果同比提升40%，说明A不仅适应而且确实把个人能力转化成了实际业绩，则再授予5%，合计10%的股权。如果第一年没有增长40%，则可递延至第二年，第二年业绩同比增长10%，或者比任职前一年增长50%，二者满足其一都可以再获得5%，合计10%。如果两年累计增长不足20%，那么A不仅得不到股权，双方也停止合作，A不再担任市场总监。

行权价格按当前约定的公司估值，不会因为未来价值提升而增加。同时，约定A拿到的薪资与现有两名合伙人一样，大约为A在原公司收入的75%。这样A相当于用少许的工资损失，换来可观的低价股权，让自己完成从一名高级打工者到联合创始人的转变。

两名股东向A提出这个方案后，很快得到了A的认可。他迅速办理了在原公司的离职手续，开始了职业生涯的新篇章，公司也构建了新的铁三角。

【思考与启示】

本案例中股票期权模式不仅解决了A的顾虑，也是公司的最佳选择。因为按照初始的限制性股权模式办理了股权变更，如果A未能达成业绩或者因各种原因提前离职，两名合伙人已出让的股权须再次转让，不仅程序烦琐，涉及各种相关税费等，也有可能发生变数，万一A不转让呢？这将是公司的巨大麻烦。

A会不会因为暂时没有掏钱购买股权而没有压力，不全力以赴工作呢？这种可能性比较小，因为A下决心放弃高薪来到创业公司，其实已经自断了后路，所以主观能动性的问题不用担心。重点是帮助A快速了解公司业务和工作环境，适应工作风格，明确好责、权、利关系，然后在市场中赛马就可以了。

创业者永远都要面对无常的世事和难测的人心去推动公司的发展，世事无常无法改变，但日久相处之后可以把人心的善恶冷暖看得更清楚。股票期权模式可以理解为"限制性股权"与"延期行权"的组合，这样恰好给了股权合作双方一个观测世事、察看人心的机会，降低不确定性带来的决策风险。

三、虚拟股权：股权虽虚分红实

图5-4　虚拟股权：股权虽虚分红实

股权合伙人之间建立以权益结算的实股关系是不分彼此融为一体的紧密合作。然而相爱容易相处难，如果操之过急或者在不具备时就融为一体，反而有可能对彼此都造成伤害。奔着最好的方向努力，先让友谊地久天长，待时机成熟时,"爱情"自然会水到渠成。

【案例解析】你能看到从虚股到实股背后的那道鸿沟吗

位于三、四线城市的某财会培训机构已成立十多年,从事成人财会培训业务,近三年公司业绩的复合增长率约20%,当地市场占有率常年处于首位,是第二名的近两倍;公司的平均利润率也超过20%,并且课程收费全部是预收款,现金流非常好。

但最近一两年,公司遇到了多方面的挑战:首先是区域市场内的竞争。一些创新的同类机构采用了全新的市场打法和更具激励性的管理模式,飞速崛起,抢占了部分市场份额,还截留了大多数新流入的人才。其次,面临着强势外来进入者的冲击。全国性的财会教育集团进行市场下沉,这些大公司每进驻一个区域市场,都会先高薪挖走一批当地优秀人员,以迅速打开市场局面;紧跟着推出超低折扣甚至零元体验活动,不计成本获得首批客户以快速扎根,继而通过品类延伸达到盈亏平衡点。由于全国性的大品牌有着天然的权威性,学员容易产生信赖与好奇,据该机构粗略调研,约15%的客户参与过大品牌的体验活动,部分客户已经流失。

客户和人才就是培训公司发展的生命线,人才质量深度影响客户的留存,因为教学交付必须通过老师完成，客户的满意度70%以上取决于老师个人的表现。

在外患冲击之下，公司内部情况也不容乐观。近几年，公司处于大量招聘状态，然而新招聘进入的人员绝大部分在2～3个月内就会流失，能够待满一年的不足10%，去向基本是其他同类机构或者转行。激烈的竞争和人才的断档，导致公司去年旺季的新学员招募数量已经低于同比水平，老客户的流失速度高于同比，客户存量虽然还在增加，但是增速已明显减缓。

创始人和管理团队为此忧心忡忡，该城市经济发展处于省内中下游，省内优秀人才首选留在省会城市，能回流到城市的非常少，所以当地的优秀人才本质上是一个存量市场，仅有的增量人才又被上述两类竞争对手截留了大部分。公司认为只有集中精力保留现有的优秀人才，才能保证服务品质，牢牢掌握客户，从而抵御强大竞争对手的冲击。

解决人才危机，最简单粗暴的方式就是提高薪资水平。然而竞争对手已经给出了高薪，如果公司选择继续加码，不仅人力成本将大幅提高，而且刚性的薪酬一旦提升就无法轻易回落，这将不利于公司长期的发展。

创业者认为凭借公司多年在本地市场的深厚积淀，如果与核心员工深度绑定，共担风险共享收益，应该能有效阻击入侵者，核心员工的最终合计收益也会高过竞争对手给出的薪酬。最终公司决定首先对核心员工实施股权激励，等建立了示范效应，再用这种机制吸引市场上的其他优秀人才加盟。创始人把自己的想法跟管理团队沟通后，就安排管理团队了解核心员工的参与意愿。但出乎意料的是，核心员工们并未像期待中的积极回应，几乎没有人表示出参与的兴趣。

听到反馈意见后，创始人备受打击，用于迎接挑战的武器为何无效，大家众说纷纭。创始人认为事情可能没那么简单，决定寻求专业人士的帮助。

创始人联系到了我们，我们对股权激励方案、员工反馈信息等做了详细分析，也对部分有代表性的员工做了调研，得出了员工不愿参与的三个深层原因。

原因一：股权基础认知严重匮乏。创始人经常带领管理团队外出参加各种学习培训，也常跟各地同行交流，管理团队对股权激励的认同度比较高，早就希望实施股权激励，只是碍于情面不方便自己主动向创始人提出。但深处小城市的绝大部分员工生活圈子非常小，基本没有接触、了解过股权激励，偶尔听说过的业内同行实行股权激励，也是老板卷款跑路这种"坏事传千里"的案例。公司这个时候推出股权激励，员工第一反应是：公司是不是出问题了？老板要把我们套进去吗？

原因二：不愿共担无法预料的风险。管理团队在宣讲中提到"与公司共担风险、共享收益",结果很多人只对"共担风险"记忆深刻,刚好公司处在这样的竞争环境中,别说公司真有风险,万一老板故意制造假风险,毕竟过去从没见过公司的财务报表,自己又怎么搞得清楚呢?大部分人因为这个打了退堂鼓。

原因三:非正式组织的相互影响。很多核心员工听完宣讲后并没有想好到底该怎么办,三五成群地私下交流,当看到有一批人担忧不参与时,本来想"赌一把"的人也怕被当作出头鸟而放弃了。

创始人对这个结果既惊讶又无奈。因为他知道凭着公司深厚的积淀,虽然竞争激烈些,但是公司倒掉的可能性非常小;反倒是一个机会,有些大型培训机构为了满足上市的业务规模或者上市公司为了提振业绩,会在部分区域市场溢价收购本地龙头公司,如果自己的公司也被收购了,那时股权就不只是分红,还会有资本溢价。但这个事情存在很大的不确定性,所以只跟高管团队简单提及,没向核心员工正式传达,怕形成不必要的误导。而要获得这种股权,肯定要采用实际出资的权益类股权,创始人希望员工能享受这个收益,当然也不能只说好的,所以告诉大家要共担风险。最后没想到,正是这样一个满含善意的股权设计,反而吓退了员工。

我们非常欣赏创始人的格局,但未来的资本增值溢价收益有不确定性和高风险性，不是目前重点考虑的问题。推动一个管理制度必须尊重员工当下的认知和诉求，循序渐进，稳步推行。基于这个判断，我们建议调整股权模式，针对不同人群分别设计。

首先，高管团队继续采取限制性股权的模式。一是信守初期的承诺，二是让高管团队作为勇于承担风险的表率。

其次，核心员工采用虚拟股权的模式。虚拟股权分三年授予，降低每次行权购买时的资金压力和风险，给员工一个边尝试边加码的机会。只要公司业绩良好，员工就可以获得实实在在的收益。虚拟股权到期后可以按照原价退股，即使经营不好得不到分红，员工的风险也是可控的。虚拟股权对应的行权条件是保持与往年相比中等水平的发展增速，这样员工的现有收入加上分红总收益接近高薪挖人的同类企业的水平，这在经济层面保障了员工的稳定性；另外，更换公司可能会不适应，可以起到阻止员工流动的效果。

最后，优化新员工的薪资体系。如果没有源源不断的新生力量供给，核心员工有可能认为自己不可替代恃宠而骄。经了解，该公司新员工短期内快速流失的核心原因是他们从入职培训到正式上岗阶段没有课时费，导致收入过低，公司也没有就未来如何安排做出良好的沟通，所以员工在低收入加不确定的双重影响下，稍有不顺心就选择了离职。为此，建议提升招聘要求，更注重选择与公司有长期契合特质的人员，同时设定了三个月的保护性收入，保证新员工的薪酬相当于有中等课时费的水平，同时安排老带新机制，出现问题及时解决。

新的股权激励方案公布之后，有了高管们的表率，加上自己的风险和出资额度降低，核心员工的参与积极性明显提高，创始人和管理团队对这个结果表示满意。更重要的是，按照这样的方式优化高管、中坚核心和新员工的激励体系，打通了公司多层次的激励体系，让每一级员工都看到了自己未来的进阶路径。

【思考与启示】

企业是一个整体，任何股权方案都必须先有顶层设计。做员工股权激励也必须站在建立人才梯队的视角思考如何构建整体的激励体系，打造所有员工的进阶路径。

在本案例中，虚拟股权可以理解为"限制性股权"与"现金结算"的组合，它是从没有股权到拥有实股的一个良好过渡性模式。股权合伙人在虚拟股权阶段有了认知、信任等方面的教育和引导，公司未来实施其他的股权激励模式将非常顺畅；创业者也可以利用虚拟股权减缓自己股权的稀释，为引入其他股权合伙人预留充足的股权资源。

限制性股权、股票期权和虚拟股权，最常用的这三种基础款股权模式分布于"股权模式二维透视图"的三个象限，为什么第四象限的股权模式应用比较少呢？因为在未来获得现金结算类股权的投入产出比相对比较低。未来才能获得的股权，等待过程中存在各种不确定性，合伙人付出了较高的等待成本，必然期望更高的收益，但现金结算类的收益一般小于权益结算类，而且还没有身份权益，所以这种投入产出比不对等的股权模式自然就应用得少。

那为什么华为会推出属于未来获得现金结算类的TUP，而且运行良好呢？有四个原因：一是华为已经实施现金结算的虚拟受限股多年，公司一直保持高速增长，历史上的持续成功让员工认为跨越时间的风险并不太大；二是参照华为往年持续的高额分红，即使晚一些获得分红，不错的收益率也足以弥补等待的时间成本；三是因为TUP的主要对象是新员工和海外员工，这部分员工本身的预期不高，拿到股权带来的惊喜与付出一定时间的等待也是对等的；四是以往的虚拟受限股对年限或职位有一定要求，如果新员工没有一定的等待期，会引起老员工认为厚此薄彼的不公平感。下一节将单独详细解析华为TUP的操作模式。

打仗时讲究伤其十指不如断其一指，学习股权也是一样的道理，与其各种模式都了解一点儿皮毛，不如通过深入学习两三种典型模式，透彻理解股权合伙人投资决策时的思考逻辑。本节通过对三个基础款的阐述，帮助大家深刻理解诸如股权的权益类型、获得时间和出资方式等因素对战略和人性的影响。

世上没有最好或者高级的股权模式，引入任何股权合伙人都要基于公司内外部情况和股权交易双方的需求，选择最适合的。虽然这三个基础款股权模式并不能解决所有的问题，但是通过基础款掌握了构成股权模式的内在逻辑，就能根据自己的需要，在基础款之上将各种交易条款组合，打造属于自己、与战略和人性匹配、能点燃对方内在动力和激情的股权模式！

第三节 基础款的创新和组合，摆平各种管理和业务问题

三个基础款的股权模式可以基本应对80%的场景，但天下没有完全相同的交易，企业常常会遇到一些个性化的问题，例如重要的资源方不愿意出资，该如何约束和激励；有些员工能力很强，但是没有购买股权的支付能力怎么办；

一个人可以采用多种股权模式吗；公司亏损还能不能做股权激励……本节将以案例形式解析如何通过基础款的组合创新解决这些问题。最后将专门以华为的TUP为例，讲解"股权模式二维透视图"中第四象限的<u>未来获得的现金结算类股权模式</u>的内在逻辑。

一、用干股绑定有干货的资源方

世上没有免费的午餐，一分贡献一分收获才是恒久之道。社会分工越来越精细，企业发展所需的资源也越来越多元，<u>创业者最缺的常常并不是资金，而是资金之外的特殊能力与独特资源，用干股置换这些能力和资源成为一种常态。要用好干股这种股权模式，核心是如何发现干货资源，以及合理评估这些资源的价值。</u>

【案例解析】如何用干股挽救一个天作之合的协作关系

A公司业务是向个人客户提供旅游服务，但由于线上新媒体的涌现和线上旅游服务商的增加，公司获客成本越来越高，近两年增长缓慢。公司高层计划基于公司拥有的旅游资源优势，开拓面对企业客户的团体业务，例如企业优秀员工旅游、旅游景区企业年会等项目。

由于客户类型和产品模式差别较大，A公司原有团队无法直接转型开发企业客户，如果新建销售团队开拓市场，考虑到员工能力提升和业务开拓的时间周期，必定无法快速实现盈亏平衡。

A公司高层希望找到匹配的合作伙伴，利用他们的资源共同开发市场，共享客户收益。为了确保合作的长期稳定，他们明确了选择合作伙伴的三个标准：

1.拥有的客户资源必须与A公司的产品高度匹配。只有客户匹配，才能直接、快速利用合作方的客户资源。合作伙伴拥有的客户资源不能是小微企业，一是每个业务订单量太小不划算，二是小微企业往往会选择做拓展训练等小预算活动，没有足够的财力安排远途旅行活动。同时，合作伙伴与客户方的对接人应是企业的人力资源部、综合管理部等负责方案提报和活动组织的相关部门。

2.不选择同行或者行业上下游公司。为了自己可以牢牢把握新业务的主导权，合作伙伴不能是从事旅游服务的同行，首先同行一般不会共享客户资源，另外也要防止合作方学习了自己的能力、资源后自营，那样就为别人做了嫁衣。

3.满足合理的利益诉求。在保证上述两条的前提下，为了快速拓展业务，降低对方的决策成本，公司愿意在资金投入和利益分配上给对方优惠让利。

当一个人知道想要什么，全世界都会给你让路。经朋友介绍，A公司很快找到了一家对口的合作伙伴B公司。B公司为企业客户提供专业的领导力培训服务，有大量的大中型企业客户资源。A公司找到了优质且安全的渠道，B公司的客户资源可以复用变现，所以两个公司创始人均有强烈的合作意向。

但是，两家公司创始人都希望能够控股合作公司。A公司认为这是他们的新业务支柱，自然不愿意给他人做陪衬；B公司恰好也想丰富产品线，除了传统的领导力内训业务，也想开发多场景的游学式培训业务，而B公司并不具备旅游资源和组织能力，所以A公司也是他们需要借助的资源。

一桩天作之合的"姻缘"眼看就要泡汤，A公司创始人何总一筹莫展。抱着死马当作活马医的态度，何总找到了股权专家李老师。说明原委后，李老师告诉何总："想说服B公司，要给他做一次免费的公司战略咨询服务才行。你可以把这三个锦囊转送给B公司老板。"

锦囊一：为非核心业务而脱离能力圈是舍本逐末。对于B公司而言，多场景的游学业务确实很有特色，但只是为极少数高端客户提供的个性化服务，受众面非常小，未来也不会成为给公司带来主要收入的"基本盘"。如果B公司坚持自己主导全盘操作这项业务，要投入大量人、财、物去整合旅游资源和培育组织能力，会付出巨大的试错成本。对于一项客户复用率和营收占比很低的非核心业务，虽然拿到了控制权，却脱离了自己做培训服务的能力圈，其实是舍本逐末。

锦囊二：划清业务边界，非核心业务外包给合作公司。B公司想做的多场景特色游学业务，完全可以采取B公司与A、B的合作公司以内部交易的方式完成。即B公司对外宣传推广这种特色游学业务，由B公司统一接单收款，然后把交通食宿和景区游玩部分按照内部价外包给合作公司完成。这样，合作公司照顾好学员的生活需求，B公司专心给学员贡献精神食粮，共同服务好客户。跟外包给其他旅游公司相比，B公司还能因为合作公司的股东身份获得公司收益，相当于在内部价基础上还有返利，这都将提高B公司的盈利能力。

锦囊三：B公司获得无风险的干股。为了激励B公司向合作公司开放客户资源，只要B公司实际介绍的客户数量和实际成交额达到一定的额度，A公司将按照这个业绩向B公司最多赠送无须出资的30%干股。这样所有的出资和经营风险都由A公司承担，双方每年按照股权比例共享经营利润。

看了这三条符合双方长期利益的锦囊，B公司不仅同意退出控制权之争，而且愿意毫无保留地把自己的客户资源投入到合作公司中。后来，B公司的高端客户知道B公司参股的合作公司拥有团体旅游服务能力，也更放心地把游学业务交给他们。

所有的出资都由A公司承担，A公司是不是代价太大了呢？其实A公司做团体业务最大的难点是新客户开发，在交付环节，原有的人员、旅游资源甚至办公场地完全可以复用，因而A公司并不需要付出很大的边际成本，就成功拓展了新业务，甚至因摊低成本提升了原有业务的盈利能力，真正实现了两个股权合伙人的共赢。

【思考与启示】

干股模式其实是"任何一种股权模式"与"不直接出资金"这一交易条件的组合。它可以是权益结算的干股，也可以是现金结算的干股；可以现在就给予干股，也可以约定在未来给予干股。人们通常把不出资也不办理工商变更，仅享受分红而不享有其他股东权利的虚拟股权称为狭义的干股，所以在谈及干股时，一定要明确到底对应的是哪一种股权模式。

采用干股模式最重要的是约定好需要股权合伙人

贡献什么样的干货资源，只有干股与干货匹配，才是公平合理的交易。

二、业绩股票：最纯粹的论功行赏

每个企业都愿意用股权激励能力强、业绩好、有潜力的优秀员工，然而这部分员工中有一些由于初入职场积累少，或者家庭负担较重，虽然获得了股权激励的资格，认购时却没有支付能力，导致股权激励计划难以开展。某生物科技公司的CEO（首席执行官）张总最近就遇到了这个问题。

【案例解析】没有支付能力的员工可以用哪种股权激励模式

甲公司是一家成立两年的生物试剂研发企业，试剂的研发周期很长，少则两三年，多则五年以上，公司在研发期间几乎没有利润，主要靠初始投入资金和投资机构的融资支付薪酬和其他运营成本。公司引入过一轮天使投资，目前融资的资金已经使用超过50%。

甲公司现有员工五十多人，一半以上是技术人员。研发期间技术人员拿基本薪资，有数量不高的奖金，最有诱惑力的利润分红只有在试剂成功上市后才能拿到。技术人员长期面临的状态是工作压力大、薪酬低以及试剂能否成功上市的巨大不确定性，并非每个人都能挺过漫长的研发期，因此公司的技术人员流动率居高不下。

技术人员是科技公司的主力，张总认为必须解决高流动的问题。为了加快研发进程，张总请来他的博士导师吴院士做技术指导；同时，张总也经常给员工打气，按照目前的研发进程，公司拿到生产许可指日可待，一旦试剂成功上市，提高奖金或者利润分红都能实现。如果公司能在支持技术研发型企业的科创板上市，那大家将获得一笔巨大财富。

但仅仅做口头承诺是不够的，于是甲公司的管理层计划推出一个股权激励计划，作为公司激励体系的重要补充。但刚开始的员工调研就让张总的心凉了半截，大多数员工表示无力购买公司股权，除非公司赠送股权。的确，这些核心技术人员多是硕士或者博士毕业不久，加上公司一直低薪，只能维持基本生活，哪有钱购买股权呢？

张总要求管理层必须解决这个问题，核心人才不稳定必定导致研发周期拉长，试剂上市时间拖得越久，大家越没有耐心，极有可能进入人才流失与进度延期的恶性循环。

管理层认为公司目前没有利润，无法采用虚拟股权；又提出了不出资的干股模式，直接被张总否决了。张总认为一分钱不掏，员工不会有压力和动力，那样的话不如不做。管理层后来提出新方案，以一到两折的价格卖给员工股权，可以降低员工购买压力，但又拿不准低价授予是否对后续的融资有影响，于是请来股权专家李老师给予指导。

李老师指出，实施股权激励时，以低价购买股权确实在一定程度上解决了员工支付能力不足的问题。但这对公司也有影响，在财务上将被视为用股权支付了员工的薪资，会将市场公允价值与实际行权价格的差额计入管理费用，从而冲减公司利润。如果公司近期有上市规划，还有可能导致公司报告期内的利润满足不了上市要求。要做到不影响公司资本规划，同时又解决员工支付能力问题，一举两得的方案才是最好的。

李老师了解到试剂研发有阶段性的里程碑，虽然完成时间无法确定，但里程碑是清晰的。以往公司会在完成每个里程碑时给员工发放业绩奖金。奖金已经含在公司研发预算里，初步测算天使融资的现金流还可以支持该预算方案的实施。

最终，李老师建议甲公司采用业绩股票模式，即达成里程碑目标的核心员工可以使用业绩奖金购买公司股权，这样认购资金来源于业绩奖金，不需要员工额外筹资，解决了员工支付能力的问题。

也许你会问：这些奖金都是从公司账上拿出来的，做业绩股票与奖金直接发给员工再让他们购买股权有什么区别呢？这是因为从人性角度考虑，员工对一笔钱的所有权感受是不同的。如果提前签署好业绩股票的授予协议，员工在自己的财务预算中不会再把业绩奖金作为一项可支配收入，因为这笔钱已经有了归属——购买公司股权。如果没有业绩股票，这笔钱就会有各种各样的其他用途——出国旅游、房屋装修、买个心爱的奢侈品等。

后来，经过反复测算，在保证股份支付不影响公司上市规划的前提下，确定员工可按五折行权。这进一步提高了对员工的激励性，大家更愿意用业绩奖金购买低价的股权。

【思考与启示】

业绩股票本质上是"股票期权"与"锁定购股资金来源为奖金"这一交易条件的创新式组合，有三个好处：一是不需要公司额外付出资金，不会给公司的现金流带来巨大压力；二是员工不需要像股票期权一样，额外拿出资金购买股权，解决了员工的支付压力问题;三是员工必须通过努力工作获得优秀的业绩,才能拿出更多的奖金去购买有巨大增值潜力的股权,打造了员工贡献与股权收益严格对应的内部激励闭环,实现了员工与公司的共赢。

其实业绩股票模式不仅仅使用于内部员工,只需把交易条件更换为"锁定购股资金来源为提成、返佣、奖励"等,也同样适合外部合作伙伴。

三、同一个人可以获得两类股权吗

创业者为了得到同一种资源,可以对多个人采取多种股权模式;同样,为了得到一个人的多种资源,也可以针对一个人采用多种股权模式。

【案例解析】读懂人性,才能挥舞起股权模式的大刀!

张三创办了一家软件开发公司,靠着自己的技术能力维持着公司基本的盈亏平衡,但张三并不擅长管理和市场开发,公司想要发展壮大也有明显的瓶颈。张三苦心经营多年不忍放弃,正在寻找新的出路。

张三的老校友王五创办了一家互联网医疗平台公司,发展势头不错,已经获得一轮融资,但技术总监因个人原因刚离职。王五过去就对张三的人品和技术能力都比较了解，在一次校友会上了解到张三的情况后有意拉张三加盟。但张三毕竟有自己的一亩三分地，虽说业绩平平，也算个土皇帝，怎么做才能让他全力以赴地跟自己一起创业呢？

由于技术总监非常重要，王五愿意给张三10%的股权，且可以按融资价格的两折购买，算下来相当于以公司的净资产购买了，这个价格对于一个轻资产公司非常"友情价"了；王五计划这10%做成股票期权，分四年等额授予。王五自认为考虑得比较成熟了，为了稳妥起见，还是找了李老师再沟通确认一下。

说明情况后，李老师建议他做一下结构性调整，从共计10%、四年行权的期权，改为"4＋2×3"的模式。具体而言，只要张三全职加入公司，退出软件公司的经营，即刻可授予其4%的股权并做工商变更；未来三年内，每年再授予其2%的期权，张三如能带领团队完成业绩目标就可以行权拥有股权。即张三共计可以获得两种模式的股权：4%的限制性股权＋6%的股票期权。

王五不解股权比例不变，为何要变成两种模式，并且缩短为三年呢？李老师说："一个成功的股权规划设计眼里要盯着事，心里要想着人，然后再用股权设计的技巧把人和事融为一体。"这个建议就是本着这个原则提出的。解析一下为什么要变成这两种模式。

1. 为何要先做一个 4% 的限制性股权？

股权合伙要"合"的是具体的人，只有股权合伙人愿意全力以赴，才有可能把公司做好。用任正非常用的说法就是只有"利"出一孔才能"力"出一孔，如果一个人干着公家的事，心里还想着自己的自留地，怎能期望他对公家的事真正用心呢？所以现在就授予 4% 的限制性股权要求张三自断后路，既是验证张三的决心，也表达了王五的诚意。

站在张三的角度感受一下两个方案的区别，就能理解什么叫股权设计"想着人"。按照之前的四年期权方案，张三来的第一年没有股权，自己的公司还在运行，这时如果他的公司接了一个大单子，他会怎么处理呢？意愿上一定会选择兼顾，但实际工作中很可能会优先处理个人公司的那个单子，毕竟那部分收益和损失全是自己的，但这是王五想要的工作状态吗？

如果按照"4＋2×3"的模式，张三因为看到王五公司的良好发展前景选择来任职，在来之前断了后路，并以优惠价格出钱买了 4% 的股权，就不会再想自留地的事。通过这种机制的巧妙设计，张三"想得到、怕失去"，才能真正激发出全力以赴的创业状态。

2. 为何要缩短为三年？

这是因为股票期权分期一般要与公司的战略规划，或者对于具体激励对象的个人发展规划相匹配。之前李老师刚协助王五梳理了公司的三年战略规划，所以给张三的股权也按照三年战略规划设定行权指标是最合适的；并且张三和王五过去就互相比较了解，没有必要分这么多年考验。

【思考与启示】

只有"眼中有事，心中有人"，才能正确选择技术手段，把股权方案设计好，做到利合心合。为了达成不同的管理目标，不仅可以组合变换不同的股权模式，也完全可以采取一人多模式的方法组合创新。

但并不是鼓励都采用这种做法，所有的管理都是有成本的，股权落地实施的直接成本容易衡量，而让股权合伙人真正理解和认同的学习成本则不容易衡量，关注过于复杂的交易模式反而可能会分散其注意力。

四、亏损企业适合采用什么股权模式

人们常说投资是为了盈利，但因为种种原因，例如宏观经济影响、行业周期变化、企业发展阶段、商业模式问题、管理团队问题、不可测的黑天鹅事件等，都有可能导致公司财务上体现为亏损，那么亏损的公司还有没有机会吸引股权合伙人呢？有什么股权模式可供选择呢？

【案例解析】请判断以下几个公司是否有机会引入内外部的股权合伙人

　　A公司：某集团公司新设立半年的子公司，集团专注于传统健身领域，想要通过A公司进军健身智能设备领域实现互联网转型，目前仍在探索商业模式，处于亏损状态。集团同意A公司实施员工股权激励，目的是吸引行业内的优秀人才，尽快完成转型。

　　B公司：主营业务是电子硬件生产，创立后赶上行业大发展，业绩持续增长。公司成立第八年时遇到了行业周期性调整，产品库存积压严重，财报一度亏损。管理层希望补充新的高管团队进行业务变革渡过难关，实现扭亏为盈。

　　C公司：经营餐饮业务已十年，受到激烈竞争的影响最近几年公司利润逐年下降，管理层又尝试推出主打绿色健康的高端菜品和针对上班族的高档午餐系列，但成效依然不明显。近两年公司已经亏损，公司希望通过引入新的CEO力挽狂澜。

　　D公司：某医美集团在某四线城市的子公司，按照集团历史的门店经营模型，四线城市的新门店通常可以在一年半内达到盈亏平衡点。公司已成立近三年，先后派去了三任店长，包括曾任集团首任门店负责人的明星店长，但仍无法改变亏损状态。公司希望通过员工股权激励扭转局面。

股权投资是投资未来，当前是否盈利并不是实施股权激励的核心障碍，最重要的是股权合伙人对于未来是否可以盈利以及盈利能力的预期。例如1995年成立的亚马逊（Amazon）公司亏损了20年，直到2015年才首次实现盈利，但公司估值却被投资人追捧，一路飙升至万亿美元以上。亏损公司是否能引入股权合伙人这个问题，其实是在追问现在亏损的公司未来是否依然有前景。只要短期的亏损没影响公司长期发展向好的商业逻辑，那么依然有机会在亏损时引入股权合伙人。

为了便于区分亏损的性质，在此从企业发展阶段和亏损预期两个维度，将企业的发展阶段分为初创期和持续经营期，将企业的亏损预期分为可扭转和不可扭转，并以此将企业亏损分为四个象限中的三类亏损：成长性亏损、暂时性亏损、淘汰性亏损。

成长性亏损指这种亏损是公司成长阶段必经的一种短期现象，随着公司发展将越过盈亏平衡点实现盈利，此时大家对公司未来的发展有着良好的预期。A公司刚成立半年，且依靠集团的支持很有可能存活下来实现盈利，所以A

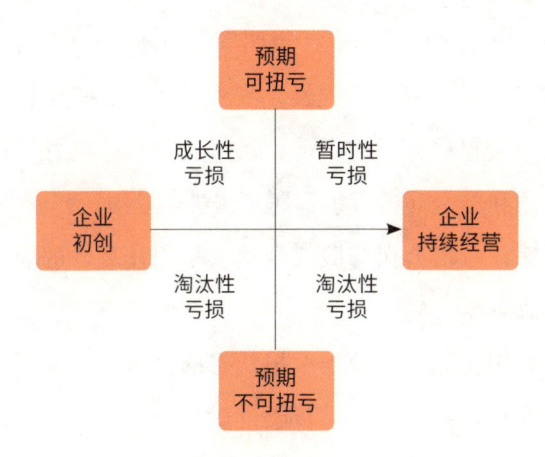

第五章 组合思维：揭秘底层分类逻辑，轻松组合定制股权模式　　237

```
                    ┌─────────┐
                    │  预期   │
                    │ 可扭亏  │
                    └─────────┘
              成长性   │   暂时性
              亏损    │    亏损
    ┌─────┐          │          ┌─────┐
    │企业 │──────────┼──────────│企业 │
    │初创 │          │          │持续经营│
    └─────┘          │          └─────┘
              淘汰性   │    淘汰性
              亏损    │    亏损
                    ┌─────────┐
                    │  预期   │
                    │ 不可扭亏 │
                    └─────────┘
```

图5-5　企业亏损类型四个象限示意图

公司的亏损应定性为成长性亏损。

暂时性亏损指公司经营多年，已经实现了盈利，但由于经济周期原因、市场原因或其他原因暂时处于亏损状态。由于公司维持生存的基本运营系统并没有受到大的破坏，所以这种亏损经过有效的办法有可能被扭转，也有可能因环境趋势发生了根本性改变而持续亏损下去。B公司遇到亏损最大的原因是行业周期影响，所以B公司的亏损应定性为暂时性亏损，此时最重要的是稳定军心，渡过难关。

淘汰性亏损指预期很难扭亏为盈，可能还将持续亏损或面临倒闭。C公司已经持续尝试多次转型仍未成功，说明公司管理团队的转型能力、盈利能力无法得到证实，倾向于淘汰性亏损。D公司已远超达到盈亏平衡点的平均时间，且已经派出了最强的店长，说明问题可能出在门店的选址、产品与当地客户群的匹配性，或者当地的竞争结构等因素上。通过股权提升斗志可能无法解决这种结构性问题，所以 C 公司和 D 公司的亏损都属于淘汰性亏损。

那么，亏损公司与股权合伙人采用什么样的股权模式比较合适呢？

首先用排除法。处于亏损状态的公司很难额外拿出现金支付股权收益，现金结算类的股权模式可不予考虑，重点考虑权益结算类的激励模式。其次，根据大家对于未来前景的预期，选择采取现在获得或者未来获得的股权模式。最后，如果股权合伙人对于未来的预期非常差，公司则可以考虑大的结构性变革，例如管理团队大换血或者彻底变革商业模式，然后寻找与之匹配的股权合伙人加入。这种情况下不确定性比较高，相当于重新创业，期权模式相对比较适合；或者选择急流勇退，不要在与趋势对抗挣扎中拉入更多垫背者，损害自己的声誉，影响未来的东山再起。

A 公司、B 公司对未来还有较好的预期和信心，可以根据企业具体情况采取限制性股权或者股票期权的模式，大家共同努力尽快扭亏为盈。C 公司和 D 公司对未来预期较差，则可选择急流勇退，或者在现有公司上变革。C 公司需要引入新团队，带入新思想才有机会闯出新的发展之路；D 公司则可能需要重新在业务层面调研市场，重新在选址、产品创新或者营销手段上变革，然后再进行内部员工的股权激励。

【思考与启示】

股权投资就是投资未来，所以引入股权合伙人时不必为亏损而胆怯，核心是证明公司拥有良好的未来前景。同时，如果现有状态确实难以改变，要有壮士断腕的果敢，或者像巨人网络的创始人史玉柱一样耐心蛰伏，寻求东山再起的机会。

如果确定引入股权合伙人，则比较适合在权益结算类股权模式中选择。此外，股权合伙人在公司亏损时进入，既然在高风险时"共苦"了，就要给予比盈利状态时购买股权更低的价格，在可以"同甘"时让他们获得更高的收益。

五、华为的 TUP 模式可以学吗

华为作为民营企业的典范，在过去二十多年一直保持着高速增长，虚拟股权激励体系功不可没。华为在 2001 年推出了《华为技术有限公司虚拟股票期权计划暂行管理办法》，数万名持股员工因为拥有公司股权而获得丰厚的分红，实现了华为公司与持股员工的共赢。华为的虚拟股权模式因此也被推上了神坛，成为许多创业者实施股权激励借鉴的范本。

2013年后，华为推出了TUP，与原来的虚拟受限股并行，在一定程度上起到了替代后者的作用。既然虚拟受限股已证明了成功，为什么还要推出新制度呢？TUP有何特别之处？TUP是最先进的激励模式吗？值得创业者效仿吗？下面就来详细解读一下华为的TUP模式。

要真正理解TUP，还要从虚拟受限股说起。任何一个制度都有其利弊及适用范围，华为的虚拟受限股在运行了十几年之后，也遇到了以下变化和问题。

1.购股资金来源的压力。在2011年之前，获得虚拟股权的员工可以通过银行的助业贷款购买股权，这不仅解决了员工的资金来源问题，同时也为华为带来了巨额的运营资金。但因国家政策原因，助业贷款在2011年被银行叫停，购股必须自筹资金。华为经过多年的发展，虚拟股权的价格已经不便宜，入职2~3年、有战斗力的员工往往心有余而力不足。

2.激励对象的多元化需求。华为已经成为不折不扣的全球化公司，商业版图遍布全球，外籍员工越来越多，但外籍员工参与虚拟股权存在法律障碍。如何通过共享公司收益激励吸引越来越多的全球人才，也成为迫在眉睫要解决的问题。

3. 如何让老员工持续保持奋斗状态。华为的老员工一旦获得虚拟股权配股额度，就能长期获得高额回报，持股员工"吃老本"可能助长其怠懈思想，这与任正非倡导的"让内部动力机制不断处于激活状态"相悖。

为了解决以上问题，华为需要修正和完善原有激励体系，推出一个可以同时激励外籍员工和本土员工、可以少出资或不出资、可以将收益与贡献持续挂钩的激励计划，这就是 TUP 产生的内在动因。新制度的推出并不是对老制度优势的否定，而是因为老制度出现了与公司当前发展阶段和管理需要不匹配的问题。

2013 年，华为总裁办电子邮件 240 号发布了《正确的价值观和干部队伍引领华为走向长久成功》一文，对 TUP 的目的阐述得非常清晰："提高工资、奖金等短期激励手段的市场定位水平，增强对优秀人才获取和保留的竞争力。丰富长期激励手段（逐步在全公司范围内实施 TUP），消除'一劳永逸、少劳多获'的弊端，使长期激励覆盖到所有华为员工，将共同奋斗、共同创造、共同分享的文化落到实处。"

前文已述，TUP 即 Time Unit Plan，意为"时间单位计划"，激励对象获得的是一种未来分期、有时间期限的无偿收益权，包括计划期间对应的分红权和计划结束时的增值权；同时不享有身份权，如表决权等。

来看看 TUP 是如何解决上述三个问题的。

首先，TUP 不用员工出资，解决了入职不久、有战斗力的员工没钱配股的问题。其次，TUP 实质上是一个递延的现金激励，可视为薪酬体系的一部分，对外籍员工同样适用，不存在法律障碍。最后，TUP 的收益分期授予，对员工有长期绑定作用。

TUP 是根据激励对象的绩效、配股饱和度来授予的，有效期五年，从获授的第二年开始，每年获得的分红权递增，第五年结算增值额。比如：

2020 年（第一年），授予激励对象 30,000 个单位 TUP，没有分红；

2021 年（第二年），获得 10,000 个单位 TUP 的分红；

2022 年（第三年），获得 20,000 个单位 TUP 的分红；

2023 年（第四年），获得 30,000 个单位 TUP 的分红；

2024 年（第五年），获得 30,000 个单位 TUP 的分红，并另外结算增值收益，同时计划结束。

假设每年每个单位的分红是 0.3 元，最后的增值收益是 1.2 元。那么员工五年内获得的收益分别为：

2020（第一年）：0 元

2021（第二年）：10,000×0.3 = 3000 元

2022（第三年）：20,000×0.3 = 6000 元

2023（第四年）：30,000×0.3 = 9000 元

2024（第五年）：30,000×0.3 + 30,000×1.2 = 45,000 元

也就是说，员工在第三年就能拿到前两年分红的两倍，第四年就可以拿到前三年分红的总和。所以虽然第一年无法得到分红，但员工会有一种期望；在第三年和第四年，员工虽然工作上有些疲惫、不满意，但是临近可以收获最丰硕果实的时候，几乎不可能在此期间离开公司；第五年除了分红还有增值收益，员工会更有期待。

TUP这种精妙的设计就像一副金手铐，员工获得的收益会逐步增加，越到后期可以拿的收益越多；如果中途离开，越到后期损失感越大。这种分期授予的方式，比一次性给予更符合人性中"想得到、怕失去"的特点，从而能把优秀人才牢牢地"绑定"五年时间。有了TUP的加入，华为的激励体系更加完整，形成了一套短中长期相结合的组合拳模式：月度工资＋年度奖金＋五年TUP＋长期虚拟股权。

【思考与启示】

任何一种股权模式都有其适用条件和利弊，当企业经营环境发生变化时，须与时俱进做出变革，只有上接战略、下连人性，才能真正达到激励的效果，把"共同奋斗、共同创造、共同分享的文化落到实处"。

华为TUP究其本质就是"虚拟股权+干股+分阶段期权"这三种股权模式的组合统一，TUP模式要求实施企业有足够的利润空间用来分红，不需要大规模融资且自身能创造丰裕的现金流，以及不需要为上市而保持较高利润率的刚性要求。

企业所处的经营环境多种多样，所需的资源各有不同，股权合伙人的诉求更是难以预料。通过上面的案例，大家能体会到这些变化的因素都会影响最终选择哪种股权模式，在有些特殊和复杂环境下还会涉及多种股权模式的交叉使用。看似复杂的股权模式，只要抓住了股权合作需要考虑的几个核心要素，就能够游刃有余地应用。

第四节 小结与思维进阶

股权型合作较采购型和职能型合作更加紧密，为了保障合作关系的持续健康运行，更需要明确合作各方应该承担的责、权、利。为了简化处理，股权型合作可以细分为多种具体的模式。

鉴于股权的投资属性，<u>可以把"能获得的收益类型"和"要承担风险的大小"作为区分股权模式核心的两个维度</u>。股权模式可以有很多种，其中限制性股权、股票期权和虚拟股权是最常用的三种基础款股权模式，熟练掌握三个基础款可以解决大部分问题。根据业务和管理的需要，在基础款之上组合创新，又可以形成干股、业绩股票、TUP等多种股权模式。

对股权模式的组合应用能力可以分为三个层次：第一个层次是了解不同的股权模式类型、特点及各自的适用对象，从已知模式中选择适合自己的类型；第二个层次是理解不同股权模式的分类逻辑及其本质区别，进行组合创新；第三个层次是读懂股权模式背后的人与事，理解股权模式是如何推动事、激发人的，在实现公司与股权合伙人利益之间达成动态的平衡。

不论当前你达到了哪个层次，继续修炼过程中的逻辑都是一致而简单的，那就是按照黄金圈法则的步骤，首先确定WHY——设计股权模式要达到的业务和管理目的；其次确定WHAT——在"股权模式二维透视图"中初步选定某种股权模式；最后确定HOW——根据自身的核心交易诉求，在基础款之上组合创新，进一步细化股权合作条款。

电影《海上钢琴师》(The Legend of 1900)中有句经典台词：音乐是在有限的琴键上奏出无限的音乐。无论多么复杂和美妙的音乐，究其根本都是不同音符以特定时间间隔和声音大小的组合；气势磅礴的交响乐是在指挥家的统筹下，不同乐器共同参与演奏的组合。推而广之，这个世界也是由不同规模、层级、类型的要素相互连接、组合、嵌套，并彼此发生关系所形成的不断演变的网络生命体。

建立了组合思维，能够对组成一个事物的基本构成要素以及要素之间组合连接的基本方式有深刻的理解，不仅可以轻松看懂看似复杂的事物，还可以游刃有余地根据需要组合设计出新事物。世界在你的眼中就会逐步变得简单和通透。

第六章　生态思维：
软硬兼施，打造良性股权合伙人生态

>　　天地不仁，以万物为刍狗；圣人不仁，以百姓为刍狗。
>　　天地之间，其犹橐籥乎？虚而不屈，动而愈出。
>　　多言数穷，不如守中。
>
>　　　　　　　　　　　　　　　——《道德经》

　　凡事有得必有失，创业者引入股权合伙人获得了宝贵的资源，也要付出对等的权力和利益。常规情况下应该是同股同权，稀释股权的过程必然伴随着权力的让渡，而持续的权利让渡会让公司产生过多的声音，有可能造成创业者在公司的话语权变弱，导致决策效率下降甚至产生内乱而失控。所以，分享股权收益的同时保持对公司的控制权成为创业者特别关注的事情。

在控制权方面创业者有认知误区，有的创业者认为死守股权比例生命线就万事大吉；有的人认为用有限合伙企业制度把股东的权力限制住就安全了；有的人则想方设法让对方把投票权委托给自己或者签署一致行动人协议；还有的人干脆眉毛胡子一把抓，把所有能提升控制权的招数都用上了……

<u>单纯获得控制权的做法容易走向两个极端：一是寄希望于通过一招鲜解决体系性问题，必定会漏洞百出；二是把所有招数都用上，用一系列以降低对方安全感和确定性为代价的手段全方位保护自己，这样有谁愿意与你合作呢？绝对的"安全"最终会变成作茧自缚。</u>

所以，当创业者与股权合伙人确定适当的股权模式之后，接下来为了既保证公司的高效决策和运营，又兼顾所有股权合伙人的权益，需要设计明确各方责、权、利的具体交易条款，建立长期合作的运行机制。

华为、京东这些公司的创业者虽然只拥有极少的股权比例，却仍然能够牢牢掌握公司的控制权，他们是怎么做到的？他们的做法有哪些可供借鉴之处？普通创业者能学得会他们的方法吗？

<u>只考虑如何得到控制权是远远不够的，要想与别人达成合作，创业者必须建立长远、开放的全局生态思维，认</u>

识到获得控制权只是一种手段；促进股权合伙人协调其资源，形成和谐共生、共创共赢的股权合伙人生态才是合伙的目的。

建立这种良性的股权合伙人生态需要软硬兼施，一方面建立硬性的制度骨架，即本章将要介绍的"三层三事三权"公司治理结构体系。其中，"三层"包括股东会层、董事会和监事会（下文简称为董监事会）层和经理层；在"三层"中，要梳理清楚"三事"，即责、权、利；获得控制权要紧紧抓住核心的"三权"，即人权、事权和财权。另一方面，还要塑造股权合伙人生态的软性灵魂，股权合伙人首先必须有共同的价值追求，其次要用自己的责任担当建立和强化内在的信任，最后要有开放的心态和透明的信息作为保障。

第一节　你能学会京东的股权设计吗

创业者都希望向成功的企业学习已经被验证的方法，诸如京东这种优秀公司的股权设计模式被奉为业内的学习样板。但每个企业的成败都是其特定的生存环境、创业者独特的价值观和思维方式，以及一系列重大事件影响等多种因素相互作用的结果。任何成功的道路都难以被直接复制，否则会犯下东施效颦的错误，除非其中的方法论和思维方式可以为我们所借鉴。接下来就解析一下京东的股权设计，看看可以学习和创新性使用哪些方法论和思维方式。

京东在众多电商企业中脱颖而出，因为创始人刘强东准确把握住了客户在线购物最看重的体验：快速拿到商品。为此，京东投入巨大的时间、人力、资金构建强大的供应链体系，打造快速优质的配送能力。

京东上市前融资了五次，共计23亿美元，这些融资来自今日资本、老虎基金、俄罗斯DST、加拿大安大略教师退休基金、红杉等国内外知名的投资机构。按常规操作，多次融资肯定会导致创始人刘强东的股权被稀释，降低他对公司的控制权。而刘强东是一个"嗜权如命"的人，他曾在一档访谈节目中坦言："如果不能控制这家企业，我宁愿把它卖掉。"那刘强东是如何解决"控制权"这个问题的呢？

京东的招股说明书显示：在股东会层面，京东上市前有11家投资人将投票表决权委托给了刘强东行使，所以刘强东虽然持股20%左右，却掌控了过半数的投票表决权。京东上市后采用了AB股的双层股权模式，即公开发行的股票为A类股票，一股只有1票投票表决权；刘强东持有的是B类股票，一股有20票投票表决权。除了京东高管，其他投资人持有的都是A类股票，所以刘强东一人持股23.1%却获得了83.7%的投票表决权，在京东股东会成为绝对的老大。

董事会是股东会闭会期间的重大经营决策机构,也是公司的所有者和经营者之间的权力中枢,掌握公司的经营权要通过控制董事会实现。董事会采取一人一票制,只要拥有多数董事席位即可掌握董事会。因为董事会是由股东会投票表决产生的,所以依靠大比例的投票表决权,刘强东拥有京东9个董事席位中的5席。京东的"公司章程"甚至规定,刘强东不在场的情况下,董事会不得举行正式会议,除非他自己回避。由此,刘强东把公司的经营管理权牢牢掌握在自己手中。

其实不论是京东上市前使用的投票表决权委托,还是在美国上市后施行的AB股模式,都只需要在股东会与股东达成共识后签署《投票权委托协议》和修改公司章程即可,不仅不神秘,也没有技术难度。但多数普通的创业公司融资时,投资机构不仅要根据股权比例拥有投票表决权和董事席位,甚至有些拥有股权比例不足三分之一的投资机构也会要求一票否决权,有些还会要求创业者签署《业绩对赌协议》,这时投资机构就会成为说一不二的角色。所以学习京东的股权设计,唯一也是最大的难题就是怎么让这些平时被创业者当作财神爷、当惯了甲方的投资机构接受类似京东的"霸王条款"。

通过京东的股权设计可以看出:<u>在战场上拿不到的,</u>

在谈判桌上也别想拿到。在谈判桌上能达成什么样的协议，是由双方的实力决定的。刘强东领导的京东是靠自己的实力成为电商领域绝对稀缺的投资标的。这时，京东面对众多投资机构的潜台词就是：如果想投资，跟着我一起发财，就必须接受我定的游戏规则！所以，创业者一定要明白：在商业博弈中，技巧永远代替不了实力。

综上所述，京东的股权设计逻辑其实非常简单，经营和管理方面的卓越表现让京东获得了规则制定权和话语权，然后利用法律和交易所规则落实自己的控制权。首先在股东会层面，通过投票权委托和AB股制度获得多数投票表决权；其次是董事会层面，利用多数的投票表决权获得多数董事席位，使京东管理层牢牢掌握公司经营的控制权；最后进一步强化了刘强东本人在董事会的权力，从而无人可以再去撼动其位。

股权规划设计的底层逻辑

1. 创业者的话语权本质上来自自己的价值创造能力。股权制度设计要解决的首要问题是谁拥有制定规则的话语权。京东的投资人之所以甘心让渡自己的投票表决权，是因为创始人的能力和公司创造超高股权增值收益的能力得到了投资人的充分信任。

2. 股权制度设计要在公司治理结构之上构建。首先在股东会提升自己的投票表决权比例，然后在董事会层面争取更多董事席位来掌握公司的重大经营决策权，继而才能主导在经理层的战略落地。

3. 公司治理的结构决定了系统的长期风险大小。京东的成功，刘强东厥功至伟，虽然 AB 股制度给了刘强东绝对的权力，但 AB 股制度本身也成了股权合伙人生态风险的放大器。例如 2018 年 9 月，刘强东因个人问题被警察带走调查，导致京东公司股票开盘后短短两天就暴跌了 10.64%，后来因为案件迟迟没有定论，三个多月的时间京东的市值蒸发了 150 亿美元。AB 股制度让企业的成败安危都系于一人，一旦刘强东从京东卸任，其 B 类股票都必须转为只有一个投票表决权的 A 类股票，意味着现有的公司治理架构会随之归零，后续的京东经营团队会不可避免地遇到万科王石率领的职业经理人团队面对的问题——时刻准备与资本力量展开新一轮的控制权博弈之战。

4. 每个股权设计工具背后都有不同的文化价值观。例如 AB 股、投票表决权委托、一致行动协议、修改公司章程、合伙人制度等技术手段，虽然都可以解决投票表决权或董事席位问题，但创业者应该从更深层次理解这些工具所代表的不同文化价值理念，并选择适合自己公司理念的工具。

由于大多数创业者并没有非常强大的博弈能力，很可能无法采用京东在"术"层面上的技巧,所以更应该学习的是股权规划设计之"道"——了解股权设计的公司治理整体框架是怎么样的;学习如何站在全局角度把握与不同类型股东博弈时争取更多话语权;了解面对大小不一、博弈能力不同的各类股东时,如何保持整个股权合伙人生态的平衡;如何为公司的基业长青做好制度与文化设计;等等。

企业创始人凭借经营实力、借助各种技术手段得到公司的控制权只是第一步,如何进一步通过控制权传承企业文化和价值观才是具有前瞻思维的布局。

第二节　控制权是手段,构建股权合伙人生态才是目标

大众不仅能看到优秀企业创始人牢牢掌握公司控制权的故事,同时还能看到如汽车之家、雷士照明、1号店、俏江南等一些公司创始人失去控制权的案例,这种对比更加剧了创业者对失去控制权的恐惧。所以大多数创业者在进行股权规划设计时,最关心的就是控制权问题,甚至会以"如何掌握控制权"作为唯一目标来进行股权设计。这种做法真的对吗?

本节就深入分析一下怎么样算是掌握了企业的控制权,

以及如何设计股权制度才能拥有控制权；最后回到问题的原点，看看股权设计的终极目标到底是什么。

一、什么状态才算是掌握了控制权

很多创业者可能认为：掌控的股权比例超过三分之二或者二分之一，就拥有了绝对或者相对的控制权，这就是大家经常听说的股权生命线；或者像京东、华为的创始人一样完全控制董事会，就是掌握了控制权。在股权设计实操中，只知道这些似是而非的笼统概念是远远不够的，掌握控制权的内涵，应该知道以下几点：

拥有足够比例的股权不一定有控制权，关键是掌握在股东会中的表决权

宽泛地说，股权指的是法律赋予股权合伙人的一系列权益，其中核心的就是表决权与收益权。而要实现对公司的控制，核心权力是表决权。所以，基于获得控制权的目的，所谓的"股权比例"更为准确的描述应该是"表决权比例"。

只掌握表决权不一定有控制权，要根据公司治理结构系统设计

创业者掌握了足够比例的表决权一定能实现对公司的

全面控制吗？事实并非如此简单。权力并不只是有或无、大或小的区别，所有的权力都要落到具体的事项上。为了让诸多股权合伙人建立公平的公司治理结构，《公司法》中把权力划分给了股东会、董事会、监事会和经理层，不同的机构行使不同的职责。

如果通过增加注册资本的方式引入新的股权合伙人，必须由股东会三分之二以上表决权投票通过；公司拟新聘任的总经理薪酬如何，即使掌握了表决权的股东也不能控制这事，必须交由董事会决议。

《公司法》之所以把公司治理体系设计成一个多层级的立体结构，就是为了让所有的利益主体之间既相互协同，又彼此制约，从而保障公司的平稳运行。所以，创业者在思考控制权问题时一定要根据治理的结构统筹考虑。

只了解标准的公司治理结构不一定有控制权，要学会在各个层级之间自主调整

《公司法》给出了公司权力分配的基本框架，同时尊重不同企业的行业特征和具体需求，允许企业进行一定的自主修订。

首先，企业可以增加其他职权。例如《公司法》第三十七条"股东会职权"中罗列了十项职权，第十一项则是"公司章程规定的其他职权"，即企业可以根据自身情况

赋予股东会其他职权。其次，企业也可以把某些职权在股东会、董事会或经理层之间调整。例如把某些在股东会的权力赋予董事会，相当于变相削弱了股东的权力。需要注意的是，企业只能调整非法定的职权，例如《公司法》第四十三条中规定："股东会会议作出修改公司章程、增加或者减少注册资本的决议，以及公司合并、分立、解散或者变更公司形式的决议，必须经代表三分之二以上表决权的股东通过。"这些重大事项只能在股东会上决议而不可调整给其他机构。

只设计好了权力结构不一定有控制权，还要明确具体的运行规则

所谓"上有政策、下有对策"，一件事即使有了很多明确的政策、制度框架，最终的结果也依然会被很多细节的运行规则所影响，从而与原本设想的结果产生偏离。所以，要确保对一些重大事项实现有效控制，还必须了解《公司法》中的具体运行规则，或者在法律框架内设计有利于自己的规则。

很多创业者以为自己的表决权比例超过了一半，即达到通常所说的51%，就可以拥有相对的控制权，其实并非如此。

例如《公司法》第十六条中关于公司提供担保的事项是这样规定的："公司为公司股东或者实际控制人提供担保

的，必须经股东会或者股东大会决议。前款规定的股东或者受前款规定的实际控制人支配的股东，不得参加前款规定事项的表决。该项表决由出席会议的其他股东所持表决权的过半数通过。"这意味着有利益相关的股东不能参加表决，在这个事项上，如果是给创业者个人提供担保，即使他有51%的表决权也无法发挥作用。

例如《公司法》第七十一条规定："有限责任公司的股东向股东以外的人转让股权，应当经其他股东过半数同意。"创业者要注意，并不是所有的事项都是按照表决权比例决定，这里就是按照股东人数，表决权在此无法发挥作用。

例如《公司法》第四十三条明确说明："股东会的议事方式和表决程序，除本法有规定的外，由公司章程规定。"这意味着给予公司只要不违反强制性的法定职权规定，在具体履行时有很大的自主权另行约定。

按照法律设计好了框架也不一定有控制权，控制权更来自创业者的领导力和影响力

管理学家斯蒂芬·P. 罗宾斯（Stephen P. Robbins）在其著作《管理学》（*Management*）中，对权力有一个简单而直击其本质的定义：个体A对个体B的行为产生影响的能力。他把权力分为两类：第一类是法律或者制度赋予的权力，第二类是由于个人才能或者领导力等因素拥有的权力。

前面所讲的都是第一种通过法定权利获得控制权,其实最深层的控制权来自创业者的价值创造能力和个人威信。

试想现在京东没有设置 AB 股制、华为每名持股的员工也都有对应的表决权,会有人去夺刘强东、任正非这些创始人的大权吗?

要夺权必须满足两个条件:一是找到一定数量的支持者;二是夺了大权后,夺权者能把企业经营得更好,或者能从中得到更大的利益。拥有公司股权最多,最有可能夺权成功的资本方会夺权吗?以驱除在任创业者为目标的股权争夺战首先影响的是企业经营,新上任的人未必能顺利接盘,这些都会造成公司价值损毁而导致股价大跌,这对资本方有何好处?如果没有资本方的支持,谁又有实力去改朝换代?另外,在没有外部投资人的华为,任正非的地位会因为给了每名持股员工表决权而被撼动吗?

再反向看:凡是被夺权的,多半也都是创始人领导企业在经营中出现了问题,失去了其他股权合伙人和员工的信任。例如 1985 年乔布斯被赶出苹果时,背景是苹果推出的三款新产品(Apple Ⅲ、Apple Lisa 和 Macintosh)接连在市场上遭遇惨败。这时乔布斯和时任 CEO 约翰·斯卡利(John Scully)在经营策略上产生激烈矛盾后,最终苹果的董事会选择了支持斯卡利。当乔布斯再次回归时,从 iPod 开始的各种苹果产品连续取得了巨大成功,公司市值也节节攀升，即使乔布斯依然是出了名的坏脾气。当乔布斯得病后，如果不是他主动让位，后来任 CEO 的库克（Cook）会伺机夺权吗？即使想夺权，库克也没有多大胜算。

很多创业者非常同情俏江南创始人张兰的遭遇，自己一手打造的俏江南被迫拱手让人。其实看看当时的背景不难理解，那时张兰为了迅速占据市场，大肆进行门店扩张，超过自身造血能力的扩张自然需要通过融资解决资金问题，为此与投资方签订了承诺上市的对赌协议。后来，"三公禁令"的出台对高端餐饮产生严重影响；高速扩张过程中，内部的经营管理也出现各种问题，没能达到对赌要求。张兰失去控制权，归根结底还是因为她对市场判断过度乐观，同时没能妥善处理好公司的管理问题。在这种状态下，资本方为了止损，只能选择夺权。

综上所述，<u>要实现控制权不存在一招鲜，也不会一劳永逸。既需要创业者根据法律规范搭建权力架构，也要设定合理的权力运行方式。既需要用法定权利保护自己，也需要提升自我价值、创造能力和个人修养，才能在整个股权合伙人生态中形成强大的影响力，让自己有最实在的控制权。</u>

二、如何设计股权才能拥有控制权

中国有句古话：店大欺客，客大欺店。这句话可以理解为商业社会的交易中，并没有绝对的甲方和乙方、强势和弱势，交易的规则是由力量强的一方决定的。何为强呢？可以理解为供求关系中掌握稀缺资源的那一方。

例如某一不知名的白酒企业，为了让拥有渠道资源的经销商在众多白酒品牌中选择销售自己的产品，就要接受经销商的压价，把大部分利润留给经销商，还负责送货上门、免费退换货、接受回款账期等。而对知名白酒品牌的茅台，经销商拿到货源后马上可以高价转卖获利，合作的逻辑就完全反了过来：想订货需要先交定金，只能按照茅台酒厂制定的统一价格销售，还得自己上门排队等发货。

<u>股权合伙本质是一种资源互换的交易，交易标的分别是创业公司的股权和某种资源。如同白酒企业和经销商的关系，在资源市场与创业公司市场中，稀缺的供给方可以定义交易规则。</u>例如市场上资金方少了，投资机构话语权自然就大；处于风口赛道的头部项目，一旦成为资本追逐的对象就有了话语权，可以像小米、京东一样在法律许可的范围内定义交易规则。例如可以通过提升估值让相同的股权融到更多资金，可以让进入的股权合伙人让渡自己的权力，可以拒绝可能对自己造成损失的业绩对赌，等等。

总而言之，在设计公司股权时，创业者应该按照"<u>先定基调，后用技巧</u>"的原则，分成两步来思考股权设计问题。

第一步，<u>确定主基调</u>，根据资源价值与公司价值的供求关系，在博弈中决定各自可以获得多大程度的话语权。拥有强大的话语权才能成为规则制定者。话语权来自两个方面，一是选择谁做股权合伙人。在公司价值不变的条件下，如果高攀优质好资源，话语权自然就低；选择想来依附自己的一般资源，话语权就高。所以，话语权的高低是以所得到资源的质量为代价的。二是如何描述公司的价值。公司的发展前景和估值本质上是基于多种假设推演的一个结果，话语权的高低是考验创业者基于严密逻辑进行战略推演和生动直观描述愿景的能力。能取得多大的控制权，其实在确定主基调的环节就决定了80%。

第二步，应用技巧，即根据自己掌握的话语权，在《公司法》确定的多层权力结构中，尽量利用各种工具和方法落实提升控制权的制度和协议。能取得多大的控制权，具体工具、方法和技巧大约能发挥20%的作用。但创业者也不能因取得了博弈优势就自以为是地随意处理，在最后达成协议的环节留下漏洞，把一手好牌打烂。可以说，创业者所有的心力、汗水、希望和梦想都倾注于公司，都凝结于股权。兹事体大，务必慎重处置。

世间自有公道，控制权不可能仅靠某个技巧、工具、条款的设计就能得到，创业者更应该看到真正决定控制权的深层原因，做好了自己，控制了主基调，何愁天下英豪不来相助？

三、控制权真的是股权设计的核心目标吗

公司治理体系是一个结构化的系统，要在此结构之中拥有或者提升控制权是一个系统的工程。创业者要想拥有控制权，有没有一种最简单有效的方式呢？有！答案就是注册一家独资公司，今后也不要引入其他任何股权合伙人。

既然有这么简单的方式可以保住控制权，为什么大家还要冒着风险引入股权合伙人呢？<u>因为创业者想做得更大、走得更远，靠单打独斗是很难做到的，必须建立良好的股权合伙关系，获得更多实现企业商业模式和战略规划所需的资源，这才是股权规划设计的根本目的</u>。

所以，让渡控制权本身就是获得资源的代价。如果以守住控制权作为目标，就是妄想不付出成本却想获得收益，天下哪里有这样的好事呢？

如同旅行家想要领略各种独特的自然风光必须接受各种冒险的代价，创业者想用别人的资源，也必须接受控制权受到影响这个代价。旅行家要考虑的问题是在承受风险与美丽风光之间找到一种自己可控的平衡；<u>创业者作为在商业丛林中的探险者，也要在获得资源与权力被制约之间找到自己可控的平衡</u>。

控制权的降低是开放股权的必然结果，绝大多数创业者无法改变这一趋势。当创业者卸任离开后，通常都会让

出控制权，最多能通过提前设计好的法律文件，把控制权留给经营团队。创业者要靠思想格局、价值贡献和强大实力吸引更多的朋友来支持自己，即使有敌对者，也可限制在可控范围内。建立良好的股权合伙人生态类似建立统一战线，不排斥和惧怕产生小矛盾，主要是能够在控制住主流方向的情况下不断发展壮大。

为了构建良性的股权合伙人生态，创始人不仅要建立刚性的治理结构，还要注入软性的价值理念。刚性的治理结构是土壤，软性的价值理念是空气。刚与柔，缺一不可；软与硬，两手都要抓。

第三节 搭建制度结构：构建股权合伙人生态的"硬"骨架

玩游戏想获胜，必须先研究透彻游戏规则，才能根据自己的资源、能力制定获胜策略。同理，掌握管控公司的主动权，需要研究透彻公司运行所必须遵守的规则。

在中国境内创办公司，需要遵守的基本法律规范是《公司法》。《公司法》法律条文众多，非法律专业的创业者并不需要记住并深刻理解每一项法条，掌握其基本的逻辑框架，知道遇到股权问题时应该如何思考、从哪里切入、要点在哪里即可。

基于《公司法》的核心内容，我们总结出了简单实用的"三层三事三权体系"，这是一个可供创业者快速理解和应用的基本认知框架。

一、"三层"：公司治理机构的层级划分

独资企业由于出资者和经营者为同一人，不需要区分公司治理的层次。有限公司有多名股权合伙人，每名股权合伙人的身份有所不同，有的既出资又参与经营，有的只出资不参与经营。为打破单个人在资源与能力方面的局限，让不同的利益主体在这里通过"人合"加"资合"，成就伟大的事业，同时兼顾内外部各利益主体的平衡，《公司法》中设置了股东会、董事会和监事会、经理层多个权力机构，其本质是通过权力分散和相互制约，保障公司持续健康发展。

顶层的是股东会层，代表了贡献资金、资源和智力的资源提供者，他们承担最大的经营风险，也是公司最终股权收益的获得者。为保证他们的权利和收益，股东会层是公司的最高权力机构，负责制定公司核心的运行规则，并决定下一个层级——董监事会的人选。

为了更好发挥"人合"的作用，让参与经营的股东

帮助提升公司决策质量，同时也要保护"资合"型股权合伙人的权益不受损害，股东会选举产生了公司的决策机构——董事会，以及监督机构——监事会。其中，董事会是公司的权力中枢，代表股东会负责闭会期间公司重大经营决策；决定、批准经理层的高管团队成员；代表股东督促经理层勤勉尽责工作，为股东创造价值。监事会则是为监督董事会和经理层的运行情况，并防止董事会和经理层串通损害股东利益而设置的专门监督机构。由于董事会和监事会都是由股东会委派的，从发挥作用的角度，可将董事会和监事会归为同一层，与股东会层、经理层并称为"三层"。另外，监事会主要起监督而非决定作用，所以在董监事会层中，重点分析对象将聚焦于董事会。

最后一层是经理层，它对董事会负责，是企业的具体经营者，负责落实董事会的战略决策，其成员由董事会决定聘任或者解聘。股东投入的资源需要通过经理层的经营才能转化为公司价值，实现股东利益。

这三层总体是上层决定或者批准[1]下一层级人员任命、核心事项和利益安排；下一层级对上一层级负责，贯彻落实上一层级制定的方针、政策和目标，如图6-1所示。

---

1 决定：指上级为发起方，由下级具体实施落地的行为，例如投融资、经营方针等。批准：下一层级发起，然后由上一层级最终通过的行为，例如利润分配、预算方案等。

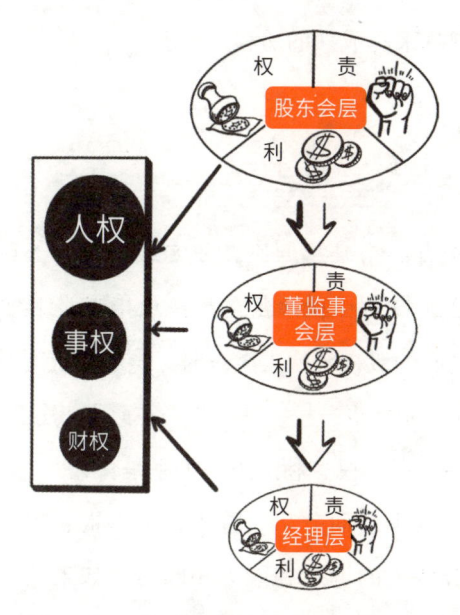

图6-1 公司治理三层机构关系

创业初期的股东结构往往比较简单，因为创业者本身是大股东，公司也可以不设立董事会，只设立由创业者担任的执行董事，创业者往往还兼任总经理。引入新股东后，新股东有参与决策和监督的需求，企业需要建立董事会和监事会。随着股东数量的增加，董事和监事的构成会不断多元化。随着公司规模扩大，有些创业者会选择由职业经理人取代自己在经理层的位置，自己只在董事会担任董事长。由此可见，<u>企业成长的历程是股东带着资源不断汇集的历程，是公司职权分工专业化分层分类的历程</u>，也是公司治理机制越来越成熟的历程。

二、"三事"：责、权、利

管理学有一个基本原则，要实现责、权、利的三位一体，即责任、权力、利益要在责任承担者身上实现动态平衡。打造良好的股权合伙人生态时，核心是针对三个层级的机构及其成员做好责、权、利安排。在此重点分析三个问题：

问题一：责、权、利的逻辑关系是什么？

我们从两个层面分析。首先，要将责、权、利安排与具体股权合伙人的诉求和能力相匹配。如果某人能力不堪大任，无法承担某项重要的职责，那不论给他多大的利和权也是枉然；如果某人单兵作战能力强，但不擅长使用权力调动资源，即使做好了利益安排也无法最终完成职责；如果某人虽然有完成职责的能力，也善于使用权力，但总想投机取巧，有可能直接以权谋私得到利益，这种人也不可任用。

其次，要梳理清楚责、权、利三者之间的内在逻辑关系。第一是根据承担的责任赋予所需的权力；第二是根据责任履行的成果给予利益；第三是堵住权力与利益互换的通路。这其中，职责是核心，决定了是否赋予某人权力和利益，如图6-2所示。

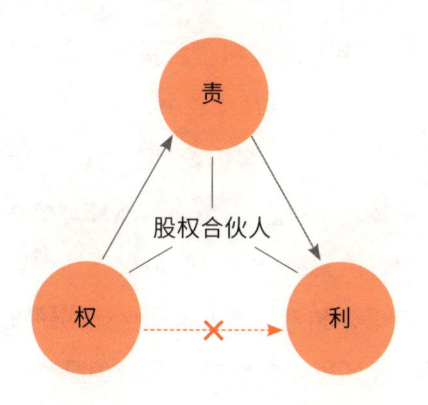

第六章　生态思维：软硬兼施，打造良性股权合伙人生态　　　269

图6-2　责、权、利逻辑关系图

问题二："三层"中的责、权、利分别有何特点？

股东会层：责任是按承诺贡献自己的资源。股权合伙人承担了初期最大的风险。按照对等原则，股东会是公司最高权力机构，股权合伙人也自然成为公司股权利益最终、最大的受益者。

董监事会层：核心职责是把握经营决策和监督经营过程，把股权合伙人的资源转换成商业价值，但董事并不需要承担与股东一样的风险，责任小于股东；因为董事会本质上是属于股东的权力代理和实施机构，所以董事会的实际权力非常大；由于很多董事是股东亲自担任，其利益主要来源于股权收益，而且董事这一职位的工作量并不是很大，所以多数创业企业不会单独给予内部董事报酬，只会给外部董事一些津贴，通过董事获得的直接利益比较低。

对于非上市的中小创业公司，监事会主要承担监督责任，相对而言，其责、权、利都比较小，在此不做深入讨论。

经理层：职责主要是根据董事会决议"组织实施"，或者"拟订"方案，"提名"人员，虽然经理层在公司日常经营中责任重大，但其在公司股权顶层设计中属于具体执行者的角色。所以，相对于董事会，经理层的权力比较小。在利益方面，经理层正常情况下获得的是作为高管的薪资收益，这与股权属于不同性质。如果创始人亲任高管，或者高管因股权激励获得了股权收益，那是因为其具备了股东和高管的多重身份。

表6-1　公司治理结构"三层"的责、权、利对比表

三层 三事	股东会层	董监事会层	经理层
职责	大	大	小
权力	大	大	小
利益	大	小	小

问题三：为何众多股权纠纷的根源在于责与权、利的错位？

经常可以看到这样的股权纠纷：公司刚成立时几位股权合伙人分好了股权，但是在公司运行过程中，因为经营

理念分歧、个人家庭生活等原因导致有的合伙人离开产生了纠纷；合伙后发现某位股权合伙人的工作能力太差，或者没有责任心而无法完成进入公司时的承诺，这时大家对如何处理股权的意见不一，产生了矛盾。

类似的纠纷层出不穷。搞清楚为何会产生这样的问题，才能针对性地解决。总结起来，<u>产生股权纠纷的根源有两个：</u>

<u>一是分配股权时大家对公司发展的预期与实际情况差别太大。</u>

创业者启动事业时，对未来充满了美好憧憬，预设公司会走出一条S形曲线，即经过创业阶段的摸索后会很快步入正轨，迈进成长阶段。然后进入快车道成长为一个成熟的企业，即使成熟后因为各种因素面临衰退，那也是成功之后的事情，现在还没到为此忧虑的时候，如图6-3"企业成长的S形曲线图"所示。

亲身经历过创业的大部分创业者应该会发现，真正的创业更像是硅谷创业教父保罗·格雷厄姆（Paul Graham）先生画出的"创业曲线图"（图6-4）。

保罗·格雷厄姆是美国互联网界的教父级人物，不仅自己成功创业过，还创办了著名的初创企业孵化器Y Combinator。他总结自己的亲身创业经历以及投资的无数创业企业的经验，画出这幅堪称创业企业成长真实写照的"创业曲线图"——一家伟大企业的成长过程中，往往要经

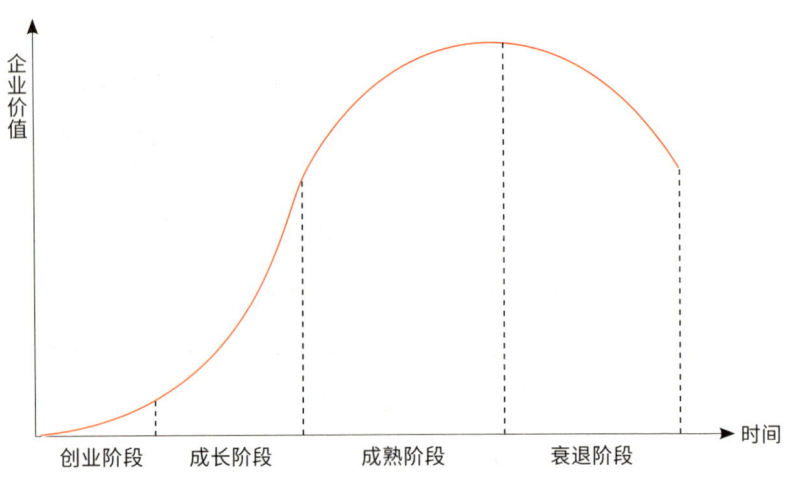

图6-3 企业成长的S形曲线图

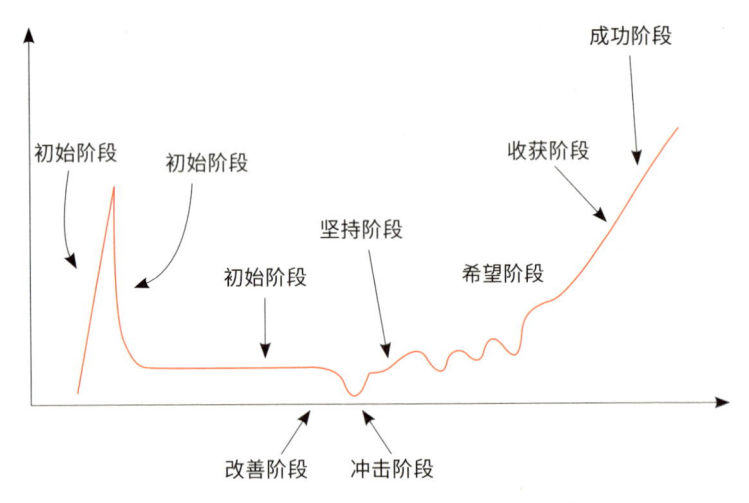

图6-4 保罗·格雷厄姆的"创业曲线图"

历 2~5 次生死考验，经历时间的煎熬、业务的波折，在公司跌入死亡之谷时经历对人性最大的考验，股权合伙人是否还能继续齐心协力共渡难关，这都是未知数。

如果部分股权合伙人在创业一开始盲目乐观，抱着短期投机的心理，一旦企业在经营上陷入困境，这类人会首先为了止损而选择离开。如果创业者不幸遇到了这样的人，或者没有约定清楚处理机制，公司会因股权合伙人不再投入资源受到影响，创业者个人也会因回购股权耗费巨额资金，或者产生其他纠纷耗费精力伤害感情。同样，如果创业者个人之前用脱离了现实的愿景、故事"忽悠"其他股权合伙人加入，遇到这样的情形时，不仅要处理双方纠纷，还要面临个人信用破产的可怕局面。

<u>二是股权合伙人的责、权、利在时间上发生了错位，设计股权方案时没有为此设计动态调整机制。</u>

把各种股权合伙人投入资源的时间、方式，以及股权分配的方式放入"创业曲线图"的经营场景中，就会形成下面这幅"创业企业成长与资源交付示意图"（图 6-5）可以帮助大家了解股权合伙人的责、权、利是如何发生错位的。

例如，资金合伙人投入资金资源，履行了"投资职责"，企业与其签署的股东协议中对于他们应享有的表决权、董事席位等"权力"和对应的"利益"都做了明确的约定，资金合伙人的"责、权、利"一般是明确而统一的，所以比较少

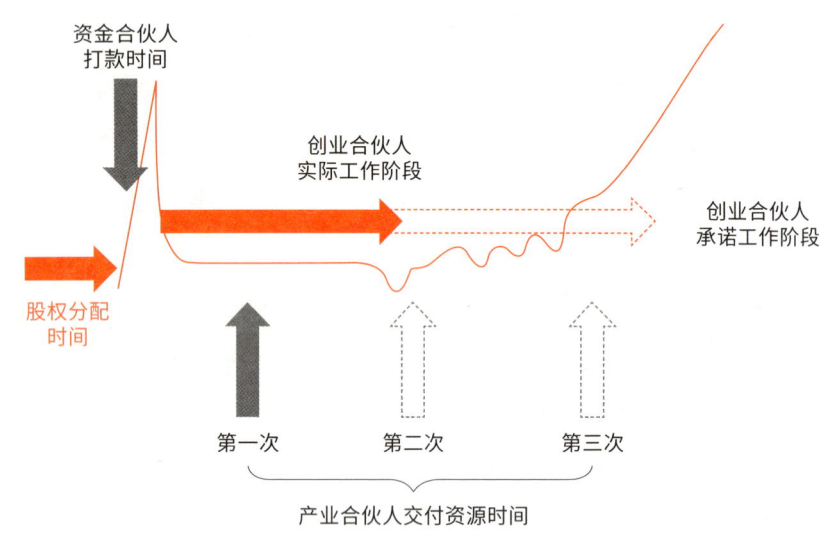

图6-5 创业企业成长与资源交付示意图

听到这类投资人的违约纠纷；少部分纠纷是约定分期打款，出现了后续款项不能足额到位的情况。如果创业者因未完成与投资人签署的对赌协议而产生纠纷，只要协议有效，投资人没有违反契约，创业者就应愿赌服输。

再比如，创业合伙人主要投入的是智力资源，投入智力的好坏有时间和投入度（质量）两个因素来衡量，这种资源无法像资金资源一样立刻兑现，要通过长时间的尽职工作来履行。这时有可能发生两种情况：一是创业合伙人因公司遇到困境不想继续坚持，或者与创业者产生矛盾冲突而早于承诺的任职时间离开公司；二是"职责"的投入度并无客观标准，无法提前明确，实际工作过程中发现合伙人的表现与预想存在偏差。如果在创业合伙人进入时就按照最理想的工作状态给予了"权力"和"利益"，这时会因"职责"与"权、利"在时间上的错位、标准不一而产生纠纷。

产业合伙人也会面临与创业合伙人类似的情况，产业资源通常要在业务进行过程中逐步交付，有形资源容易衡量，无形资源和智力资源一样难以评价。例如导入客户资源不是提供一个客户通讯录，而是必须经过策划，伴随着业务需要逐步导入，例如在产业合伙人的某个市场活动中植入合作方的产品等，这样的合作模式极有可能导致不能按照约定交付的风险。所以，为避免产业合伙人发生"责"与"权、利"的时间错位，必须明确约定不能如约履行"责"的时候该如何处理。

最后看看创业者。创业者是最大的智力资源贡献者，是整个公司得以正常发展的轴心。因贡献智力资源存在时间持续性和投入质量难以衡量的特点，创业者自己获得权力或者利益在前，但实际履行职责在后，创业者的这种"责、权、利"的错位对于其他股权合伙人是最大且几乎无法避免的风险，所以股权合伙人投资时最关注的就是创业者个人的能力和品德。徐小平有句名言叫"投资就是在投人"，这也成为早期投资的基本信条。很多资金合伙人要求创业者做业绩对赌，也是针对这种风险的对冲策略。

综上所述，<u>对公司未来发展预期可能的错判，以及各种资源价值衡量的难度、交付时间的延迟等，都会造成股权合伙人履行职责和获得权、利的时间错位而导致责、权、利无法实现统一。构建和捍卫责、权、利对等的交易系统就是构建良性股权合伙人生态的底层逻辑，按照这样的原则设计股权，才能让身在其中的每一名股权合伙人因获得公平回报而全力投入。</u>

三、"三权"：人权、事权、财权

<u>明白了责、权、利体系的内在对应关系，并且与股权合伙人就应该履行的职责达成共识后，接下来需要设定各自应有的权力，这样才具备谈控制权的基础。</u>以《公司法》第三十七条有限责任公司股东会职权为例：

（一）决定公司的经营方针和投资计划；

（二）选举和更换非由职工代表担任的董事、监事，决定有关董事、监事的报酬事项；

（三）审议批准董事会的报告；

（四）审议批准监事会或者监事的报告；

（五）审议批准公司的年度财务预算方案、决算方案；

（六）审议批准公司的利润分配方案和弥补亏损方案；

（七）对公司增加或者减少注册资本作出决议；

（八）对发行公司债券作出决议；

（九）对公司合并、分立、解散、清算或者变更公司形式作出决议；

（十）修改公司章程；

（十一）公司章程规定的其他职权。

相信很多非法律专业的创业者看到这么多条目后会立刻觉得头大。这还只是股东会的职权，董事会、监事会、经理层也有各自一系列的职权，而且《公司法》给了每个企业一定的自治权，可根据具体需要合法调整。创业者想要灵活应用这些数量众多的权力，首先必须厘清权力的种类，其次要理解权力在"三层"中的分配，最后还要知道如何抓住权力的"七寸"。下面详细介绍"三层"的权力。

核心权力：人权、事权、财权

在公司的股东会层、董监事会层、经理层这三个层级中，每一层核心的权力都可以分为人权、事权、财权三大类。

"人权"指确定"三层"中的核心岗位由谁任职以及决定报酬的权力。例如股东会选举董事、监事，并决定其报酬；董事会决定经理层的人选和报酬；总经理有对副总经

表6-2 公司人、事、财三权分类表

类别		股东会	董监事会	经理层
人	·董事/监事	选举	——	——
	·总经理	——	决定	——
	·副总/财务负责人	——	决定	总经理提名
	·其他高管	——	——	决定
事	·修改公司章程 ·增资/减资 ·合并、分立、解散、清算、变更公司形式	2/3以上表决权通过（比例公司章程可另行约定）	——	——
	·企业经营	决定方针	决定计划	实施计划，日常管理
	·企业投融资 ·发行债券	决定计划	制定方案	实施
	·管理机构设置 ·基本管理制度	——	制定方案/制度	实施
	·其他规章制度	——	——	制定
财	·预算/决算 ·利润分配 ·亏损弥补	批准方案	制定方案	——

理和财务负责人的提名权等。

"事权"指决定公司运行规则以及经营重大事项的权力。例如修改公司章程、增减资本、投融资、公司架构、管理战略方针、管理制度等。

"财权"是指对于公司预决算、利润分配、亏损弥补等财务相关的权力。

三个层级中具体有哪些人、事、财权，可以详见表6-2"公司人、事、财三权分类表"。

权力在"三层"中从上至下以多种方式灵活授权

一家公司的人、事、财权虽然看上去数量众多，而且有很多似是而非、难辨其义的词语，但这些权力在三个层级中的分配是有非常清晰的逻辑和规律的。

首先，权力是上一层向下一层授权，各个机构各司其职，并不能简单理解为上下层的权力只有大小区别。例如股东会是公司的最高权力机构，但不能理解为股东比某位副总权力大。例如就"人权"而言，副总以上职位和财务负责人由董事会决定，其他岗位由总经理直接决定，总经理也可以继续授权其他管理人员。权力一旦授予，不能随意越级干涉。

其次，授权的方式根据具体的权力事项分为自上而下直接决定、本层内部表决、自下而上报批等方式。例如董事的产生是自上而下的，即股东会直接投票选举产生；而董事长一般是在董事会内部投票过半数选举产生的，具体产生办法也可由公司章程规定；为了发挥总经理的主观能动性，总经理有权提请聘任或者解聘公司副经理、财务负责人，以及拟订公司内部管理机构设置方案，董事会决定后即可实施,这就是自下而上的做法。

顶层抓表决权,下层控人权

打蛇打七寸,看明白了公司顶层治理结构中的权力类型和分配方式,就能抓住影响控制权的两大要点:

一是在股东会层面抓住表决权。股东会并不直接参与日常管理,落实最高权力都是通过表决权实现的。例如,公司对外担保事项规定"该项表决由出席会议的其他股东所持表决权的过半数通过"。股东会临时会议需要代表十分之一以上表决权的股东提议;决定董事席位的事项也是在股东会上根据表决权确定;事关公司最重大的修改公司章程、增减注册资本的决议等事项,更是必须经代表三分之二以上表决权的股东通过。综上,创业者在制定关于提升控制权的策略时,应该首先围绕股东会的表决权展开。

二是在董事会和经理层控制人权。从行使权力的方式看,只有人权是主动的,事权和财权都是偏被动的。投资人选择项目时,本质是在"投资人"。环境是变化的,项目是人做出来的。同样的道理,公司经营中也会面对各种情境和新问题,再全面的公司章程和股东协议也无法涵盖所有的事权并约定准确,并且所有的事都是由人来实施的,所以要提升在公司中的控制力,首要的也是控制人权。

本章第一节中京东就是通过控制董事会中的"人权"

实现了对公司经营的全面控制。例如资金合伙人为了保证自己的投资能够被有效使用，可以通过获得财务负责人的委派权来实现。此外公司的财权多是由表决权直接决定，或者由董事席位、总经理人选等"人权"决定。所以三种权力按照重要程度的排序是：人权＞事权＞财权。

构建股权合伙人生态的系统，首先要有一个包括股东会层、董监事会层、经理层的公司治理的三层结构的骨架。其中上层决定或者批准下一层级人员任命、核心事项和利益安排，下一层级对上一层级负责，贯彻落实上一层级制定的方针、政策和目标。其次，保持任何一个层级的成员自身的责、权、利是对等的，基于承担的职责获得权力，继而根据创造的价值获得利益，这才是对每个利益主体真正的公平。最后，为了保持良性的股权合伙人生态，创业者需要抓住权力的"七寸"，即在股东会顶层抓住表决权，继而通过逐层授权的原则，在董监事会层和经理层优先控制住人权。

第四节　注入文化基因，构建股权合伙人生态的"软"灵魂

公司是一个多人协作的组织系统，创建公司首先需要

股权合伙人构建起顶层的资源协作系统，形成股权合伙人结构；然后根据业务的发展招募员工，形成运营层面的组织结构。不论是股权合伙人结构还是组织结构，协作组织的基本要素都是一样的。

组织管理理论奠基人、美国著名管理学家切斯特·巴纳德（Chester Barnard）认为，构成组织有三个基本要素：共同的目标、协作的意愿、信息的交流。这三个要素也是构建股权合伙人生态的灵魂。

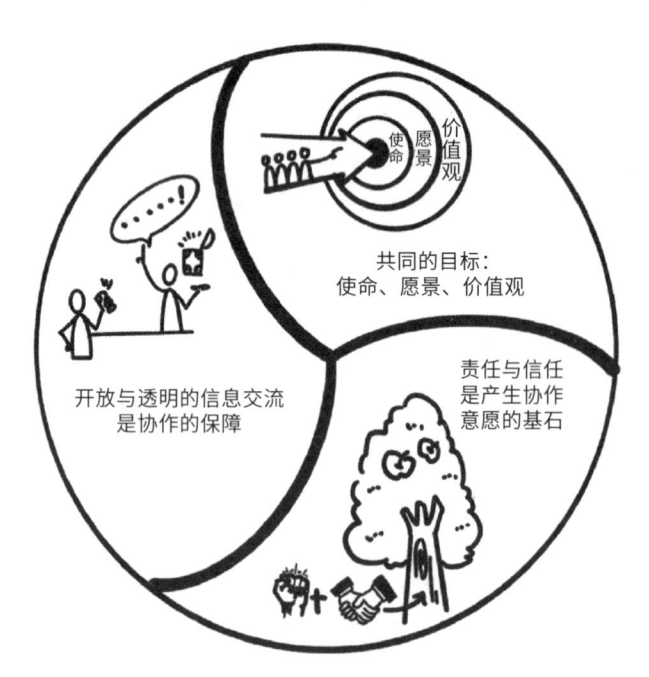

图6-6　股权合伙人生态三要素

一、共同的目标：使命、愿景、价值观

所谓"共同的目标"，就是股权合伙人要有共同认可的文化理念，即常说的使命、愿景和价值观。道不同，不相为谋。如果股权合伙人无法在文化价值观上达成共识，上层四分五裂，延展到下层必定是一盘散沙。

笔者曾接到过一些组织结构设计的项目，调研后发现对方调整组织结构的目的是想在经理层的关键岗位上安插自己的人员掌控资源，以便获得更多上层股权合伙人权力博弈的筹码。这种不去解决上层问题，而在下层调整组织架构的做法，不仅治标不治本，反而大大降低了企业的运行效率，污染了公司文化。

也正是这个原因，任正非深刻认识到企业文化对于企业发展的核心作用，从1995年邀请中国人民大学的几位老师帮助华为总结提炼其文化价值观，到1996年正式定位为"管理大纲"，再到1998年3月正式审议通过推出了《华为基本法》。此间数年，华为举办了无数次的内部研讨会议，大家在激烈的交流碰撞中就各种深层问题达成了共识。以下是《华为基本法》第六条对于文化作用与价值的认识，即使今天看来仍然有巨大的启发。

> 资源是会枯竭的，唯有文化才会生生不息。

一切工业产品都是人类智慧创造的。华为没有可以依存的自然资源，唯有在人的头脑中挖掘出大油田、大森林、大煤矿……

精神是可以转化成物质的，物质文明有利于巩固精神文明。我们坚持以精神文明促进物质文明的方针。

这里的文化，不仅仅包含知识、技术、管理、情操……也包含了一切促进生产力发展的无形因素。

二、责任与信任是产生协作意愿的基石

"协作的意愿"是股权合伙人之间具备愿意为了共同目标协作的内在动因。这包括两个基本条件：一是自己愿意干，即能承担责任；二是相信别人也会干，即对他人有信任。

在战场上，只有每个士兵都能征善战，战友之间建立了背靠背的信任才能打胜仗。一个商业组织中，也只有同时满足责任与信任这两个条件才能把事情做成，否则都是白忙活。这两者之间是相互促进的关系：自己愿意承担责任才能获得别人的信任；只有信任别人会承担责任，自己才有信心持续地干下去。但凡有一方不满足，整个协作体系就会崩塌。

三、开放与透明的信息交流是协作的保障

"信息的沟通"是股权合伙人之间要保持必要的开放和透明。股权合伙人为了实现共同的使命愿景走到了一起，不论是为了保证协作事项的顺利开展，还是对其他协作伙伴基本的尊重，都需要对彼此开放必要的信息。

开放才能获得更多资源，才有机会把企业做大。开放绝不等于给股权合伙人一个名分和一份利益就够了，还要让别人相信这份利益可以兑现，所以需要让自己掌握的信息逐步透明化。很多创业者对外宣称自己的目标是三到五年后成为上市公司，但融资路演中讲解商业模式时都要遮遮掩掩；还有的创业者连利润数据都不告诉高管……有这种心态的创业者真的做好公司上市的准备了吗？要知道，开放透明是一种自信，更是一种能力，这种能力不是某一天下个决心就可以做到的，创业者必须提前做好准备。

曾经有一名创业者准备对员工进行股权激励，但是并不想让员工了解公司的经营状况，尤其是财务情况，于是前来请教是否可以通过建立有限合伙企业作为持股平台解决这个问题。

从法律形式上是可以的，因为员工只是有限合伙企业的合伙人，并没有权力查看公司的财务信息，只能查看合伙企业的财务报表。只有作为有限合伙企业代表的执行事

务合伙人能以股东的身份查看，但一般执行事务合伙人是由公司老板或者他指定的人担任，所以普通员工无法接触到公司的财务信息。

但从实质上讲，员工获得的收益全部来自公司的股权分红或者股权转让收益。这名创业者如果通过间接持股的方式剥夺了员工的知情权，这种"分不分红由我，信不信账随你"的状态，让员工如何相信公司呢？如果不能相信公司，又怎么会以公司为家，激发出其工作激情呢？有些老板会说，很多公司就是这么做的，员工不也一样接受吗？员工虽然接受了，但绝不等于认同。试问，如果一家上市公司从来不发布年报、季报等各种公告，你对财务数据一无所知，这样的股票你会买吗？

构建良性的股权合伙人生态，不仅需要"硬"的制度结构，还需要"软"的文化灵魂。建立文化灵魂，绝不可以花哨，其底层逻辑就是一个组织得以存在的三个必要条件：要有使命、愿景、价值观作为共同的目标，要基于责任与信任激发股权合伙人产生协作的意愿，要通过开放与透明让彼此之间完成信息的顺畅交流。

第五节　小结与思维进阶

京东的投资方履行完出资责任后让渡了自己的表决

权，由于公司拥有强大的价值创造能力，投资方依然获得了远超市场平均水平的投资回报，让渡"权"换来了超额的"利"。这种责、权、利对等的股权合伙人关系，实现了创业公司与股权合伙人的共赢。

创业者拥有控制权可以避免某些股权合伙人可能带来的负面影响，但并不一定能得到大家的心，反而可能使股权合伙人因权力过小而增加不安全感，造成信任方面的危机。所以，创业者在开放股权的过程中，最重要的是不断转变思维方式，从以"通过某种技巧获得更多控制权"为目标的竞争型思维转变为以"捍卫对等的责、权、利"为目标的生态型思维。此消彼长的竞争思维会破坏需要信任为支撑的深度协作，只有激发出每个人为企业创造价值的内在动力，才能构建良好的股权合伙人生态。

为此，第一步要搭建"硬骨架"，即构建以"三层三事三权"为核心的制度结构。首先区分公司治理体系的股东会层、董监事会层和经理层的"三层"结构；再明确"三层"中每一层的"三事"，即责、权、利；最后获得控制权要紧紧抓住核心的"三权"，即人权、事权和财权。第二步要注入"软灵魂"文化基因。为实现"共同的目标"，要统一使命、愿景、价值观；为提升"协作的意愿"，要强化每个人必须承担的责任并促进彼此之间的信任；实现顺畅的"信息的交流"，则需要保持开放与透明。

创业者作为股权合伙的主导者，必须做好"欲戴王冠，必承其重"的准备，不仅自己要有强大的价值创造能力和勇敢的担当精神，还要通过股权机制设计引导所有的股权合伙人按照贡献获得权力和利益。既不让"雷锋"吃亏，也不让"东郭先生"有滥竽充数的机会，才能让所有人放弃投机取巧，激发出每个人的奋斗激情，留下一群正心正念的人共赴远方！

人是社会性动物，需要在与他人的合作中生存和发展。在罗伯特·阿克塞尔罗德（Robert Axelrod）《合作的进化》（*The Evolution of Cooperation*）一书中，作者提出获得最佳收益的博弈策略是"一报还一报"，即简单清晰地把自己的行为模式传递给他人：自己积极地与他人公平合作，也要对背叛行为惩处并继续以宽容的态度接受合作。如果一个人持续传递类似的合作原则，就可以逐步形成强大的合作生态机制，从而吸引无数同类前来投奔。

每个人都希望自己生活幸福、事业成功，那就从建立生态思维开始，用心经营自己所处的合作生态吧！

第七章　博弈思维：

股权合伙人生态建设的三大抓手

臣之所好者，道也，进乎技矣。

依乎天理，批大郤，导大窾，因其固然，技经肯綮之未尝，而况大軱乎！

——《庄子·养生主》

公司是由多个股权合伙人构成的协作体系，就最终的事业结果而言，大家有共同的目标；就过程的话语权和利益分配而言，每个人都要与他人博弈维护自己的利益。构建股权合伙人生态就是在合作与博弈中探寻平衡点，找到结合点的过程。

创业者明确了建立股权合伙人生态的目标，并了解了公司治理的"硬性骨架"和"软性灵魂"之后，已经如同手握一张探险地图，接下来就需要根据地图筹划具体的行动方案了。

公司治理体系庞杂繁复，创业者没必要全面掌握每个细节，而应该像庖丁解牛一样，抓住关键环节，找到解决问题的正确切入点，就可以事半功倍地设计出最适合自己的股权合伙方案。

例如在股东会层面，设计股权结构只是一个宽泛的概念，其中可以细分为多种权力结构，创业者必须以"表决权结构"这个抓手作为切入点，建立坚实的顶层架构，在董监事会层和经理层，创业者也都需要掌握"核心抓手"。

鉴于股权合伙人之间合作型的博弈关系，创业者必须建立博弈思维，既要引导股权合伙人通过合作协同创造价值，又要避免为了各自利益的竞争破坏了合作。核心的是按照对等原则，掌握妥协与进取的艺术，动态调整股权合伙人之间的责、权、利，从而形成良好的股权合伙人生态。

第一节 权力原点股东会：以表决权为核心的结构设计

股东会是公司的最高权力机构，不仅直接决定了下一级治理机构董监事会的人选，而且也是公司的"宪章"——

公司章程的制定机构，所以建立股权合伙人生态必须首先做好股东会的顶层设计。为此，需要搞清楚以下五个问题：

一是股东会顶层设计中以表决权结构为核心的三种结构是什么？二是表决权的内涵除了比例还有什么？三是获得表决权的守正之道和出奇之术各是什么？四是设计表决权结构的三个步骤是什么？五是如何建立股权合伙人有进有退的动态迭代机制？

一、以表决权结构为核心的三种结构

所有的权力都是在一定的结构之中运行，股东会的顶层设计要深入辨析以下两个核心问题。

第一，股权内涵丰富，包含众多权益，做顶层设计时究竟应该关注哪些权益？

公司股权在法律意义上有两大类权益：一是身份性权益，包括表决权、提案权、知情权等；二是财产性权益，包括利润分红、股权增值收益、股权的资本溢价等。

在身份性权益中，影响公司决策最大的就是表决权。《公司法》规定，事关确定董监事会人选，修订"公司章程"，以及股东会履行职权的核心和重要的权力，都是以表决权数量多少决定的。一般情况下，出资比例与表决权和收益权比例是一致的。《公司法》第四十二条规定："股东会会议由股东按照出资比例行使表决权；但是，公司章程另有规定的除外。"这意味着允许表决权可以不按出资比例设定，从而给创业者在公司治理上很大的创新空间。鉴于表决权的重要性和灵活多变性，进行股权顶层设计时应该特别关注。

由于财产性权益范围很广，在此主要指两类收益：一是来自公司利润分红的收益，二是来自股权增值收益和资本溢价的收益。上述两类可以统称为"收益权"。股权合伙人具体获得哪种收益权会直接影响其参与的积极性和投入度。例如公司被并购或者上市，股价可能会达到公司年利润的几十倍，即使公司亏损也可能有巨大的公司估值，持有实股的股权合伙人一旦卖出股票就可以获得巨大的资本

图7-1 股东会结构

溢价收益。如果只有利润分红的收益，那股权合伙人财富就不太可能出现爆发式增长。

第二，进行股东会顶层设计时，需要搭建哪些结构？

首先需要考虑但往往被忽视的结构是"谁在玩"——股东结构；然后是反映股权合伙人权益情况的"怎么玩"——股权结构；在进行股东会顶层设计时，如果所有的权益都按照同样的比例分配，则可统称为"股权结构"，也可以对表决权和收益权分别设计，决定"谁说了算"的称为表决权结构，决定"收益怎么分"称为收益权结构。

股东结构

创业者首先要确定哪些人适合成为自己的股权合伙人，确定"有谁在玩"的股东结构。一般会从下面几个方面考量。

首先，股东阵营可为公司的资源实力背书。良好的股东结构设计能够起到为公司信用和资源实力背书的作用。例如某建筑材料制造企业，找到知名的建筑材料研究院做股东，哪怕股权比例不高，对方投资金额很小，甚至赠予对方股权，也会让其他人感觉该公司在技术研发能力上有强大的机构在支持。再例如某从事影视内容生产的公司，其股东阵营中不仅有大型院线公司，还有知名风险投资机构，其股东结构就在为其影视产品的发行能力和融资能力背书，公司开拓业务时自然会受到合作伙伴的重视。

其次，需注意股东选择是个双刃剑。股东结构可能是资源背书，也可能带来弊端，比如在产业生态中身不由己的"站队"。产业社会是由大小不一、业务各异的企业通过资源、业务和资本等纽带相互连接和嵌套构成的，客观上在不同层面形成了多个阵营，不同阵营之间有时是合作关系，有时则是针锋相对的竞争关系。所以创业者要慎重分析选择某一个股东是否意味着要在某一阵营站队，以及这个站队给自己带来的利弊得失将是什么。

例如阿里巴巴与腾讯是两大相互竞争的阵营，腾讯通过投资京东、拼多多、唯品会等企业涉足电商领域，阿里巴巴也通过投资陌陌、孵化钉钉等方式在社交领域寻找突破口。拼多多的飞速成长，除了自身精准的客户定位和有特色的运营模式，更得益于其"站队"在腾讯方，腾讯为其提供了微信社交生态下强大的客户流量支持。有了这样的"站队"，拼多多在电商领域跟阿里巴巴及其生态中的企业一定是竞争关系。同样的道理，陌陌拿到了阿里巴巴的投资，就不可能在业务上获得腾讯旗下各社交平台的支持，甚至会面临各种手段的竞争。

最后，创业者应该打造具有多样性的股东生态。在自然界中，什么样的生态系统是生命力最强的？是热带雨林。热带雨林的物种复杂多样，彼此之间紧密关联，相互依赖，不同物种的杂交结合还容易促进新物种的产生与演化，所以外部环境发生变化时，系统会自我调节。一个追求基业长青的公司也应构建多样化的股东生态以提升适应性，但实现过程是渐进式的，不同行业和商业模式下的企业股东生态应有所不同，在企业不同阶段也会根据业务发展需要调整股东生态结构。

表决权结构

表决权结构是指股权合伙人表决公司事务时，体现各自权力大小的比例关系。《公司法》规定，股东会行使各种职权，需要达到对应的表决权比例，表决权比例的高低意味着对公司控制权的大小。为了避免学习过多无用知识加重负担，在此只介绍最常用也是最重要的四个关键表决权比例：对股东会的所有决策事项拥有决定权需要达到绝对控制权比例，对常规事项拥有决定权需要达到相对控制权比例，能够阻止绝对控制权行使需要达到否决权比例，要发起股东会议表决重大事项则须达到临时会议权比例。

1.绝对控制权比例：三分之二以上。在《公司法》中，不论是有限责任公司、股份有限公司，还是上市公司，修改"公司章程"、增减注册资本的决议，以及公司合并、分立、解散或者变更公司形式，重大资产并购和担保等重大事项须经三分之二以上（或约等于67%）表决权通过。

（有限责任公司）第四十三条　股东会会议作出修改公司章程、增加或者减少注册资本的决议，以及公司合并、分立、解散或者变更公司形式的决议，必须经代表三分之二以上表决权的股东通过。

（股份有限公司）第一百零三条　股东大会作出决议，必须经出席会议的股东所持表决权过半数通过。但是，股东大会作出修改公司章程、增加或者减少注册资本的决议，以及公司合并、分立、解散或者变更公司形式的决议，必须经出席会议的股东所持表决权的三分之二以上通过。

（上市公司）第一百二十一条　上市公司在一年内购买、出售重大资产或者担保金额超过公司资产总额百分之三十的，应当由股东大会作出决议，并经出席会议的股东所持表决权的三分之二以上通过。

2. 相对控制权比例：过半数。股东会的常规事项须经半数以上的表决权通过，这意味着51%的表决权比例也是一个关键的点位。

（各种类型公司）第十六条：公司为公司股东或者实际控制人提供担保的，必须经股东会或者股东大会决议。前款规定的股东或者受前款规定的实际控制人支配的股东，不得参加前款规定事项的表决。该项表决由出席会议的其他股东所持表决权的过半数通过。

（股份有限公司）第一百零三条：股东大会作出决议，必须经出席会议的股东所持表决权过半数通过。

3. 否决权比例：三分之一以上。因重大事项需要三分之二以上的表决权通过，反之如果三分之一的表决权反对则不能通过，在客观上起到了反制绝对控制权的作用，因此有了"一票否决权"的通俗说法。

4. 临时会议权比例：十分之一以上。拥有十分之一以上表决权的股东可以提议召开临时会议，以及提出质询、调查、起诉、清算和解散公司等提案。由于股东会不是常设机构，而是以定期和临时会议的方式做出重大决议，所以拥有发起召开临时会议和提出相关议案的权力，才能通过启动股东会议保障自身权益。

《公司法》规定，在有限责任公司和股份有限公司中，"代表十分之一以上表决权的股东，三分之一以上的董事，监事会或者不设监事会的公司的监事提议召开临时会议的，应当召开临时会议"。此外，"公司经营管理发生严重困难，继续存续会使股东利益受到重大损失，通过其他途径不能解决的，持有公司全部股东表决权百分之十以上的股东，可以请求人民法院解散公司"。

创业者应该关注以上关键的表决权比例点位，但要本着"重视但不教条"的原则，不要笼统地认为这些都是无法改变而且必须死守力保的所谓"生命线"。要考虑决议事项、议事规则的影响，学会根据自己的情况合法修订调整。

收益权结构

常听到有些创业者说不在乎股权收益，只在乎实现事业梦想，他可以像任正非一样只保留极少的股权。其实这种说法背后两个问题。第一是拿营业收入数千亿的企业与自己数千万甚至数百万的企业做没有意义的横向比较。华为创业初期并不是这样的股权结构，股权也是逐步释放的。第二是忽视了人性的规律是希望收益回报与付出对等，创业者为公司承担了最大的风险和责任，获得对应的收益也是理所应当的。

如果早期创业者表现得过于无欲无求，外部资金合伙人会有理由怀疑其动机是否正当。如果创业者确实对占有金钱没有太大欲望，可以像曹德旺、比尔·盖茨（Bill Gates）那样的企业家一样，股权该得多少就拿多少，另外再单独把自己的收益拿去做慈善，回馈社会。

公司的收益权结构设计分为两类：一是基于实股，可以获得包括分红、股权增值收益、股权的资本溢价等所有收益；二是专门针对虚拟股权，只有分红的收益权。具体设计哪一种类型，要综合考虑公司的行业类型、经营状况、战略和资本规划及股权合伙人类型等多种因素，可以采用其中一种，也可能同时采用两种。需要注意的是，如果同时采取了两种结构设计，虚拟股权的分红是在税前以奖金的形式先分配的，最后形成的税后利润再对实股股东分配。

综上所述，股东会顶层设计并不是一个空洞的理念，也不是诸如"拿到51%或者67%的表决权比例"如此狭隘的目标，而是分别回答"谁在玩""谁说了算""收益怎么分"这三个基本问题后，对股东结构、表决权结构和收益权结构的系统思考，建立责、权、利匹配的交易体系。在这三个结构中，股东结构是在前期选择合作对象，一旦确定人选，接下来就要确定股权合伙人如何分配权力与利益。对创业者而言，为了确保以自己的意志为主导实现公司的使命，核心的是关注公司的表决权比例结构设计，如果表决权失控，收益权也可能会受制于人。

二、表决权结构设计只考虑比例是远远不够的

表决权作为股东会顶层设计的核心权力，设计结构时仅仅考虑比例是不够的。股东会在对某项事务实际行使表决权时，并不是简单地把所有股东的表决权相加达到一个固定比例即可，表决权结构在股东范围、计数主体和比例

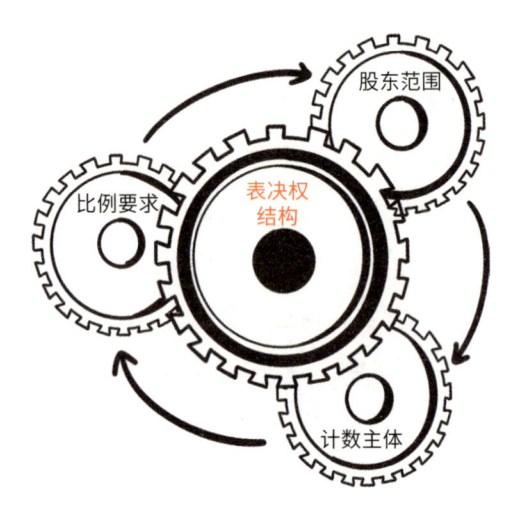

图7-2 表决权结构三要素

要求上都有特定标准和要求。

一是表决股东范围。并非所有事务都由所有股东参与表决，而是根据公平、效率与人和的需要设置了一些特殊要求，包括三大原则。

避嫌原则，即表决属于某位股东个人利益的事项时，该股东不得参与表决，例如表决是为某一位股东提供担保。

效率原则，股东会会议必须通知所有股东，但并非所有股东都参加会议才能决议。有些决议只需参加会议的股东中达到一定比例表决权通过即可，例如股份有限公司的创立大会需要经过出席会议的认股人所持表决权过半数通过。

<u>共识原则</u>，重大事项需要持有表决权的股东达成较为广泛的共识才可被通过。例如对于修改公司章程、增减资等重大事项，要求必须经代表三分之二以上表决权的股东通过。如果前来参会的股东代表的表决权不足三分之二，即使在场的全部股东同意也无法通过该决议。

<u>二是表决计数主体。即表决事项究竟算的是什么数字。在多数情况下，表决计数根据表决权比例计算；有的特殊事项是按照有表决权的股东人员数量计算。</u>例如有限责任公司的股东向股东以外的人转让股权，应当经其他股东过半数人员的同意。

<u>三是表决比例要求。即决定不同事务获得通过，需要股东人数或者表决权比例的数量。</u>一般情况下，常规的事项需要半数以上，重大事项则需要三分之二以上；企业也可根据实际需要另行约定，但不可低于法定的最低数值。

三、获得表决权的守正之道与出奇之术

《公司法》第四十二条规定："股东会会议由股东按照出资比例行使表决权；但是，公司章程另有规定的除外。"由此可以看出，在常规情况下股东获得的表决权比例是由其出资情况决定的，虽然《公司法》中关于出资的方式规定仅限于货币或者实物、知识产权、土地使用权等可以用

货币估价并可以依法转让的非货币财产[1]，但在实际操作中，常常需要扩展"出资"的范围，只要提供有利于实现公司战略目标的人力资本、市场关系、技术指导等各种广义的资源，股东们协商同意后都可以作为出资资本获得股权。[2]由于股东理应根据各自贡献的资源多少获得对应比例的权益，所以用上述广义的出资确定表决权是最常规的做法，可称之为守正之道。

此外，由于不同行业的特点、企业的业务模式、股东的诉求等特殊原因，完全按照出资决定表决权反而会影响公司发展，所以《公司法》中也允许通过"公司章程"等方式另行约定，即不按照出资比例确定表决权。一方股东表决权的增加必定以其他股东表决权的减少为代价，所以不按出资比例确定表决权属于少数的例外情况，往往也需要付出额外的代价，可称之为出奇之术。创业者首先需要把握守正之道，然后再择机运用出奇之术来获得表决权。

---

[1]《公司法》第二十七条："股东可以用货币出资，也可以用实物、知识产权、土地使用权等可以用货币估价并可以依法转让的非货币财产作价出资；但是，法律、行政法规规定不得作为出资的财产除外。对作为出资的非货币财产应当评估作价，核实财产，不得高估或者低估作价。法律、行政法规对评估作价有规定的，从其规定。"

[2] 在工商注册时，可以先以认缴方式体现股权，在IPO或者重组并购等情况出现时需要完成实缴时再以货币补缴出资即可。

提升表决权的守正之道

多劳多得、按照贡献获得权力和收益是最质朴和广泛适用的价值分配原则；所有股权合伙人都应根据自己实际贡献资源的价值高低获得对应的表决权，这就是构建股权合伙人生态的守正之道。建立在守正之道上的治理结构才更稳固，更经得住考验，更能激发出每个人的责任心和贡献意愿。

在现实中，资源的价值高低在不同人的价值体系中有差异，在不同时机环境下的价值也会动态变化。为贯彻守正之道，应始终以公司创造价值的需要为准绳衡量各种资源的价值。比起衡量标准的差异和变化，更难控制的是人的变化，例如有些股权合伙人先拿到了表决权，事后却没

- **确定** 公司与资源估值
- **选择** 恰当时机与环境
- **绑定** 对公司的实际贡献
- **控制** 直接持股股东数量

守正之道

图7-3 提升表决权的守正之道

有兑现贡献资源的承诺，得到了不该得到的表决权，为此也需要建立动态调整机制，以捍卫守正之道。

1. 分配表决权，确定合理的<u>公司估值与资源估值标准</u>

某个股东能够在公司占有多少表决权是由以下公式决定的：

$$表决权比例＝资源估值 \div 公司估值$$

由于资源估值和公司估值都没有所谓的客观标准，所以创业者要提升自身的表决权比例，要点是找到对自身资源评估相对较低、对公司估值认可度较高的股权合伙人。

<u>首先，找到对自身资源价值评估较低的股权合伙人。</u>

即使完全相同的资源，不同人的获取成本也常常差异巨大，如果找到对自身资源价值评估较低的股权合伙人合作，则有可能大幅节约创业者的股权资源。

【案例解析】张总是怎么捡来大便宜的

某品牌自行车的区域经销商张总希望以构建自行车骑行爱好者社群的方式提升品牌在当地的知名度和美誉度，促进自行车的销售。张总打算把某知名企业负责客户社群运营的王总挖来做这件事情，不仅给他支付较高的薪酬，还要给一定的股权。即使如此，王总依旧对从大公司跳到小企业后的适应性和稳定性有比较大的顾虑，犹豫再三也没有正式答应。

张总只能在等待中继续寻找合适的人选，后经人介绍认识了自行车资深玩家老孟。老孟完全出于个人兴趣爱好组建了一个自行车骑行者社群，经常以AA制费用的形式组织各种骑行活动，还在线上交流自行车购买和维护的经验、技巧，所以老孟在自行车玩友圈内有很大的影响力。

这简直就是天赐良缘，于是张总邀请老孟做自己的股权合伙人，只需要在公司的支持下继续做好自行车爱好者社群即可，老孟很快给予了积极的反馈。因为有了张总的支持，社群组织活动时资金上更宽裕，影响力的扩大也让老孟更有成就感，而且老孟还获得了一定的公司股权，成功把爱好变成事业。

对于张总而言，不仅不需要给老孟付高薪酬，给老孟的股权较之给王总的比例也要低一些。在业务上，张总获得的是现成的社群和社群运营的负责人，由于老孟无法放弃现有的工作，只需再给老孟配一个副手即可，这样不仅能提高社群运营质量，也提高了张总对社群的掌控力，避免老孟万一不干了没人能接手的情况出现。

既然职业经理人王总一直没有下定决心，大家就继续做好朋友吧!

【思考与启示】

在此案例中,张总想要获得的是拥有构建社群能力的合伙人,这对于在大公司任职的王总来说,不仅要从零开始,为此放弃的机会成本也十分巨大,必须要从张总那里获得足够大的薪酬加股权的利益才愿意合作。而对老孟而言,这属于他本来就在做的事情,有现成的资源,只需顺便满足张总的一些要求就能让这些资源完成变现,在他的心中属于零成本,要价自然很低,这就让张总捡了一个大便宜。除非这时候有另外一种情况发生,即有其他公司也看中了老孟的资源来找他合作,这时老孟因为有多个"追求者"可能会把身价抬高。

所以,<u>创业者应该去寻找本身已经具备该种资源的股权合伙人,把对方的存量资源转化或者复用,变成自己的增量资源,这时的成本往往会非常低。</u>

其次,找到对公司价值评估较高的股权合伙人。

企业在收入和利润比较稳定的成熟阶段,如果单纯从财务收益的角度衡量公司价值,按照市盈率计算,不同人对估值的判断差异不会太大。但对于处于发展初期的企业,企业估值的依据不是市盈率，而是靠对商业逻辑和市场的主观判断推导出来的"市梦率"。投资同一个创业项目，有的人觉得该项目百年难遇，有的人则觉得创业者痴人说梦。所以，找到看懂、认同和相信自己的股权合伙人至关重要。

最后，找到资源与公司业务匹配程度高的股权合伙人。

只有当某种资源与公司业务匹配程度高，该资源确实能够为公司创造足够大的收益时，给予对方表决权才是划算的。

例如A、B、C三家教育公司，同样需要技术、运营和教研职能。A公司以技术为核心竞争力，B公司以运营为核心竞争力，C公司以教研为核心竞争力。

B公司准备招聘技术总监，找到了技术大咖甲。因为B公司的核心竞争力是运营，所以可以给予运营总监10%的股权，只需其满足常规的技术支持即可，愿意给予甲的表决权比例最多5%。但甲对自己的技术实力非常有信心，要求表决权比例不能低于10%。

如果B公司满足了甲的要求，事实上也是大材小用，不仅对甲付出了额外的股权成本，为了搞定甲与其他总监之间的平衡，可能还要多给其他总监股权，最后多付出的股权成本一定不只是为甲多付出的5%；甲即使拿到了10%的表决权比例，干的也是"高射炮打蚊子"的工作，可能也没有成就感。不匹配的合作对双方都是损失，找到对的人才有机会实现双赢。

综上所述,到底应该给予某位股权合伙人多少表决权,乃至如何规划一家公司表决权比例结构,并不是简单地寻求一个所谓科学或者经验的数字,而是一个甄选适合的候选人、探讨公司的商业模式以及适当匹配人与事的过程。

2. 分配表决权,要选择恰当的时机环境

很多创业者产生了一个创业的"点子"之后,立刻着手构建团队,寻找与之能力资源互补的股权合伙人成立公司。此时发起人只有一个概念性的想法,还没有做深入的市场分析验证,大家对公司的贡献差异极小,这时几名股权合伙人在心态上是一种"平等的伙伴在同一起跑线上共同创业"的感觉,协商股权分配时最容易趋向于平均分配。

在实际调查中发现,老同学、老同事、老朋友创业,如果是三个人,则40%、30%、30%的表决权比例最为常见。雷士照明最早创业时,吴长江和其两名高中同学的股权比例(及相应表决权比例)就是45%、27.5%、27.5%,这也成为后来雷士照明产生股权纠纷的重要因素之一。

这种股权比例背后的潜台词就是:首先,我们认可发起创业项目的人是老大,股权比例(及相应表决权比例)可以比其他人高;其次,我们是平等地共同创业,老大也不能一手遮天,另外两个人应该能够制约老大,防止其肆意妄为。在这样的条件下,这确实是一种符合人性特点的股权分配方式。如果老大硬要获得 51% 甚至 67% 的股权，其余的股权合伙人大概率不会因为顾全大局而同意，而是会因发起人的妄自尊大而离开。

要想解决这种困局，<u>创业者要遵循守正之道，通过先一步下手提升自己对公司的资源和能力贡献，形成与其他股权合伙人的"不平等关系"，从而公平地获得足够多的表决权</u>。

【案例解析】孤立无援的田总如何名正言顺地成为拥有绝对控制权的大股东

田总原本在某知名互联网公司做运营管理，妻子在幼儿园工作，回家后总会跟他唠叨一些工作上的烦心事。在妻子的抱怨中，他发现为幼儿园提供互联网教育内容产品可能是一个很好的创业方向。有了大体的想法后，他跟几名要好的同事和朋友探讨，希望组建一个团队一起干，可是几乎没人响应他的想法。一是大家看不清这个领域的前景；二是虽然大家也想趁年轻搏一搏，但放弃现有工作的机会成本太高。只有一个田总不是特别看好的人说可以考虑这事，但提出他不会出钱，而且至少要 40% 的股权。

虽然被大家泼了冷水，但田总还是非常看好这个领域，毅然决定自己先离职探路。这次他没有组建团队，而是足足花了近一年的时间市场调研，包括走访几百家幼儿园观摩教学活动，和几百名园长、老师交流，深入比较研究市场上的幼教产品。通过深入的调研，他终于摸清了幼儿园的需求与痛点，确定了自己互联网教育内容产品的定位以及产品原型，得到了很多幼儿园园长的认可。继而田总制作完成了公司的商业计划书，还通过老同事的关系接洽了一些有意向的投资机构。

这时，田总根据公司商业模式所需的资源和能力，重新画出了创业合伙人团队的画像，然后开始寻找对应的合伙人。他先拿着商业计划书向候选合伙人路演，邀请他们加入，同意加入的合伙人就被写入商业计划书中核心团队名单，当团队组建完成后，再去找投资人路演沟通。因为准备工作充分，田总给第一批的四位合伙人分配后，自己依然保留了70%的股权，而且很快拿到了第一轮天使投资，正式启动了创业之旅。

【思考与启示】

田总自己先花时间论证创业项目，提前积累了成为本创业项目核心老大的资本，这种做法在以下三个方面都值得计划启动新项目的创业者借鉴。

第一，最大限度降低了创业风险。按照精益创业的原则，一个创业项目首先要进行产品验证，根据客户的需求和痛点开发客户真正愿意买单的产品，这时再正式组建运营团队、开发产品，才能最大限度地降低创业风险。

<u>第二，根据商业模式需要快速组建团队。</u>田总已经做了充分的市场调研，反复论证和打磨了商业模式，他不仅能准确锁定目标合伙人，还降低了合伙人的风险，所以能快速打动对方加入。

<u>第三，在创业早期为自己保留了足够多的股权。</u>最后田总找来的合伙人中也有他过去的同事和好朋友，但是这次不是大家在同一起跑线上共同创业，而是田总提前为大家蹚出一条路，带着大家一起发财。这时做股权分配给其他合伙人的心理暗示是来"投奔"田总的，从而打破了以往是老同事、老朋友平等分股的心态预期，田总名正言顺地成为绝对控股的大股东。

3. 分配表决权必须严格绑定贡献程度，避免不劳而获

创业者为了提升表决权，除了积极<u>贡献资源和能力，维护自身权益得到应得的</u>，还应<u>避免有些股东没有贡献资源却得到了原本不该得到的利益</u>。之所以出现这种情况，是因为<u>股权合伙人之间建立合作关系时必须沟通确认股权比例的相关事宜，而贡献资源则要伴随业务运行的节奏逐</u>

步导入。股权分配与资源导入的时间差可能造成不劳而获或者劳而无功，因此需要创业者根据实际的资源贡献建立动态的股权分配机制。

例如第五章第三节中的案例"同一个人可以获得两类股权吗"中，技术总监要获得4%的限制性股权，必须先退出自有软件公司的经营，确保自己的全部时间精力、资源投入到新的公司；而要在未来三年内每年再授予2%的期权，就必须带领团队完成公司确定的业绩目标，否则股权会被收回或者无法行权，这种基于贡献的弹性股权分配机制公平地体现了各方的利益。设计好弹性股权分配机制的基础是创业者和相关股权合伙人就公司的战略目标达成共识，才能约定清楚股权合伙人具体要完成的资源贡献标准。

4. 分配表决权，还要控制直接持股股东数量的影响

按照《公司法》规定，股东会有些重大决策事项要求有表决权的股东人数达到一定比例方可通过。比如股权转让，第七十一条规定："有限责任公司的股东之间可以相互转让其全部或者部分股权；股东向股东以外的人转让股权，应当经其他股东过半数同意。"

假设某公司的股权比例如下：一名大股东持股70%，另有10名小股东，各持股3%，合计100%。虽然大股东的股权比例超过了三分之二，大股东对绝大部分重大事项均有决策权，但如果大股东希望对外转让股权，必须得到六名及以上小股东的同意才能实施。所以创业者应适当控制小股东的数量，或者采用股权代持，或者搭建持股平台[1]的方式来解决这个问题。

一分耕耘一分收获，优秀的人才都是聪明人，一分实力拿一分股权才是守正之道。股权如何分配并不是一道有客观标准的计算题，而是一门多维比较、审时度势的艺术。

提升表决权的出奇之术

所谓提升表决权的出奇之术，指通过某种方式使表决权的比例大于其出资比例，从而提升对公司事务的影响力。出奇之术分为两种形式：一种涉及所有股东的表决权特殊安排，落实为公司章程、《股东协议》等文件；第二种是个别股东之间的权利让渡，落实为《一致行动协议》《投票权委托协议》等。

1. 涉及所有股东的表决权安排

有些同股不同表决权的做法需要经过所有股东共同参与商议并表决通过后才可以实施，《公司法》对有限责任公司、未上市的股份有限公司和上市的股份有限公司的规定有所差异。

---

1 持股平台：指设立一家有限责任公司、有限合伙企业、金融产品等持股主体，作为母公司的股东，让有些股权合伙人通过持有持股主体的股权而达到间接持有母公司股权的目的。

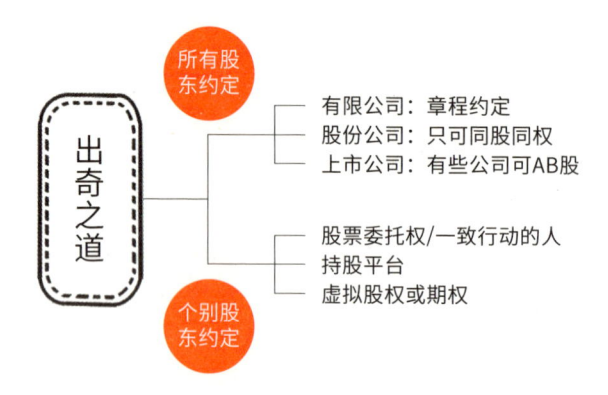

```
                    ┌─ 有限公司：章程约定
        ┌─所有股─┤  股份公司：只可同股同权
        │ 东约定 └─ 上市公司：有些公司可AB股
出奇之道┤
        │        ┌─ 股票委托权/一致行动的人
        └─个别股─┤  持股平台
          东约定 └─ 虚拟股权或期权
```

图7-4 提升表决权的出奇之道

（1）有限责任公司

《公司法》第四十二条规定："股东会会议由股东按照出资比例行使表决权；但是，公司章程另有规定的除外。"需要注意的是，双方应在公司章程中另行约定，不能只是君子的口头约定。常见的约定方式有两种。

第一种是直接约定新的表决权比例。例如某公司甲、乙、丙三名股东的出资比例为40%、30%、30%，可以另行约定表决权比例为60%、20%、20%。

第二种可以专门就某个具体事项进行特殊约定。例如某投资机构投资了一家创业公司，占股20%，投资机构为了所投资金的安全性，与被投资企业约定："若公司收购任何其他实体或自然人的股权或者资产，单项或累计收购价格超过人民币150万元时，须经公司股东会代表全体股东

85%以上的表决权同意方为有效。"由于投资机构占股就达到20%,这一条款意味着只有投资机构同意,大额支出才有可能获得85%以上表决权同意通过。

另行约定表决权比例时需要特别注意:修订的数值必须高于法定比例,不可低于法定比例。例如对于修改公司章程等重大事项的表决权比例,不可修改为低于三分之二。此外,与某股东签订特殊约定时,要注意对其他股东公平性的影响,以及可能引发要求同等权利的连锁反应。

(2)股份有限公司

《公司法》第一百零三条规定:"股东出席股东大会会议,所持每一股份有一表决权。"这就是说:<u>股份有限公司必须同股同权</u>。

为了方便采用不按出资比例行使表决权的方式,创业者在上市前可以保持有限责任公司的形式,在即将上市时再改制为股份有限公司。有些创业者因为对"股改"这个概念的误解,过早把公司改制为股份有限公司,反而因法律限制而不利于灵活地分别设定表决权比例和收益权比例。

【案例解析】此"股改"非彼"股改"

施总从事文化教育产业,向李老师咨询其公司的股权规划设计问题。李老师询问目前的股权结构情况,施总特意说,听朋友讲公司都应该做股改,所以他在来之前把股改做完了,希望有一个新的开始。

李老师查看公司工商信息,公司名称显示的是"XX股份有限公司",上个月刚做完变更。最后李老师只能非常遗憾地告诉施总,他理解的此"股改"非彼"股改",未雨绸缪的准备反而起到了反作用。

大家常听说的"股改"这个概念有两种完全不同的含义。

第一种是"股份制改造",指为了满足公司上市或者改变治理模式的需要,从有限责任公司变更为股份有限公司。这意味着公司形式的变化,在公司治理上要遵守不同的法律规范。

第二种是"改变股东结构",指为了促进公司发展,改变原有个人或者家族持股的股东来源单一状态,从内外部引入新的股权合伙人,获取更多公司发展所需的资源,这仅仅意味着股东结构的变化,而公司形式并没有变化。

施总的文化产业公司是典型的"人和"属性,采用有限责任公司可以非常方便地对表决权和收益权分别设计比例;而采用了体现"资合"属性的股份有限公司,反而必须遵守"每一股份有一表决权"的原则,虽然也可用其他方式变相调整,但给后续公司治理造成了不必要的障碍,加大了公司治理的成本。

【思考与启示】

　　创业者调整公司形式，或者变更公司股权时，务必要遵守"谋定而后动"的原则。所谓"谋"，首先要确定目标和要解决的问题，其次是明确要达成的状态和成果，最后确定达成路径和时间规划。这就是我们一直提倡的黄金圈法则的 Why、What 和 How。否则因为股权的不可逆性，修改和调整的成本都是巨大的。

（3）上市的股份有限公司

　　常规情况下，股份有限公司无法实施同股不同权的安排，但《公司法》第一百三十一条规定："国务院可以对公司发行本法规定以外的其他种类的股份，另行作出规定。"2018年9月18日，国务院发布了《关于推动创新创业高质量发展打造"双创"升级版的意见》，提出"推动完善公司法等法律法规和资本市场相关规则，允许科技企业实行'同股不同权'治理结构"。据此，证监会于2019年1月28日发布了《关于在上海证券交易所设立科创板并试点注册制的实施意见》，提出"允许科技创新企业发行具有特别表决权的类别股份"。所以，对于上市或者没有上市的股份有限责任公司，同股不同权的安排在法律意义上属于特例，需要被特别批准才能实施。

　　如果创业者的公司符合相关条件，开始进入上市的轨道，而且上市所在交易所允许，就可以考虑是否在股份有限公司中进行同股不同权的设计。中国内地目前只有上海证券交易所的科创板公司可以按照《上海证券交易所科创板股票上市规则》允许必须达到一定市值和规模标准的公司[1]，提升特定股东[2]的表决权比例，称之为"对表决权进行差异安排"；2018年，中国的香港证券交易所也从小米公司开始允许采用"同股不同权"架构的公司上市。在海外的美股市场，这种安排叫作"双重股权架构"，也就是俗称的AB股制度。

AB股制度的具体做法就是把公司股票分为A、B两类，A类股由一般股东持有，每股享有不高于1票的表决权；B类股由特定股东持有，每股享有超过1票的表决权。例如上海科创板规定："每份特别表决权股份的表决权数量应当相同，且不得超过每份普通股份的表决权数量的10倍。"AB股的差异仅限于表决权，不包括收益权等其他权利。这样创始人即使持有很小比例的股权，也能达到控制公司的目

---

[1] 发行人具有表决权差异安排的，市值及财务指标应当至少符合下列标准中的一项：（一）预计市值不低于人民币100亿元；（二）预计市值不低于人民币50亿元，且最近一年营业收入不低于人民币5亿元。

[2] 持有特别表决权股份的股东应当为对上市公司发展或者业务增长等做出重大贡献，并且在公司上市前及上市后持续担任公司董事的人员或者该等人员实际控制的持股主体。持有特别表决权股份的股东在上市公司中拥有权益的股份合计应当达到公司全部已发行有表决权股份的10%以上。

的。对于A股和B股何为高比例股权，不同交易市场的规定有所不同，例如上海证券交易所规定A类股权拥有高表决权，美国则反之。

以上涉及所有股东的表决权安排，还有三个注意事项。

第一是需要按照《公司法》的规定，至少得到代表三分之二以上表决权的股东同意才能实行，而且还要将达成的约定在"公司章程"中修订。

第二是由于同股不同权的协议与标准模板不一致，有些工商登记机关可能不予以办理。这时企业需要更烦琐的程序，除了按照标准模板准备办理工商登记，还要另行准备股东协议，载明新约定的收益权和表决权安排，并说明如果公司章程与本协议相抵触，以本协议为准。需要注意的是，这两个协议的不一致会导致对外效力和对内效力的矛盾，如果公司的对外债务须股东承担，股东应当首先按照公司章程登记的出资比例承担责任；然后再按照内部约定承担责任，实际多承担了责任的股东有权向其他股东追索。

第三是公司未来上市时，如果不在能接受同股不同权的交易所上市，或者不符合交易所对实施同股不同权规定的标准，都需要再调整回同股同权的状态。

2. 个别股东之间的权利让渡

除了在整个公司层面进行不按出资行使表决权的设计，创业者也可以通过与个别股东协商约定获得对方的表决权。

常见的方式有三种：第一种是通过特殊协议让渡表决权，如签署《一致行动协议》《投票权委托协议》等；第二种是通过搭建持股平台变相获得对方的表决权；第三种是用虚拟股权或代持股权方式获得对方的表决权。以上这些方式可以理解为在公司的大股东会之外，又建立了若干个"小股东会"，实现了表决权的结构优化，而且减少了公司在工商、法律等方面的烦琐流程和制度障碍。

（1）签署特殊协议让渡表决权

通过签署特殊协议让渡表决权主要有投票权委托和一致行动协议两种方式。

投票权委托，即一方股东将自己的表决权委托给另一股东行使，委托方不对表决事项做出表决意见，而是交由受托方完成，从而使受托方实际掌握的表决权比例增加，提升对公司的控制力。站在权利让渡方的角度来看，投票权委托的潜台词是：对于需要股东表决的有些事情我就都不管了，我的表决权就委托给你行使吧，你的意见就代表我的意见。

一致行动协议，即双方或者多方表示在某些事项上做出一致的表决意见。签署《一致行动协议》则是指：我对公司的事也有自己的意见，但是当我和你的意见不同时，因为我已经承诺要跟你一致行动，所以就以你的意见为准吧。

为此要约定好适用事项的范围、采取一致行动的手段，一致行动人意见不一致时的处理方法，以及为了保障此约定的稳定性，参与方必须遵守和被限制的行为等。例如不得向第三方转让自己的股份，不能与其他第三人签署内容相同或相似的协议，行动协议的条款不得解除和撤销等。

从最终的结果来看，以上两种方式都实现了把某一方的表决权全部或者部分让渡给了另外一方的目的。但在实际应用时有各自独特的应用场景和适用条件。采用投票权委托的好处是决策效率高，弊端是不够民主，比较适合占股比例不太高的一次性资源贡献的股东，以及由于时间和所在区域等原因不便于参加公司经营决策的股东等。从公司的角度，他们的相关资源已交付完成，后续参与决策有可能贡献不大，解释成本却很高；从其个人角度，由于占股不多即使参与决策也不会影响大局，而且股权也不是其唯一收入来源，但要参与决策需要拿出很多精力来研究了解公司内外部信息。所以只要对受托方足够信任，也愿意接受保留一定的知情权，可以把自己的表决权委托给信任的股东来行使。

采用一致行动协议，首先所有股东都有权利表达自己的观点并行使表决权，虽然如果产生分歧最后要以受让方的意见为准，效率会低一些，但转让方股东具有较强的参与感，所以这个工具比较适合参与公司经营的在职股东。如果与在职股东签署《投票权委托协议》，虽然提高了决策效率，但影响了他们的参与感，不利于公司管理团队集思广益和后续落实工作决议，事实上加大了企业的经营风险。

当外部股东进入，有可能打破内部股权平衡状态时，一致行动协议就成为创业者与在职股东建立攻守同盟的护城河。

【案例解析】不容易构建的攻守同盟

A公司从事教育行业系统安全业务，三名股东齐心协力经营多年，产品得到了客户的认可，团队也更加成熟。大家一致认为到了可以拥抱资本的时候，考虑通过融资加快销售体系建设，从而快速抢占市场。

公司目前甲、乙、丙三名股东的股权比例为60%、20%、20%，他们根据业务发展需要测算出了融资额，计划本轮融资给投资机构的股权比例为20%，增资后三名股东的股权比例变为48%、16%、16%。

他们紧锣密鼓地推动融资事宜，很快找到了满意的投资机构，进入尽职调查阶段。这时大股东甲突然意识到，在这样的股权结构下，不仅自己的股权比例将低于51%，而且万一甲、乙、丙就一些重大事项产生分歧，乙和丙任一方与投资人联合，投资机构的20%加上乙或者丙的16%加起来都超过了三分之一，达到了具有一票否决权的股权比例，这样本来三个人的"内部分歧"有可能被投资人利用演变成"外部矛盾"。所以在投资机构进入前，他希望三人能够建立攻守同盟。

于是甲向乙和丙说明了建立攻守同盟的重要性，乙和丙都非常认同，但当甲提出签署《投票权委托协议》时，曾经是甲大学同学的乙明显不高兴，并提出了反对意见，他说："过去咱们兄弟三个有事商量着来，但按你这么一搞，我和丙在公司干脆就没发言权了，你这是打着攘外的旗号在安内吧？"

被乙这么一说，甲感觉自己确实考虑不够周全，不管怎么样都需要听听兄弟们的意见。他想起来还可以用《一致行动协议》保留乙和丙的表决权，只是在发生分歧时以甲的意见为准对外表决。于是他向乙和丙提出一致行动协议的方式，但过了两天并没有得到反馈。甲百思不得其解，也担心再次因为自己考虑不周产生误解，决定请教股权专家李老师。

李老师了解基本情况后告诉甲，他提出的解决方案解决了避免因为引入投资人而被外人钻空子的问题，采用一致行动协议确实比投票权委托更民主，这是很好的。但是，签署一致行动协议的同时，破坏了三个人之间原有的平衡关系。

甲问："我不明白您的意思，是怎么破坏的？"

李老师说："按照过去三个人60%、20%、20%的表决权结构，乙和丙联合起来达到了一票否决权的比例，他们在重大事务上可以制约你。你们三人这些年绑在一起走下来，跟这种微妙的平衡有一定的关系。如果采用了一致行动协议，三个人有分歧时要以你的意见为准，乙和丙对你的制约性不存在了，这是他们两人的最大顾虑。"

甲终于明白为何这次乙没有像上次一样直接提反对意见，因为这些话说出来好像自己在争权夺利，所以就用迟迟不回复表达了自己的不满。甲庆幸没有直接去沟通，否则可能谈成僵局了。

那接下来怎么办呢？李老师说其实解决方法非常简单，只需要在一致行动协议中的两个关键点做好设计就可以了。

首先，在一致行动协议的条款当中，当乙和丙的意见同时与甲的意见不一致时，不要约定以甲的意见为准，而是约定必须选择共同弃权。这样做有两个目的：第一，投资人同样无法通过拉拢乙或者丙行使否决权去钻空子，解决了同盟中"守"的问题；第二、三名股东意见不一致必须同时弃权，而不是以甲的意见为准，保留了原来乙和丙联合起来对甲的制约能力。

其次，约定当乙和丙的意见不一致时，三人共同以甲的意见为准对外行使表决权,这样保持了三人中只要有甲以及任何一位小股东的意见一致,就可以推进重大事项形成决议,避免因为一人反对而使决策进入僵局,这解决的是同盟中"攻"的问题。

甲拿着李老师的锦囊跟乙和丙沟通后,三人立刻达成了共识,并很快与投资人签署了协议,公司踏上了新的征程。

【思考与启示】

股权规划设计并不是简单的谁掌握表决权,以及如何提升表决权比例的问题,而是为了促进股东间高效协作,避免不必要的争端,去寻找和保持股东间的微妙平衡。

为了实现平衡,既包括促进合作,也包括有效制约;既要考虑全局,也要兼顾局部;要能以"攻"实现进取,也能有"守"的力量控制风险。

在具体实施上,投票权委托和一致行动协议不一定是委托所有的股东权利,或者所有的事项都一致行动,每个企业可以根据需要,针对不同的股东分别设置不同的事项。

综上所述,解决同股不同权的问题,一致行动协议和委托投票权能发挥相同的作用;但是从具体实施的方式和流程、决策的效率和质量、各股东内心的诉求和感受，以及到底要建立何种股东合作的价值观来看，每个企业要根据实际情况做出个性化的选择和设计。

（2）搭建持股平台获得表决权

创业者可以通过签署《投票权委托协议》和《一致性行动协议》的方式，获得少数现有股东让渡的表决权。按照法律规定，有限责任公司的股东人数最多50人，而且过多的股东人数也不便于管理，如果股东数量较多，还可以采用搭建持股平台的方式间接获得表决权。

持股平台获得表决权的基本原理，是不让股东直接持有公司的股权，而是成为有限责任公司、有限合伙企业或者金融产品等持股平台的股东，持股平台再投资公司。这样的双层股权架构下，只能由持股平台作为股东对公司行使表决权，被装入持股平台的股东们的表决权就会被不同程度地让渡出来了。

有限责任公司作为持股平台时，通常要占有二分之一以上的股权才能代表所有股东行使表决权，也就是说，创业者拥有持股平台超过一半的股权，就可以掌握该持股平台所拥有的全部表决权。

如果采用有限合伙企业作为持股平台，则几乎零成本就可以掌握所有表决权。这是因为有限合伙企业中有两类角色，普通合伙人（General Partner，GP）和有限合伙人（Limited Partner，LP）。GP几乎拥有全部的表决权，这个权利的获得与出资多少无关，只与身份有关。LP几乎没有表决权，收益权不变。这样的制度设置天然地让表决权向GP集中。这种组织形式对于想要掌握更多表决权、但不得不稀释部分股权的股东来说是一个绝佳的武器。也正是这个原因，企业对内部员工实施股权激励时，或者企业要接纳批量较大的小股东时，往往会选择采用有限合伙人企业作为持股平台。

【要点解析】你知道用有限合伙企业做持股平台有哪些成本吗

由于有限合伙企业在获得表决权方面有巨大优势，有些地区还有税收优惠政策，所以很多创业者盲目注册有限合伙企业。他们只看到了有限合伙企业带来的好处，却不了解有限合伙企业在实际运行中的隐性费用和门槛。

一是注册地址费用。创业者希望在税收洼地区域注册有限合伙企业，有些代理机构在办理工商注册手续时并不规范，可能一个地址同时注册很多家企业。后来政府规范管理，要求一个办公地址只能注册一家企业，对于同一个地址注册的多家企业来说只有两个选择，要么一年花几万元的成本重新租一个合法的办公地点，要么只能把企业注销。

二是注册及变更过程中的差旅费、审计报告费用等其他费用。比如有的地区要求企业注册时法人和财务负责人必须到现场，有的地区要求LP发生变更时必须本人亲自到场签字，这些都是差旅成本；还有的地区要求必须提供合伙企业的审计报告和LP的完税证明才能给予工商变更，而出具审计报告要花费几千甚至上万元，这又是一笔不小的支出。

三是对税收返还比例和起征点政策不够了解。很多创业者并没有完全理解当地的税收优惠政策，比如有的地方规定的返还比例60%只是地方留存部分的60%，国家留存部分是不返还的，这样整体算下来，返还的部分只有实缴税额的20%~30%。另外税收返还有最低纳税额的要求，有些地区只有应纳税额大于12万元的部分才给予返还。应纳税额大于12万元意味着什么呢？即股权的收入所得额要达到60万元以上才可以享受优惠政策。如果股东的股权比例不高，收入所得达不到60万元，为此专门搞一个有限合伙企业，其实是不划算的。

【思考与启示】

考虑是否成立有限合伙企业时，不能只看优点，还需要综合考虑它的隐性成本。<u>全国各地的税收政策和要求并不统一，注册前务必亲自、全面地了解当地的具体政策要求，综合衡量整体的成本费用是否小于节省的缴税金额，再决定是否办理注册。</u>

（3）采用虚拟股权或者股票期权获得表决权

不管是把直接持股股东的表决权通过协议方式让渡给创业者，还是成立持股平台得到更多的表决权，都是针对现在给出的实股股权所进行的变通操作。对于不需要现在做工商变更的股权，可以通过不同的股权模式来达到既分享利益同时又保留表决权的目的。

例如股票期权，只有达到一定的工作时间、业绩条件等行权条件之后才可以获得股权，<u>相当于在时间上把股权稀释的节奏放慢了，也起到了提升创业者控制权的目的。</u>如果行权对象是员工或者小股东，则建议行权后直接成为有限合伙企业的合伙人。

再例如以现金结算的虚拟股权、股票增值权等，股东可以获得公司成长带来的收益，但是并不享有表决权（详见本书第五章）。大家耳熟能详的华为所采用的虚拟股权就让任正非只持有1.01%的股权，但他牢牢掌握着公司的控制权。

善于守正者，才有出奇的资本

提出守正之道和出奇之术是为了提升创业者的控制权，做出如此区分，是希望创业者明确两者的主次关系。"道"才是具有奠基性的，是常态，需要重点打造和坚守；"术"的技巧有先决条件，偶然可为之，需要选择性使用。只有做好了奠基性的工作，才有机会做出大胆的创新。所谓"艺高人胆大"，"艺高"是基础，没有高技艺的胆大，就是不自量力的赌博。

虽然有很多出奇之术可以用于提升创业者的表决权，但现实中能让创业者以小博大掌握控制权的为什么就只有那几个知名公司的案例呢？为什么自己身边的朋友们不仅没能拿到投资机构的投票权委托，反而还要给董事席位、接受一票否决权，以及接受业绩对赌呢？为什么唯一能给创业者让渡表决权的往往只有内部员工或者非常了解自己的亲朋好友？为什么科创板政策允许同股不同权，但是上市公司已经超过两百家，却只有优刻得（证券代码：688158）和九号公司（证券代码：689009）两家实施了AB股结构？他们是不知道这些出奇之术吗？是知道了不想做吗？是想做而不会做吗？

不论提升表决权的出奇之术如何形式各异，终极本质都是创业者或创始人让对方将表决权让渡于自己，只保留收益权。任何一位股权合伙人在商业交易中都希望趋利避害，让渡表决权相当于坐车时去掉安全带，安危全部依靠司机的水平和道德，这是违反人性的，没有人会无缘无故让渡权利。因此，创业者在应用提升控制权的出奇之术时，必须先站在对方的角度考虑两个问题：对方凭什么把表决权给我？凡事有得有失，对方失去了表决权，我能让对方额外得到什么补偿？

阿里巴巴和京东的投资人为什么放着那么多自己可以制定交易规则的项目不投，而投资它们后还要接受其制定的交易规则呢？其实道理很简单，因为投资机构追求的终极目标是更高的收益，而不是权力。阿里巴巴和京东凭实力让投资机构相信它们能创造更大的价值，加之有众多投资机构竞争，所以投资机构必须以放弃表决权为代价获得投资优秀项目的机会。

由此可以看出，真正能够让其他股权合伙人把表决权让渡给自己的创业者是因为能把自己分内的事情——经营好企业这件事情做到最好，奠定了自己对企业命运的决定性作用，所以才有资格采用出奇之术获得更多的表决权，更好地主宰公司发展的命运。

从来不存在无端的权利让渡。投资机构的表决权，是用高于市场其他项目收益潜力的股权和信任换来的；公司内部员工的表决权，是用"战友们"的信任换来的；亲朋好友的表决权，是用大家的信任、友谊和爱换来的。

能否得到表决权，要提前看看自己是否值得他人付出这份信任；得到了表决权要务必珍惜，不要辜负。创业失败并不可怕，失去信任造成的人际关系网络的破裂才是无法挽回的永久损失。

四、表决权结构设计三步法

掌握了获得表决权的守正之道与出奇之术后，接下来就需要正式设计表决权比例了。很多创业者常会问：该给某位总监多少股权？该给员工的期权池预留多大比例比较科学？如何保证自己不少于51%的股权？应该选择公司持股还是自然人持股？以及自己要不要设立一个有限合伙企业留着备用等问题。

针对这些问题，最真实的答案就是：无法回答。

因为最佳的表决权结构一定是量身定做的，为了给创业者一个满意的答复，必须先从聊聊以下问题开始：你们公司做什么业务？商业模式是怎样的？公司现在处于什么阶段？今后有什么重要规划？为此你们需要哪些重要资源？这些资源中哪些你自己能搞定，哪些需要从外部获得？据你所知，谁手里有这些资源？他们对于出让资源有何诉求……

设计合理的表决权结构方案不是靠感觉，也不是靠经验，只有遵照正确的流程方法才能量身定做出适合自己的方案，创业者可以采用简单实用的表决权结构设计三步法。

图7-5　表决权结构设计三步法

第一步：明确一件事的需要

马克思认为，生产力决定生产关系，生产关系应适应生产力。公司的商业模式和战略规划就是生产力，包括表决权结构在内的激励体系设计则对应生产关系。股权结构设计为实现公司的商业模式和战略规划保驾护航，所以并不独立存在所谓最佳的股权结构，只有最适合自身战略的股权结构。

创业者的首要使命是让公司活下来，拥有控制权是让公司更好活着的手段。所以，常讲的股权生命线并非股权结构设计必须死守的目标，而是需要重点考虑的制约条件。

【案例解析】股权生命线该不该坚守

何总家乡有全国独一无二的山药土特产，凭借家乡的人脉关系，他能拿到价格和品质都非常有竞争力的一手原材料，何总决定凭此优势做一个创业项目。他花了两年时间跟某大学教授联合开发了一款以山药为原材料的保健品，产品测试的效果非常好。一年前，何总信心满满地开始市场推广，但因为保健品行业竞争激烈，消费者又很难区分真正的产品品质，所以不仅产品价格上不去，销售情况也不尽如人意，公司处于勉强维持的状态。

机缘巧合，何总结识了一个擅长网络营销的团队，经过初步考察感觉对方实操能力还不错，而且对方说有熟悉的投资人，市场开发模式做出来后能协助引入投资。何总自己也没有更好的方法打破销售的僵局，想赌一把，于是决定跟对方以股权方式合作。目前谈的基本条件是对方团队不拿薪资，算是以劳务出资，要求34%的股权。

何总向李老师请教：对方如果拿了34%的股权，相当于有了一票否决权，想知道通过什么样的方式才能不给对方这个一票否决权。他担心未来会受到对方的制约。何总表示如果能让自己的表决权保留67%，给对方40%的收益权都可以，只要公司不出乱子能做起来，利益问题都好谈。

李老师告诉何总："这个事情恐怕没有这么简单。对方为什么不要30%、40%或者35%的股权，偏偏要34%？这明显就是奔着一票否决权来的。既然有这么明确和强烈的诉求，让渡些收益权多半是解决不了的。"

何总说："那我也不想让步，给自己留隐患，难道刚有点儿翻身的希望就要破灭了吗？"

李老师说："还不至于这么严重，要解决这个问题，核心在于分析清楚你们双方的局势和诉求，然后从中找到利益结合点，自然就会有破局之路。"

先对内分析一下己方的局势吧。

第一，先算算经济账。已经为这个事情投入了大量资金，包括研发、生产的固定成本，以及员工的变动费用；还跟农户签了包销协议，如果销量总是上不来，履约收购原材料肯定要赔钱，如果不履约就失信于家乡的农户，不仅今后好原材料不容易拿到，以后都没脸回家乡过春节了！

第二，分析一下行业的情况。保健品行业历来竞争都非常激烈，各家生意好坏的首要区别是什么？是营销而不是产品。产品好但营销不好而死掉的企业比比皆是，但营销好的至少能火一段时间，如果产品好就能保持下去，如果产品不好迟早也会出问题。

所以，就保健品行业的特点看营销团队的重要程度，对方要34%的股权不算过分；从公司的现状来看，目前也只能赌一把。所以大方向上要努力促成合作，否则可能危及公司的生存。

接下来再往外看，站在对方的角度想一想：

他们虽然不出资，但是不拿工资其实是以劳务形式出资来参股，他们也是有成本的。他们必须找一个能长期做下去的靠谱产品，这是选择与你合作的原因。这种情况下，他们最怕的是什么？最怕费了很大的劲把产品销量做起来，市场打开了，结果把他们甩了。因为原材料供应、生产技术，以及产品的品牌等资源都在你手里，他们复制的难度很大；而你按他们摸索出来的有效营销方法做复制，没有了他们公司也能活下去。

他们如果只是一个话语权很小、只能等着分红的小股东，万一你低价增资稀释他们的股权、搞关联交易操纵利润等各种方式摆他们一道，他们该怎么办？他们当然要为自己设计一些保护机制。所以，通过分析来看，他们的要求是合理的，也是必需的。

何总说："确实也能理解。那好吧，既然如此那就答应他好了。"

李老师说："上面说的只是大方向和原则，实际操作肯定不会这么简单。营销这事不是动动嘴皮子表表决心就行的,要有真本事才行,万一他们没有说的那么好怎么办?所以建议你这样去跟他们谈:

"先表达合作诚意。合计34%的股权没问题,确定合作后公司马上就成立有三名董事的董事会,给他们一个董事席位,公司的重大事项大家一起商量,一定会尊重他们的意见。

"再提出业绩和贡献的要求。给他们的股权采取期权模式,实际得到的股权要以营销团队带来的业绩增量为基准。以公司上一年的销量作为基础销售量,然后根据增量设计实际获得股权的阶梯:例如年增量达到基础销售量的50%以上授予10%的股权,年增量达到100%以上授予15%的股权,以此类推,增量每达到50%就多5%的股权,年增量超过300%时就授予最高限额34%的股权。要注意达到上述年增量的时间要限定在两年内,在两年内做到什么业绩就给予多少股权;超过两年后再增加的业绩,股权就不再增加了,这是因为营销本身有窗口期,希望他们能尽快展示才华,而且两年后再增加的销量可以认为是自然增长带来的。

"超预期满足他的核心诉求。哪怕对方业绩增量没有达到300%因而没能获得34%的股权,只要超过25%,公司修改公司章程、增加或者减少注册资本那些大事他都可以有一票否决权。其实不论他有多少股权，你都应该跟他商量着来，又何必非要到那个34%呢？只要你自己没什么小算盘，法律又允许，解决了他的核心诉求，让他安心工作才是最重要的。

"要替他们考虑好收益。因为他们没有拿工资，他们也需要现金流维持团队生存，只要工作业绩好，尽量不要让他们垫资太多。所以要主动承诺一个分红的比例，让他们能有一个良性的现金流，他们才会安心长期做下去。

"要约定好退出的安排。因为他们没有出资，万一短期内因为合作不愉快而退出，也要做好约定避免扯皮。例如可以这样约定：如果三年内退出，只能零元转让手中的股权给公司；如果超过三年，考虑到他们为公司打好了一个不错的基础、做出了贡献，可以再给予一定的奖励，例如可以再给予两年对应股权的分红，这样一是表达对其贡献的认可，二是他们还有利益在公司，也可以帮助团队做好工作的交接。"

听完了这些，何总说："我感觉李老师也像是对方请的咨询顾问，不仅帮我解决了问题，替对方想的也非常周到。这下他该满意了，该让他给你付咨询费！"

李老师说："卖产品做营销要站在客户角度思考问题，股权合作也是一样的，只有把对方理解透了，帮他把愿望实现了，把他的顾虑打消了，他才能放心地跟你合作，大家才会成为真正的合伙人！"

何总说："确实，这世界的道理都是相同的，如果他真能以合理的估值引来投资，我愿意再另外奖励他6%的股权！"

很快，何总传来佳报，双方已经正式开启合作。

【思考与启示】

所谓的股权生命线只是一个需要大家重点关注的分水岭点位，绝不是做股权设计的目标。在分析清楚自己和对方的局势、诉求的前提下，如果能通过权利让渡，换来拯救企业的资源，得到股权合伙人的信任，激发出他们全力以赴奋斗的雄心，还有什么比这更划算的交易呢？

管理并没有可以直达目标的地图和确定的路径，只有作为指南针的基本原则。创业者在设计包括股权结构等各种管理机制时，都应该紧紧围绕公司的商业模式和战略规划，按照朴素有效的原则量身定做。

股权结构设计一定要满足"公司商业模式和战略规划"的需要，这是思考股权结构设计的源头，也是本书已多次强调的观点。思考的基本逻辑就是运用本书第一章介绍的升维思维，根据公司商业模式和战略规划确定需要哪些资源和能力要素，然后再大胆运用本书第二章的逆向思维，根据所需资源和能力的特点确定哪些才需要采用股权合伙的方式，接下来就可以去参照本书第四章的具象思维，选择最适合的股权合伙人。

第二步：满足两个人的交易

一旦选定了股权合伙人，就可以按照本书第五章介绍的组合思维，根据公司的需要和对方的诉求，选择某种或者组合自创一种股权模式。然后用本书第三章结构化思维中介绍的换位思考方法，根据交易双方各自的定位——是谁、拥有的资源——有什么，以及核心的诉求——要什么，设计出具体的股权结构方案，实现共赢的股权合作。每个类型的股权合作对手有什么特征，在本书第四章中已用非常具象的五个标签做了详细的描述。

第三步：实现三个主体的平衡

很多创业者希望知道最佳的股权结构是什么样的，然后自己照葫芦画瓢。非常遗憾，如果从这个角度看每家企业的股权结构，不论是成功的企业还是失败的企业，都很难总结出所谓"好"的结构。

根据本书第三章介绍的结构化思维，股权设计需要在复杂时间和空间内综合考虑管理、人性、法律、财税等多个维度的因素，最后还要验证整个方案，确保满足公司、创业者和其他股东这三个利益主体的诉求。具体而言就是公司获得了生存和发展所需的资源和能力，创业者依然能够保持对公司的整体控制力，同时小股东的权益被公平、公正地保护。通过大量的咨询案例可以得出，保持好平衡的底层原则就是：类型多元、有主有次。

首先，股东的主体是多元化的。

小公司要成长为大公司，不仅需要得到多种产业资源，还要通过合作主体的多样性，建立像热带雨林一样的生态系统，提升自身应对不确定外部环境的能力。在分享股权的过程中，大公司就逐步变成"大家"的公司。

并非一家公司刚成立时就要多找合伙人、建立多元结构，这个阶段核心的任务是从0到1完成商业模式的验证，还不到规模化运营的阶段，所以即使只有一两名核心创始人也是很正常的。

如果一家公司已经稳定经营很多年，公司股权结构依然是95∶5，也不能简单地判定为不合理。这可能是一家矿业公司，多年前老板独具慧眼以自有资产拿到了某矿井的开采权，并贷款购买了采矿设备。在经营上，由于入行早成本低，稍微降低一些价格就可以现款现货，销售上并不占压资金，也没有大的资产投入需要股权融资，而且机械化操作也没必要用股权去激励要求不高且可替代性强的员工，所以他确实没必要引入其他股东。现在的另一位股东也是其家人，目的只是承担有限责任而避免企业成为个人独资公司。

再例如华为公司已经成立三十多年，2019年销售收入达到八千多亿元人民币。其股权结构有两大特点：一是股东类型单一，所有的股东都是华为内部员工；二是股权的收益权极其分散，即使任正非也不过百分之一多一点儿，而表决权因采用虚拟股权模式又极其集中，任正非完全掌控局面。华为的股权结构在中国乃至全球的商业世界中都是一个"另类"，并不具有代表性，对绝大多数创业者并无借鉴价值。<u>但华为的底层逻辑值得每一名创业者学习，这个逻辑就是：围绕强化其核心竞争要素配置股权资源</u>。

华为在其业务和产品战略上采用的是"饱和攻击"策略，即把所有的资源都聚焦在战略机会点上饱和攻击，先在一个点上取得突破，绝不在非战略机会点浪费战略力量。为此，华为选择了在"技术研发"能力上饱和攻击，而不是像联想集团走贸、工、技分散攻击的路线；华为在研发经费的投入上是远高于同行的，在人才上则配置了高比例的研发队伍，在公司内部也进行了广泛、大力的股权激励。这样以人才作为内在驱动力，在研发上取得了巨大突破，也获得了市场订单和足够大的利润，这样又能有更多的资金投入到研发和股权激励上，形成了一个良性闭环。

站在某个时点或阶段看，所有企业的发展都是不平衡的，必须在战略机会点上饱和攻击；而从长周期看，则一定要打造相对完整、平衡的商业闭环。股权结构的设计正是在这样的需求下形成和演变的。

<u>其次，股权比例上应该有主有次。</u>

热带雨林不仅物种多样，也是有主有次的。以植物生态为例，热带雨林中有独立生长撑起一片天地的参天乔木，它们在植物生态中起到了至关重要的作用，其次则是种类繁多的灌木层，还有草本层，以及依附其他植物生长的苔藓和地衣，这些大小不一的植物各自发挥独特作用又相互依赖。道法自然，良性股权生态也应是一个有主有次的生态系统。

我们常说的不好的股权结构，例如三位股东按照45%、10%、45%分配股权，10%的小股东可以通过左右逢源而绑架大股东，本质上是没有构建稳定的主次结构。再例如四位股东按照37%、26%、19%、18%分配股权，最大的一位股东或者任意两位股东结合都能因超过三分之一的股权比例而行使否决权，这种具有多种博弈可能的股权结构也是没有清晰主次结构的表现。例如没有主次的平均分配会导致公司因群龙无首、容易产生矛盾而效率低下，甚至导致合作的破裂。

在有些情境下，平均分配反而是最具有实操性的股权结构。

【案例解析】汽车大佬为何要股权均分

先来看几个中外合资汽车公司的股权结构：

上海大众汽车有限公司：1985年成立，上汽和大众（Volkswagen）系企业各出资50%；

南京依维柯汽车有限公司：1995年成立，上汽、IVECO S.p.A各出资50%；

上汽通用汽车有限公司：1997年成立，上汽和通用（GE）各出资50%；

上海申沃客车有限公司：2000年成立，上汽、沃尔沃（Volvo）各出资50%（2018年沃尔沃退出）；

天津一汽丰田汽车有限公司：2000年成立，一汽和丰田（Toyota）系企业各出资50%；

长安马自达汽车有限公司：2012年成立，重庆长安汽车和马自达（Mazda）各出资50%。

从公司治理的角度，这种50∶50的股权结构是一大忌，但这些国际汽车巨头和中国汽车企业的合资公司为何依然选择平均分配呢？

股权合伙的根本目标是通过股权将各方的资源整合，

从而实现商业上的收益。众所周知，中国拥有最大的汽车消费市场，这是拥有先进技术的每个发达国家汽车厂商不能放弃的巨大蓝海；虽然中国本土汽车厂也想吃这块大蛋糕，无奈汽车工业技术水平不够强大，不论是为了快速满足市场的需求，还是发展国家汽车工业的需要，都不适合采用完全自力更生的方式。

国际汽车厂商拥有技术，中国企业背靠巨大市场，双方的结合一定能带来巨大的商业利益和社会效益。中国企业并不希望国外企业主导，担心开放了市场但学不来技术，为外资企业做嫁衣；国际车企巨头也担心中国企业占大股，自己没有足够发言权，教会徒弟饿死了师父。所以双方的底线都是不愿意在股权结构上成为小股东，但不合作的机会成本损失更大。因此，在必须合作又无人妥协的情况下，明知可能会带来职责不清、决策效率低下等弊端，为了巨大市场带来的商业利益，平分股权仍是双方可以接受的最佳选择。

此外，北京奔驰汽车有限公司在1983年成立时，也是北汽和戴姆勒（Daimler）各出资50%。在2013年，北汽增资占到了51%，戴姆勒占49%。北汽的股权比例只增加了1%，但意味着中资企业获得了关键的主导权。为何在合作三十年后，北汽能拿到这宝贵的1%呢？这背后代表的是北汽通过三十年合作过程中的成长，积攒了更多与戴姆勒博弈的筹码。

【思考与启示】

　　企业一定是围绕如何实现战略目标，权衡利弊后去设计最适合的股权结构，而不应脱离环境背景和特定目标教条地去设计。同时，股权结构也是动态变化的，背后的推动力是股东之间用于博弈的资源能力和产业实力的增减强弱。

五、建立股权合伙人有进有退的动态迭代机制

　　打造股权合伙人生态不仅要解决好入口问题，找到适合的股权合伙人并做好股权结构设计，同时要解决好出口问题，才能形成一个在优胜劣汰中保持平衡的生态系统，这就要建立股权合伙人退出机制。建立退出机制，首先需要分析造成股权合伙人退出的内外部动因；其次是设计好各种退出路径；最后是做好具体退出的安排，核心是退出估值和过程中的文化塑造。

知道为何会分手：是为了更好地相处

　　天下没有不散的筵席。一家公司的股权合伙人也是如此聚散无常。股权合伙人退出，一般会有主动退出和被动退出两种情况。

　　第一种是股权合伙人主动退出。包括股权合伙人个人

因素，比如家庭要移民、搬迁而无法正常参加工作，个人需要通过转让股权获得现金流；或者是因为不看好公司未来，希望通过退出规避风险；或者跟创业者或其他合伙人相处时因性格、公司发展理念等原因发生矛盾而提出离开。

上述情况有的确实无法预料和规避，有的会有一些蛛丝马迹可以提前做预防。而预防的核心是创业者在选择股权合伙人时慎之又慎，除了梳理清楚各类股权合伙人的画像，避免脑子一热的"闪婚"，还要多看几个人。一个人从多维度看，尽量长期看，了解对方的真实品德、长期规划和底层诉求。

发生分歧矛盾时，建议创业者不要轻易提出"分手"。首先因为主动提出"分手"所付出的成本一般会高一些，更重要的是创业者作为领导者本应多承担责任、多承受委屈、多包容他人，容得下难容之人，才有机会做出非凡之事，否则可能当下赶走了一个人，却伤了一堆人的心——丢了人心，又如何能做出大事呢？

第二种是股权合伙人的被动退出，比如被创业者要求退出。例如股权合伙人未能兑现交付资源的承诺，却已经持有股权，这对其他合伙人是不公平的。这时创业者要根据其实际贡献重新确认股权。再如一些股权合伙人触犯了作为股东的红线，利用股东身份牟取私利等，创业者也要清退或采取其他惩戒措施。

提出让其他股权合伙人退出的要求，主动当"恶人"，对此很多创业者有很大的心理障碍。要解决这个问题，有两个要点，一是务必要提前说"丑话"，提前约定好不能兑现诺言的股权处理方式，要有据可依地维护所有股东的利益，否则会被误解为自己跟某人过不去，同时也可以避免一些人因为违约成本太低而故意违约；二是要有备而来，搜集好切实的证据，得到其他股权合伙人的支持，并且了解清楚最坏的结果，提出的解决方案一定要比进入诉讼和僵持状态更优，做到不战而屈人之兵，避免因对方的盲目而陷入双输境地。

还有一种特殊情况是创业者本人退出。正常情况下，如果只剩下一个股东，那个人应该是创业者本人。如果公司发展遇到困难的情况下创业者本人退出，一般就意味着公司的寿命终结。如果公司业务已经步入正轨后创业者退出，则可根据具体情况采用转让全部股权全身而退的方式，或者仅保留部分领取分红的股权。

股权合伙人的主要退出路径

股权合伙人要实现退出，需要将股权转让给他人，按照转让的对象不同，会形成不同的退出路径。

（1）大股东回购

为了保证作为大股东的创业者对公司的控制力，同时

图7-6 股权合伙人退出路径

可以将退出者的股权二次分配用于吸引新进入的股权合伙人，可以提前约定：当某位股权合伙人退出时，应将股权优先转让给创业者。要特别注意的是，有限责任公司不能动用公司资金，创业者必须以自有资金购买股权，所以设计回购条款时要综合考虑自己的支付能力和退出股权合伙人的诉求，约定好回购价格、转让款支付方式和股权变更时间等条件，避免出现扯皮现象。

（2）内部股东间转让

如果创业者没有财力或者不想回购股权，须退出的股权可转让给其他内部股东。

一般不建议允许因股权激励获得股权的内部员工随意

转让股权，至少要设定经过若干年的锁定期后才可以内部转让。这是因为股权激励的股权比例通常是按照其岗位重要程度授予的，如果股权转让给其他同事——尤其是高管人员的转让，一方面个人可能会减少奋斗的动力，另一方面其行为也会对其他员工产生负向影响。

(3) 向现有股东之外的人转让

这种退出分两种情况。<u>第一种情况是公司价值不断提升，股权被其他公司按照并购协议溢价收购，如果借壳或独立上市则按照交易所的规则在公开市场出售。</u>

<u>第二种情况是定向转让给新进入的股权合伙人。</u>例如天使投资人转让一部分股权给新进入的投资机构，以此减少对创业者股权的稀释程度；或者所有股权合伙人同比例转让部分股权给新进入者，实现一定程度的变现。

在向现有股权合伙人以外的人转让股权时，要遵守《公司法》的规则和流程，例如："应当经其他股东过半数同意。股东应就其股权转让事项书面通知其他股东征求同意，其他股东自接到书面通知之日起满三十日未答复的，视为同意转让。其他股东半数以上不同意转让的，不同意的股东应当购买该转让的股权；不购买的，视为同意转让。""经股东同意转让的股权，在同等条件下，其他股东有优先购买权。两个以上股东主张行使优先购买权的，协商确定各自的购买比例；协商不成的，按照转让时各自的

出资比例行使优先购买权。"

（4）公司回购

如果某股权合伙人要退出，但现在无人愿意接受转让，也可以采用公司减资的方式实现退出。例如《公司法》第七十四条对有限责任公司有如下规定："有下列情形之一的，对股东会该项决议投反对票的股东可以请求公司按照合理的价格收购其股权：（一）公司连续五年不向股东分配利润，而公司该五年连续盈利，并且符合本法规定的分配利润条件的；（二）公司合并、分立、转让主要财产的；（三）公司章程规定的营业期限届满或者章程规定的其他解散事由出现，股东会会议通过决议修改章程使公司存续的。"

特别提醒创业者，一定要重视公司的分红安排和约定，很多股东间的纠纷矛盾就是因分红问题产生的。例如大股东希望多留存利润将公司滚动做大，有的小股东希望多分红收回成本改善生活；有的大股东财务不公开，甚至公私花销都走公账，同时也不分红，侵害了小股东的利益，导致股权合伙人只能以退出的方式维护自己的权益。为避免这类纠纷，是否分红、怎么分红、财务公开程度等都要提前约定好。

（5）公司破产清算

如果公司无力继续经营，只能采取破产清算的方式，所有股东同时退出。

退出安排中的股权估值与文化塑造

很多公司在股权合伙人退出时处理不当，轻则人走茶凉，重则反目成仇。造成这些状况很多时候是大家面对股东退出时的心态波动和错误的处理方式导致的。设计退出机制，除了要提前约定标准，妥善解决好股权合伙人的退出，降低对个人和公司的负面影响，更重要的是通过提升进入门槛优选合伙人以及加大违约成本，让所有人不会轻易选择退出，在艰难的创业道路上团结一致、相互支持和包容，共渡难关。

股东退出时，最容易在估值问题上产生分歧，股权融资时合理估值的标准是让股东获得有竞争力的投资收益回报。退出时的估值分为两种情况：第一种是有外部人接盘的公司上市、被并购，或者无奈之选的破产清算，这种情况直接按照市场价格或者实际资产计算即可；第二种情况是公司仍未实现稳定收益，还需要大家的共同努力，如果某位股权合伙人要退出，这种行为事实上违反了与其他股权合伙人之间的隐性契约，留下坚守的股权合伙人要么找到新人接盘，要么自己受让股权，都是一种负担和风险，所以应通过机制设计提高退出者的成本。这样有两个作用：一是让大家不会因为性格不合或者遇到暂时困难而轻易选择放弃，二是即使退出也尽量降低对现有股权合伙人和公司的影响。

提高退出成本的方式有两种：一是规定如果未完成约定贡献的，按照约定的工作年数、引入的资源、须达到的市场目标等计算实际可拥有的股权数量，剩余股权予以退回；二是即使公司价值提升了，退出估值也参照其进入时的成本来确定。

有些人会说如果公司估值提高很多了，却还参照进入的成本给退出者，这样太不公平。公平永远是相对的，只要是提前约定的，是针对所有人的，是大家共同认可的，那就是公平的。更重要的是这样做可以起到甄别合伙人是否真正有信心、有决心的作用，想投机取巧的人自然会被这样的条款吓跑。

在实际操作中，如果公司价值确实有很大提升，创业者也有一定的财力来支付，还是要尽量认可退出股权合伙人的贡献，可以按照比约定更宽松的尺度来执行。这样不仅能与退出者保持良好的友谊，也让其他合伙人、员工以及外部人看到创业者的宽厚与包容。总之，<u>创业者需要按照"提前严约定、违约有代价、分手有情义"的原则设计退出机制，塑造股权合伙人的生态文化</u>。

第二节　权力中枢董事会：用席位获得圆桌话语权

公司的股东会代表所有人的利益，并非所有的股东都需要直接参与公司经营。董事会是公司股东会闭会期间的重大经营决策机构，要对股东会负责，还是公司所有者与经营者之间的权力中枢，所以董事会就成为公司控制权的"兵家必争之地"，也是打造良性股权合伙人生态的最佳环节。由于监事会主要负责监督董事和经理层的职责履行情况，并不行使决策职能，所以在本节不重点讨论。

董事会负责的职权、成员的数量、决策机制等都与股东会有较大差别，即使在股东会拥有较多的表决权，如果操作不慎，也有可能导致权力失控。创业者必须理解董事会的运作规则，包括董事席位的产生、决策机制等，很多创业者作为大股东同时担任董事长，所以还要知道如何充分发挥董事长这一身份的作用，提升自己对于整个公司的影响力和控制力，带动提升公司的治理水平。

一、获得董事席位是基于特定规则的实力博弈

董事会是公司的权力中枢，但为了保证决策效率，并不是所有的公司都需要设立董事会，股东人数较少或者规模较小的有限责任公司可以不设董事会，只设一名执行董

事即可。在很多创业公司中,执行董事一般由直接参与公司经营的大股东担任,而且执行董事也可以兼任公司经理。当公司股东数量变多,尤其是引入了投资机构或者产业合伙人等股东时,他们往往会要求获得董事席位来保障自己的权益,这时就需要设立董事会。

董事是如何产生的呢?《公司法》第三十七条规定:"股东会行使下列职权……选举和更换非由职工代表担任的董事、监事,决定有关董事、监事的报酬事项。"由此可以解读出两个要点:一是董事并非一定要是股东本人,通过股东会选举通过的人即可;二是股东会的表决权决定了董事席位的来源。

关于董事的来源,要从设立董事会的目的来思考:首先董事会对股东会负责,保证股东权益不受损害,所以要

图7-7 董事会成员

由各股东方委派；其次，董事会是公司的重大经营决策机构，高质量的决策需要多元化的人才，所以在组建董事会时还要考虑董事成员的能力结构；最后，为了让董事会的决议得到经理层的更多认同，并让董事会成员更多了解经营的实际情况，也必须有一定的公司内部在职成员。

【案例解析】小公司为何也要折腾出一个董事会和监事会

齐总、鲁总和孔总在十余年前创办了从事医疗器械研发和销售的A公司，齐总占股70%，鲁总占20%，孔总占10%。齐总任执行董事，三个人能力互补，有事商量着来，合作也很融洽。公司研发的几款心内科医疗器械性能颇佳，市场销售表现很好。公司为了避免单一产品的经营风险，又布局了一款采用相同底层技术的消化内科医疗器械。

因为要同时兼顾两个产品，三位创始人感觉有点儿力不从心，而且公司家底不厚，消化内科的产品推向市场时，还需要更多的资金。三人商议开放股权，一方面给员工做股权激励，激发起大家的干劲，同时也引入投资人。但这两件事谁先谁后，三个人觉得各有利弊，一时拿不定主意，而且这事有什么要点和风险三人心中也没底，于是请股权专家李老师帮忙规划总体的股权和设计具体的方案。

李老师说:"确定员工激励和外部融资的先后顺序要综合考虑现在公司的战略规划、业务发展阶段、公司治理水平以及员工的接受度等多种因素。我建议先做内部员工股权激励,然后再引入外部投资。

"在新产品没研发出来之前融资,很可能投资人并不想把钱拿来给公司试错,即使投资也不会给很好的估值。咱们既然对新产品有足够的信心,这个阶段自有资金也足以支持,不如等做出来新产品再融资。那时投资人投了钱很快就能带来市场成果,他们的风险小了,才愿意给一个好的估值,咱们稀释相同的股权,能换来更多的钱去开发市场。

"所以第一步先做员工股权激励,以此汇集大家的力量巩固好老产品扩大市场份额,保证公司正常运行和研发新产品的现金流,也鼓舞大家的干劲,尽快做出来新产品。"

三位股东对股权激励都非常大度,愿意给员工20%的股权,希望与更多人共享公司成长的收益。但李老师否定了这种一步到位的做法,考虑到A公司的员工过去从来没有接触过股权,如果大范围推行股权激励,员工的沟通成本会非常高,未必能有好的效果,建议采用"小步快跑"的方式来推行:第一批只激励研发和销售这两个业务中心的总监,一年后的第二批再延伸到其他职能和下一级部门经理以及核心员工，以后再根据公司发展需要把股权给予外部人才和新晋升的核心员工。这样做有两个好处：一是用小规模试点完善方案，降低改革风险；二是第一批激励对象可以作为样板，降低与中基层员工沟通的难度。三位股东非常认同这种策略，那就等做出新产品再去找投资机构。

李老师又说："事情还没完呢！在外部投资人进入之前，在公司治理上要做好迎接他们的准备，用规范的公司治理来倒逼完善内部管理，这样才能跟新的外部合伙人处好关系。今后随着公司发展还会继续开放迎接更多股权合伙人，咱们都要提前练好内功。现在就先从建立内部的董事会和监事会开始吧！"

齐总率先表示同意，还说："正好我们三个股东，每人一个董事席位，我就不客气当董事长啦！"

李老师说："齐总这个意见实际上不可行，如果三位股东每人一个席位，按董事会少数服从多数的决策原则，作为拥有绝对控制权大股东的齐总在董事会上就失去控制了。

"其次，董事席位的多少不是根据股东人数多少决定，而是根据股东的表决权多少决定。咱们公司如果设立三个董事席位，齐总占了70%的股权可以获得两个席位，鲁总和孔总两人合计30%的股权只能得到一个席位。如果齐总依然希望三个人都作为董事会成员一起开会，可以让鲁总作为第二大股东拥有一个席位，齐总可以将自己的两个席位之一委派给孔总，这样三个人都进入了董事会，主动权依然在齐总手中。万一齐总觉得孔总做董事不合适，可以按照程序推选新的董事。

"针对目前的情况，我建议董事会设三席，齐总和鲁总各占一席，齐总把自己的另一席委派给研发总监；同时公司设立两名监事，孔总和市场总监做监事。这样是在做两个铺垫：一是为外部投资机构进入后规范的董事会和监事会运作提前做演练；二是让两位总监参与到董事会和监事会当中，让他们在拿到股权后强化作为股权合伙人的身份认同感，了解更多公司的决策信息，他们自然就会把这种自豪感、对公司的认同感，以及公司的重要信息传递给他们各自的下属，为下一批针对部门经理级的股权激励做思想意识和文化氛围上的铺垫。"

鲁总说："那假如投资人进来了，我们的董事会席位怎么安排呢？"

李老师说："这是个未雨绸缪的好问题！如果设三个董事席位，正常来讲需要给投资人留一个，那就咱们出两个，由齐总和鲁总担任。您二位最好签署一份《一致行动协议》，确保站在一条战线上！如果设立五个席位，投资人一个席位，鲁总一个席位，齐总三个席位。齐总可以把另外两个席位，一个给孔总，另一个最好找外部的，能够有利于提升公司经营决策的，例如在医疗器械行业或者医院系统拥有良好资源和知名度的大咖，或者找我这样的企业管理专家也是可以的，哈哈！"

齐总说："只要李老师愿意，我们求之不得呀！"

【思考与启示】

创业者不仅是控制董事席位这么简单，还要充分发挥董事会作为权力中枢的上传下达作用，向上负责执行股东会决议，向下指挥经理层；对外尊重和保护股权合伙人权益，对内提升经营决策质量，为公司的快速发展凝聚人心，创造动力源！

当股东数量比较少，表决权比例悬殊较大时，产生董事席位不会有太多的分歧。当股东数量多了，表决权分散时，就需要设定明确的规则。《公司法》第一百零五条中对于股份有限公司的董监事产生的规则是："股东大会选举董事、监事，可以依照公司章程的规定或者股东大会的决议，实行累积投票制。"所谓累积投票制，是指股东大会选举董事或者监事时，每一股份拥有与应选董事或者监事人数相同的表决权，股东拥有的表决权可以集中使用。

例如，股东会需选举5名董事，甲股东持有10,000股，合计拥有50,000票的权利，甲股东既可以把50,000票全都投给某一名董事候选人，也可以分散投给几名董事候选人。采取这种方式比较有利于小股东，他们可以把自己所有的投票权，乃至若干人所有的投票权都集中起来投给某一名候选人，确保其能够当选。

2015年，康佳的中小投资者就充分利用网络投票和累积投票制，打破了原来7名董事全部由大股东华侨城提名的格局，使得中小股东与大股东华侨城在董事会的席位占比变成了4∶3，中小股东提名的董事席位超过了董事局成员的一半。康佳表示："这是本公司公司治理的一次重大变化，董事局需要花时间达成一致意见。"这导致选举董事会议的次日，为避免公司股价异常波动，康佳A股、B股暂时停牌，直至选出董事局主席、监事长。

《公司法》没有强制有限责任公司采取累积投票制。为了既避免纷争，又平衡各方利益，也可参考累积投票制提前约定董事席位的具体产生方式。

二、定好董事席位，还要设计合理的董事会决策机制

权利的行使不仅包括决策者的确定，还包括决策的事项和决策机制。创业者除了尽量多掌握一些董事席位，还必须学会优化调整董事会的职权，严格遵守董事会的决策流程，避免授予特殊权利对公司的伤害，这样才能设计出最适合公司发展的董事会决策机制。

首先，根据公司需求优化调整董事会的职权。《公司法》规定了公司的股东会层、董监事会层、经理层这三层中的人、事、财三大类权力如何分配，但这并不是不可变更的

图7-8 董事会职权与决策机制

强制性规定。《公司法》赋予了公司章程自行规定股东会、董事会、经理层其他职权的权利。所以，<u>创业者应充分发挥董事会承上启下的权力中枢地位，根据自身的需要，既灵活调整职权分配，也要将职权更加细化，增强落地性。</u>

例如企业的投资行为和重大资产的购买，在《公司法》中只是模糊地规定了股东会决定公司的投资计划，董事会决定公司的投资方案；重大资产采购体现在公司的年度财务预算方案中，同样是董事会负责制订，股东会负责审核批准。

运作成熟且规范的公司一般会在年初制订投资计划，然后走审批流程。但很多创业公司年初制订不出来投资计划，财务预算也是非常粗框架的，而商机瞬息万变。针对这种情况，可以考虑设计股东会、董事会，乃至经理层按照金额不同分级授权的模式，例如 30 万以下经理层决定；100 万以下由经理层制订方案，董事会决定；100 万以上必须提交股东会决定。

再例如《公司法》中规定董事会"制定公司的基本管理制度"，经理"制定公司的具体规章"。何为基本管理制度？何为具体规章？不同的人会有各自的理解，所以公司章程中也应规定得更加具体明确。例如，董事会应重点关注人、财、事，包括关键人才的任免与薪酬、基本的财务制度、公司的客户定位和产品线规划等重大事项；经理层负责业务流程与标准、员工行为规范等具体执行层面的规章。

其次，要严格遵守董事会的决策流程。它不仅影响决策的质量，也关乎决议的合法性。但很多创业者觉得自己已经是大股东了，并不重视流程的规范性。股份有限公司要求董事会要提前十日通知，有限责任公司的董事会则没有明确规定，会议结束后，还应当对所议事项的决定做成会议记录，并由出席会议的股东或董事在会议记录上签名，等等。

如果创业者不遵守这些规则，轻则会让其他股东和董事感觉不受尊重和重视，大家也无法充分参与重大事项的讨论而做出高质量的决策；甚至有可能因为决策程序有瑕疵导致相关决议无效。如果很久以后再提出，很可能连弥补挽救的机会都没有。

最后，要慎重授予某些董事特殊权利。创业公司在引入投资机构，以及一些有重大影响的产业合伙人时，由于对方有较强的博弈能力，不仅会要求董事席位，有些还会要求拥有一票否决权。一票否决权是对某一个股权合伙人权益的保护，但如果这种权利被滥用，会导致公司治理体系进入僵局，最终拖垮整个公司。

例如OFO在经营上陷入危机后，作为很可能了解内情的腾讯创始人马化腾在评论朋友圈中一篇分析OFO失败原因的文章时说"你们这么多分析文章，没一个说到真正的原因"，并明确给出他的理由是"一个veto right"，也就是一票否决权。

一般情况下，如果有投资机构拥有了一票否决权，后续进入且达到一定股权比例的投资机构也会提出相同的要求。OFO当时的股东结构复杂，有希望掌握公司命运的创始人戴威，有把OFO作为产业链布局的滴滴，有看中OFO巨大用户数量而作为支付入口和大数据来源的阿里巴巴，以及期待财务变现的经纬创投等财务投资机构，其中除了阿里巴巴，全都拥有一票否决权。在这样一个同床异梦又各自有一票否决权的董事会中，很容易因为有人使用一票否决权导致OFO内部难以形成决议，从而既没有实现OFO与摩拜的合并，也错失了其被滴滴并购的机会。

三、董事长是提升公司治理水平的发动机

一家公司刚成立时，靠创业者本人或者很少的核心团队闯出一片天地，这时候解决的是生存问题，大家日常关注的也是企业内部管理。当公司逐渐做大、企业的利益方越来越多时，创业者就要从繁杂的日常管理中分出更多精力关注涉及各个利益方的公司治理问题。

在很多公司中，创业者本人是大股东，由此获得了多数董事席位，成了董事长。创业者很容易认为股权的顶层安排结束了，但这只是搭建好了公司治理的结构，是从封闭走向开放、从"个人专制"走向"集体民主"的一个开

始。董事会是公司治理运行的中枢，董事长作为董事会的召集者和组织者则是发动机。如果创业者拿到了董事会的多数席位后只是走走形式，最多能达到控制他人不捣乱的目的，而要让大家凝心聚力、众志成城，必须利用好董事会这个平台和董事长这个角色，从以下几个方面导演一出公司治理的好戏。

首先，董事长要搭建好董事会的架构。一般而言，公司达到一定规模后，为了提升决策质量，董事会成员需要越来越多元和专业。由于受到董事总席位数的限制，又想让董事会的决策更专业化，可以采取设立董事会专业委员会的方式。每个企业可以根据自己的需要设立不同的专业委员会，比如行业竞争环境非常复杂多变的可设立战略投资专业委员会，周期性地根据环境变化检视和优化公司商业模式；有很多分/子公司或者门店的，可以设立审计专业委员会，指导财务部门对其监督，同时也审计董监事和高管团队；此外还可以设立薪酬激励委员会、提名委员会等机构，优化核心人才的进退和激励机制。

其次，董事长要组织好每次会议。一次规范成功的董事会会议必须遵守法定程序和企业自行完善的细则，需要考虑的有：会议召集程序是否符合规定，会议召集人是否合法，会议通知是否符合规定，会议主持人是否有资格组织会议，会议决议是否有效，等等。

容易被创业者忽视的是会议前的准备，最重要的有两点：一是会议提案的来源，提案可以是遇到的问题，也应有事关未来的前瞻性预判，只有充分地让多元化的董事积极提案，才能弥补创业者本人视野和能力的不足，避免因一股独大成为光杆司令；二是会议提案内容的准备，董事会只有形成可供经理层执行的具体决议，才能让公司的战略落地，董事们不仅要提出问题，还要为此做出充分的调研甚至草案，这样才能形成决议，避免议而不决。另外，应当安排董事会秘书具体推动执行，如果没有专职董事会秘书，建议至少安排一名助理或总监级人员协助，有一定级别和阅历的人才有能力与董事们对话，否则会变成单纯的文件收发员。

最后，董事长要把握好决策权开放的节奏。企业从封闭到开放过程中，决策权也是逐步走向"开放"的，为了让决策能被很好地执行，董事长还必须把握在什么情况下、在哪些事项上、在多大程度上把决策权"下放"给经理层，权力的下放可以参考本书第六章中对人权、事权和财权的分析逐步推进。股权开放考验的是创业者的胸怀，决策权开放则是在考验智慧。

第三节　运营主体经理层：公司价值的创造者与控制的终极对象

股东会作为公司的所有者，是最高权力机构，董事会是公司重大决策和运营推动的权力中枢，董事会的决议由经理层来执行。所谓公司价值，归根结底是拿着枪杆子能占领多大地盘的问题；所谓掌握公司的控制权，归根结底是经理层这个枪杆子听谁的话的问题。所以创业者必须打通公司治理体系的最后一个环节——经理层，才能实现整个股权合伙人生态的闭环构建。

经理层作为运营主体，首先需要着重关注法定代表人、经理和财务负责人这几个核心角色的产生和管理，其次要避免经理层凭借掌控创造价值的产业资源产生逼宫行为的可能，最后是要构建和激励强有力的经理层团队。

一、法定代表人、经理、财务负责人对股权合伙人生态的影响

在经理层，有三个角色很特殊或者非常重要，他们的产生方式和管理会直接影响公司或者股权合伙人的权益，创业者需要重点关注，他们分别是：法定代表人、经理和财务负责人。

图7-9 经理层构成

法定代表人

商业社会中，其他个人或机构与公司的商业来往不是通过任何一位提供资源的股东，也不是通过公司法人这个虚拟主体。<u>能代表法人从事民事活动的负责人是公司的法定代表人。</u>

公司发行的股票由法定代表人签名，公司盖章；公司有了诉讼，由法定代表人出面；法定代表人以法人名义从事的民事活动，其法律后果由法人承受。《中华人民共和国合同法》第五十条规定："法人或者其他组织的法定代表人、负责人超越权限订立的合同，除相对人知道或者应当知道其超越权限的以外，该代表行为有效。"总而言之，法定代表人有权代表公司做事情，而且一旦行为发生，在任何情况下公司都必须为其承担责任。

法定代表人既然有以上特别的权利，也要承担相应的重大责任。《中华人民共和国民法通则》第四十九条规定：

> 企业法人有下列情形之一的，除法人承担责任外，对法定代表人可以给予行政处分、罚款，构成犯罪的，依法追究刑事责任：
> （一）超出登记机关核准登记的经营范围从事非法经营的；
> （二）向登记机关、税务机关隐瞒真实情况、弄虚作假的；
> （三）抽逃资金、隐匿财产逃避债务的；
> （四）解散、被撤销、被宣告破产后，擅自处理财产的；
> （五）变更、终止时不及时申请办理登记和公告，使利害关系人遭受重大损失的；
> （六）从事法律禁止的其他活动，损害国家利益或者社会公共利益的。

其中法定代表人需要承担的刑事责任主要来源于"单

位犯罪"，即因企业违法犯罪，追究直接负责的主管人员责任的犯罪。常见的单位犯罪有生产、销售伪劣商品类犯罪，走私类犯罪，商业贿赂类犯罪，非法吸引公众存款罪，集资诈骗罪，侵犯知识产权类犯罪，非法经营类犯罪等。

此外，如果公司经营不善而纳入失信被执行人名单的被执行人，根据《最高人民法院关于限制被执行人高消费的若干规定》，人民法院应当对其采取限制消费措施，包括不能坐飞机、高铁以及星级酒店等，也不允许子女就读高收费的私立学校等。

由此可见，法定代表人是何等重要，创业者一定要慎重选择法定代表人。关于法定代表人如何产生，《公司法》中只是规定了"公司法定代表人依照公司章程的规定，由董事长、执行董事或者经理担任，并依法登记"，并没有规定如何选举法定代表人，创业者可以在公司章程或者股东协议中提前约定相关规则。例如约定董事长或者总经理等某个岗位人员做法定代表人，也可以约定符合条件的某一个具体人做法定代表人。

有些创业者为规避风险，不愿意担任法定代表人，还希望不影响公司的经营情况。这个问题在技术层面并没有很好的解决方案，只能靠找到一个无害又愿背锅的人，这种对他人的不公平，必定要以某种方式来补偿对方，这需要创业者自己衡量为此支付的"保险费"是否划算。其实我们不建议创业者采取这种方式，毕竟人心难测。谁真正负责经营，谁就担任法定代表人，让责权利统一。逃掉了该承担的责任，不仅潜藏了新的风险，而且别人对自己的信任也会悄悄地流失。遵纪守法、实事求是才是最大的保险。

经　理

《公司法》中公司经理层的负责人是"经理"，也就是通常所说的总经理、总裁、CEO。按照正常的公司治理规则，经理由董事会决定聘任或者解聘。但一般公司很难实现所有者和经营者分离，除非是资金密集型企业，或者以类似自然资源的开采资质、某个产品的保护性代理权等作为核心资源的企业。大部分创业公司中，创业者本人会发挥核心作用，创业者往往是大股东，同时还兼任执行董事和经理。

一般来说，在公司发展的过程中，创业者会逐步退出经理层。但要实现所有者和经营者的分离，存在一个悖论：如果创业者不能把公司经营好，就没办法交接给新经理，即使交出去了自己也不放心，对方也很难做好；而一旦把企业做好了，在此过程中创业者树立的权威、得到的信任和其能力已经使创业者和企业融为一体，企业对创业者的高度依赖使得新经理很难接手，或者接手后也很难掌控局面。要让股东、执行董事和经理逐步从三位一体变成各自独立的角色，首先取决于创业者个人的追求和意愿，此外也需要长期有计划的准备。

财务负责人

财务负责人只负责一个专业职能，但是有其特殊性：首先，财务负责人需要在工商局登记在簿；其次，要由董事会根据经理的提名，决定聘任或者解聘，由董事会决定其报酬；最后，公司的税务登记信息也必须填写财务负责人。为了起到相互监督的作用，公司的法定代表人不能兼任财务负责人。

除了上述基本规范，财务负责人在构建股权合伙人生态中也发挥着重要作用：很多创业者在公司初创时，因为忙于解决企业生存问题，也有一种"肉反正都烂在锅里"的思想，所以不重视财务工作，自己做出纳管住现金，然后找找记账公司应付一下完成财务报表，没有合格的财务负责人。

在这种情况下，对内无法以准确的财务核算提高经营决策的质量，也没有办法准确评价业务运行情况，当需要给某些股权合伙人设计授予股权的行权业绩指标时，自己连数据都拿不出来，又如何考核他人？对外也是一样的道理，如果无法提供准确的财务报表让他人了解真实的经营情况，就无法证明自己公司估值金额的合理性，凭什么能引入外部投资呢？所以规范的财务制度不仅是引入股权合伙人的前提条件，也是让大家明确各自责、权、利的依据。

二、如何避免经理层向股东会和董事会逼宫

前文一直强调，股权合伙人表决权的多少，其根本在于对公司资源贡献实力的博弈。不仅股权合伙人之间如此，经理层同样也可能存在博弈甚至逼宫的情况。

【案例解析】小股东吴长江为何可以凭一招两次让其他股东妥协

雷士照明创始人吴长江曾经两次作为小股东最终让大股东妥协，他凭借的是什么方法呢？

第一次，他把初创伙伴赶出了公司，拥有的股权从0变成100%。

1998年，吴长江与两名高中同学胡永宏、杜刚创办了雷士照明，其中吴长江拥有45%的股权，胡永宏、杜刚各27.5%。吴长江作为总经理，全面负责生产和渠道，公司经营也蒸蒸日上。到了2005年，吴长江因为公司分红和战略等问题与胡永宏、杜刚产生了严重分歧。吴长江一气之下说要把自己的股权以8000万卖给胡、杜两人，他离开雷士照明。

但正当胡、杜两人准备接手公司时，发现吴长江已经另行召集经销商、供应商和中高层干部开会，全国各地经销商强势介入了雷士照明的股东纠纷。最后的结果是经过五个多小时的协商，两百多名经销商举手表决，全票通过吴长江留下，胡、杜两人只能在股权协议上签字，各自拿8000万元离开雷士照明。

吴长江初期从已经表示自己拿钱离开，可以说股权变成了0，却借助经销商和供应商的强力支持，又成功逆袭赶走了另外两名股东，获得了100%的股权。

第二次，他被董事会开除，又被董事会请回。

雷士照明的吴长江要给胡永宏、杜刚支付巨额股权转让款，还要为公司发展筹集资金，虽然经过数轮融资成功完成了上市，但在此过程中，频繁融资导致股权稀释过快，吴长江沦为二股东。上市后为了股权变现，他又引入了国际电气巨头施耐德公司。施耐德进入后对业务的深度介入引发吴长江的不满和担忧，双方多次产生冲突。

到了2012年，由于意见不和，吴长江不遵守公司治理规则，大股东阎焱索性把吴长江赶出了雷士照明，自己出任董事长，原施耐德的高管张开鹏任CEO。由于吴长江的股权比例低，在法律层面也无力阻挡自己的出局。

后来，不仅雷士经销商开始罢市，核心供应商也停止向雷士供货，内部多名高管离职，原本公司内部股东的纠纷再次引发了上下游合作伙伴的介入。没多久，吴长江现身，动员供应商恢复供货，部分供应商表示会响应吴长江的提议。这场风波持续了一年后，雷士照明发公告：吴长江正式重返雷士董事会。吴长江再一次利用对公司核心的资源——供应商和经销商体系的控制完成了逆袭。

【思考与启示】

吴长江作为小股东，在两次股权纠纷中本来都处于劣势，但是他以经营者的身份长期积累下来了对公司产业资源的控制能力，以此作为与大股东和董事会博弈的筹码并取得胜利。暂且不从道德层面评论，仅就商业结果看，这说明一家公司的真正控制权并不是纸面上的股权，而是谁实实在在具有把握公司发展命脉的资源和能力。

经理层要逼宫，一是要有逼宫的动机，二是要有逼宫的实力。想要避免这样的局面，要从意愿和能力这两个条件入手解决。

首先从动机方面看。经理层选择逼宫往往是与创业者就某些事项发生了矛盾，同时又不选择离开公司，希望按照自己的意图主导公司运营，大体有以下两种可能：

一种可能是经理层对收益不满，希望通过逼宫或者参与逼宫获得利益。例如国美电器的股权之争中，陈晓之所以能得到很多管理层的支持，与其在引进资本的同时针对高管推出了大规模的股权激励政策不无关系。后来，黄光裕方面为了"策反"管理层更是加码股权激励，表示将建议董事会优化和延展股权激励方案，并分期适当扩大激励规模，让更多国美员工分享企业发展所带来的成果。所以，创业者为了消灭逼宫的动机，不如早早做好股权激励等形式的利益分享安排。

还有一种可能是创业者领导力差又一意孤行，格局视野不足以服众，甚至个人行为不端等，都可能造成经理层逼宫。因此，提升自身能力与修养，保持与团队的良好沟通，保持好信任关系，是创业者永远的命题。

其次从能力方面看。经理层不会选择以卵击石，必然是有一定获得胜算的筹码才会行动，所以需要了解哪些筹码会导致逼宫行为。

在大多数情况下，如果创业者亲自主导经营，经理层并没有逼宫的机会。当创业者退居二线远离经营后，诸如核心供应商或者经销商等决定公司命运的无形核心资源就会逐渐掌握在经理层手中，这时一旦创业者和经理层发生矛盾，这些核心资源就容易成为经理层逼宫的筹码。上述案例中吴长江第二次逼宫成功，本质就是因为作为大股东的资本方并不控制经销商这一核心产业资源。

<u>要避免这类情况，一是选择适合的股权合伙人，二是要把核心产业资源分类、分层、渐进释放，在内部形成制约机制，且必要时创业者可以亲自掌握一些核心资源；三是逐步把企业从依靠资源、关系、人员发展，转换成依靠公司的资质、品牌、文化等无法转移的资源发展</u>。公司的<u>平台能力提升了，降低了逼宫者的不可替代性，自然就可以做到不战而屈人之兵</u>。

三、如何组建和激励经理层团队

公司董事会要真正执行落实股东会的决议，一是定好战略，二是搭建好经理层的班子。在很多创业者本人担任CEO的企业中，需要搭建并激励好辅佐自己的经营团队，把他们都变成自己真正的合伙人。

关于如何组建和甄选经营团队成员，可以参看本书第三章中的创业合伙人画像部分。在此重点谈一下针对经营团队的激励与管理体系的匹配性问题。很多创业者在处理经营团队激励时，最先想到的，也认为最有效的是股权激励，这种愿意分享的胸怀和诚意值得提倡，但还必须要了解使用股权激励的前提条件。

【案例解析】地产公司的股权激励，想说爱你不容易

A集团在某地级市有众多产业，包括制造、汽车销售、酒店等，由于是当地的利税大户，得到了政府的支持，同时因为在当地有深厚的社会关系，集团创始人张总进入了房地产开发领域。因为房地产涉及资金比较大，所以安排他弟弟亲自坐镇，目前同时在做几个楼盘，为此还设立了三个项目公司。

面对众多的产业，张总感觉仅靠常规的管理和激励模式实在太辛苦，于是开始在整个集团逐步推进股权改革，并首先选择在房地产业务板块动刀。因为看到万科采用的事业合伙人制以及项目跟投机制取得了非常好的效果，张总决定向标杆学习。人力资源部从网上找来类似的文件模板，发现内容并不复杂，就开始根据公司的情况修订。

他们首先给地产总部的高管授予股票期权，如果完成业绩可以正式行权获得股权，行权后可以获得收益权；在项目公司则是开放20%的股权让高管跟投，由于很多人反映资金紧张，支付能力有限，所以就降低股权比例，把出资金额压缩至折合一两个月的工资，然后就开始实施了。

可是运行了大半年后，除了授予股权时热热闹闹搞了一次授予大会，大家表达了与公司同生共死的决心，之后张总几乎没感觉到实际工作有什么变化。别人用得好好的方式，自己用为何就是这种结果呢？

张总把方案给李老师看，请教哪里有问题。李老师了解了一下公司的业务管理模式和员工薪酬状况，然后告知张总：这方案没有明显硬伤。张总更加困惑了。

李老师说："您想充分激发员工的工作激情，就像是引爆一包炸药。方案只是雷管，没有它肯定不行，但只有方案也炸不了。您的问题不在于方案，而在于现有管理体系这个炸药包不支持这套方案。

"咱们公司搞地产开发，您亲自负责协调拿地和银行资金问题，这是最重要的两个要素。内部运营对最终利润影响最大的一是成本，主要是大额的采购；二是收入，也就是房屋销售。这两个事情都是您弟弟亲自负责，也就是说，您对经理层设定的考核指标，其实80%以上的影响因素他们并做不了主，发挥不了作用。

"站在他们的角度，即使有一颗红心，是不是也会感觉无用武之地？当然，您的安排我也能理解，万一个别人有的不是红心而是糊涂心甚至黑心，不论是一意孤行把事情做砸，还是利用职务之便个人捞好处，对于公司都是巨大的损失。例如借职务之便在采购方面捞3%的好处，上亿的规模就是300万，咱们股权激励呢？自己还要掏钱，就算做得好，分红也不过大几十万。一个是动动歪脑子就肯定能得到，还不容易被发现，一个是要殚精竭虑协调内部关系，还要看政策变化、竞争环境等因素是否支持而不一定能实现，这个确实考验人性！

"这种情况员工肯定是清楚的，但作为下属，人家不能向大老板的弟弟要如此敏感的职权，所以就能理解为何很多人都说资金紧张了。潜台词就是：您提的业绩要求，最重要的影响因素我们也做不了主，能做主的就算好好干也影响不了多少。所以对于暂时不用掏钱的股票期权那就答应着，到需要掏钱的时候再说；对于现在让掏钱跟投的，因为也不想为此换工作或者得罪老板，那就尽可能少掏钱来降低风险。

"张总现在也应该能理解为何万科推出一样的方案效果好，而咱们就没有那么理想了吧？万科的很多楼盘所在地块的位置并不好，所以他们一直致力于通过提升组织系统能力和职业经理人能力来加强市场竞争力。公司打下了业务流程、标准和监督审计体系方面良好的基础，就不担心下放了权力会滋生腐败。而职业经理人因为确实拥有了运营整个项目的权力，所以他们能够也愿意承担整体的责任，这时再加上股权激励、项目跟投等激励工具的雷管，员工工作激情的小宇宙才会爆发！"

张总听后恍然大悟，原本只是心想跟大家分享利益，居然还有这么多道道，自己的一片好心搞得大家还为难了。

张总说："您告诉我这次不成功的原因，价值比给我做个方案还要大！我们接下来要苦练内功，完善内部管理机制，然后再逐步授权，让员工承担能够承担的责任，以此再匹配对应的利益激励，这就是责、权、利匹配的内涵吧。我也要跟我老弟说，他也要慢慢往后退。这个企业如果只姓张，肯定是做不大的！"

【思考与启示】

企业要成功推行任何一项管理方案，都要考虑自身的实际情况，确定方案的深度和力度。激励经理层的核心在于根据企业的管理基础，选择与承担责任、下放权力相匹配的利益激励模式，需要重点考虑激励的目标、考核的指标和激励的方式等因素。

第一，激励的目标：激励人还是完成事？

当询问创业者针对经理层推出各种激励措施的目的是什么，很多人回答是为了让他们更用心、更负责，把公司当成自己的。这等于说：为了激励人而激励人，相当于没有回答。如果只是激励了人，却没有就某一个目标形成合力，企业依然得不到好的结果。所以，推出任何一个激励方案前，一定要首先明确要完成什么样的事。这样才能确定到底要激励哪些人，谁为主、谁为次、谁是无用的，以及每个人应该基于总目标定哪些考核指标等问题。

第二，考核的指标：经理层一定要考核利润吗？

虽然企业在财务上的最终目标是创造利润，经理层又是创造利润的实际操盘者，但并不等于对经理层的考核指标就只是利润。由于公司使命与定位、经理层的实际职权界定、公司发展阶段等原因，对于经理层的考核可能是利润，也可能是因公司正处于市场开拓阶段而选择考核销售收入或者客户流量，或者因没有给经理层销售定价权而对其重点考核成本控制。总之，具体指标是灵活变化的，不变的是公司的长期价值必须是提升的。

第三，激励的方式：给足股权就可以了吗？

经理层必须关注公司的长期价值创造，短期固定薪酬的占比不宜过高。通常情况下，固定的年薪占其总收入的比例应在60%以下，所以用股权去激励经理层是最多采用的方式。限制性股权、股票期权、虚拟股权等形式都可以灵活应用，具体如何选择适用的股权模式，在本书第五章有详细介绍。

<u>任何一种激励手段是否能奏效都是由具体的被激励人决定的，选择激励方式时也要尊重被激励人的偏好。</u>例如某位首席技术官只想得到 80 万的年薪，对股权完全不感兴趣，要求不论怎么考核必须保证 80 万年薪，对额外奖励没有任何要求。背景调查显示，以往的工作经历中，他一直兢兢业业，择业都是因为对工作内容本身的喜爱。在这种情况下，只要对他的能力充分认可，他又是不可替代的稀缺人才，满足其固定年薪的要求就是很好的解决方案。

第四节　小结与思维进阶

股东会层、董监事会层和经理层是打造股权合伙人生态、自上而下的三层抓手。每一层都由代表不同利益的人组成，大家为了实现最终的共同利益而合作，在合作中为了最大化自己的利益又存在博弈关系。所以要处理好这种合作型博弈，创业者必须建立博弈思维，不仅要理解三个层级之间的博弈，还要理解每个层级中各个利益主体之间的博弈。

公司的股权合伙人率先投入了自己的资源要素，他们怀着美好的憧憬，也承担着巨大的风险。所以在一家公司里，由他们构成的股东会位于公司治理结构中的最上层，也成为权力的原点。不论是维护个人权益，还是表达个人意志，股权合伙人都要通过其表决权对重要事项投票来实现。在股东会博弈的焦点是根据贡献资源、能力而获得的表决权。因为表决权不仅决定了股东会的重要事项，也决定了下一层级董事会的人员构成。

董事会是股东权力的延伸和股东会闭会期间的重大经营决策机构，也是公司所有者与经营者之间的权力中枢。股东会需要股权合伙人以贡献的资源为门票才能进入，是一个相对封闭和刚性的群体；而董事会则应以保护股东权益和实现公司价值为目标，建设成为一个汇聚天下智囊的开放系统。在董事会博弈的焦点是以董事席位数量获得对重要事项的决策权。

经理层是公司治理结构的底层，看似权力最小，但在公司发展过程中，经理层会成长为真正掌握产业资源的人，话语权会越来越强，甚至成为影响股权合伙人生态落地的反制力量。在经理层博弈的焦点是以产业资源的掌控力获得的利益分配权。

一个人与他人连接互动时，合作与博弈是一体两面。从价值创造来看，只有在一起合作，所创造的整体收益才能大于每个人单独经营所创造的收益之和；从价值分配来看，每个个体又必须通过博弈去获得更多属于自己的收益。

所以，在日常工作生活中，既需要敞开胸怀积极与他人合作做大蛋糕，也需要建立博弈思维，按照责、权、利对等的原则维护自己的权益，这样才能保持长久的共创共赢关系，在合作中彼此成就！

第八章　规则思维：
处理股权问题时的财、税、法

不以规矩，不能成方圆。

——《孟子·离娄上》

企业发展的过程是一个股权不断被稀释、股东的数量和类别都在不断增加的过程，也是一个从内部走到外部、从封闭走向开放的过程。股权具有双重属性，它既有与企业内部管理相关的个体属性，也有对社会公示、按章纳税、受国家相关法律和政策监管的社会属性。

企业处理股权问题时，必须遵守相关的财、税、法规则。如果不重视这些规则，轻则导致股东之间产生纠纷、影响公司上市等资本运作，重则导致违法犯罪。所以，创业者必须建立规则思维，在经营上有所为的同时，还要知

图8-1 工具思维之财、税、法

道在财、税、法方面有哪些不可为，或者必须怎么为。最起码不要因为无知而妄为，自己埋下难以排解的大雷。如果能做到运筹帷幄、提前布局则更好！

所谓财，指的是企业的财务规范、财务状况；税，主要指跟股权相关的纳税责任、税收政策、税收优惠等；法，主要指与股权相关的法律规范和法律风险。本章以企业发展的各个阶段为顺序，以终为始地帮助非财、税、法专业的创业者建立关于财、税、法的大局观，了解企业发展每个阶段的财、税、法面临的主要问题是什么，帮助创业者从顶层了解处理股权问题的特点、重点和难点，并给出具体的指导原则与方法。

第一节 企业处理财、税、法问题的六个阶段场景

为全面展示企业不同阶段或场景下如何处理股权相关

财、税、法问题，我们将企业发展中关键的股权节点划分为公司初创、合伙人的进入与退出、员工股权激励、融资、IPO 和上市后六个阶段，如图 8-2 所示。

| 企业初创 | 合伙人的进入与退出 | 员工股权激励 | 融资 | IPO | 上市后 |

————内部股东———— ————公众股东————

图8-2 企业发展阶段示意图

1. 公司初创。几个合伙人共同出资成立公司，需要进行股权的第一次分配，合伙人的股权从无到有，这是发展的起点。此时应关注股权结构的合理性，并给未来发展预留弹性空间。

2. 合伙人的进入与退出。初创阶段即遇到完美的创业合伙人、一路相伴到企业上市的概率非常低；合伙人来来往往，不断进入与退出才是常态。如何迎来送往是创始人的必修课，要在离别中学会处理各种股权问题，好聚好散。这里的合伙人包括资金合伙人和参与股权激励的员工等各类合伙人。

3. 员工股权激励。企业发展相对稳定时，可向核心员工开放股权，做一轮或多轮的股权激励计划。这时要关注股权激励方案与管理体系的适配性、激励性以及各种成本。

4. 融资。也就是引入资金合伙人，是企业发展的里程碑之一，意味着企业有了被市场认可的定价，离资本市场又近了一步。此时要关注股权设计中的控制权、定价以及各项协议条款。

5.IPO。融资之后，在资本道路上成功的重要标志就是IPO成功（当然，也有部分坚决不上市的公司）。IPO阶段最重要的是按照监管要求，提前准备、适时调整股权方案。

6.上市后。企业成功上市后成为公众公司，彻底步入"公天下"的状态。不仅股东人数会呈几何级数增加，还要遵守资本市场的规范，承担对公众股东的责任。公司在财务、税务、法律方面比之前会有更全面和严格的要求。

虽然并非每个企业都会按照这个顺序逐一经历以上六个阶段或者场景，但大多数公司的发展基本会涵盖这些场景。接下来将逐一就每个阶段要处理的与股权相关的财、税、法问题提供针对性的操作要点。

第二节　企业初创

企业在初创阶段通常处于杂乱无序的状态，在巨大的生存压力之下，企业的一切动作都围绕着市场和业务展开，再加上人手不够等原因，初创阶段很多创业者都有"等企业大一点儿再去考虑规范问题"这样的认知误区。

然而企业是有基因的，尽早了解财、税、法方面的合规性要求，不仅可以在当前受益，未来也能省去很多补救的代价。创业者在初创阶段就应以促进业务发展为准则，做好财、税、法方面的规范工作。

一、"业财融合"是初创阶段验证商业模式的有力武器

很多初创企业没有专业的财务人员，仅由兼职人员做账，也没有准确的财务报表，只有记录收支的流水台账，甚至有的公司连流水台账都错乱、缺失，还存在创业者个人和公司的银行账户混用的问题，等等。

这种状态的形成有三个方面的原因：首先是意识层面，创业者可能认为只有企业发展成熟后才有条件、才能把财务做规范；其次，由于生存压力需要控制成本，所以不愿意增加财务管理成本；第三，有些初创企业股东之间的原有关系紧密，例如夫妻店或者亲朋好友，这种人际关系信任感非常强，所以前期大家可能只注重出纳，把钱管住、管好，认为没必要做特别细的账目。

初创企业最重要的使命是验证自己的商业模式，而所有的商业假设都需要数据支持，财务数据反映了企业全面的经营状态，能够为商业模式的验证和持续优化迭代提供有力支持，这就是"业财融合"。在此阶段不一定需要非常

繁杂的报表体系，也未必要上一套齐备的财务软件，只要能够满足通过业务和财务数据验证商业模式即可。

【案例解析】新店真的不需要财务管理吗

某医美连锁企业进驻新城市开立分店，为了节省成本，新店没有配置专职财务人员，仅安排了一名兼职的会计，老板杨总亲自做出纳。一年下来，分店每月平均流水20万左右，基本超过了盈亏平衡点。杨总认为新店走势良好，对来年的业绩充满信心。

年初股东会商量明年工作计划时，杨总提出明年要重点加大在美团、新氧等流量平台的投入。小股东李老师说做营销投入没问题，但还是要算算账，看看投入产出比是不是划算，于是提出了下面几个问题：

1. 当前门店的销售费用在营业额中的占比是多少？线上和线下各占比多少？

2. 公司为线下渠道付出的营销推广费用和员工提成费用分别是多少？单个到店客户的获客成本如何？到店后购买套餐的转化率有多高？

3. 新氧作为线上渠道，市场的单个获客成本如何？与美团和线下获客相比，获客成本和客单价有没有优势？

这些问题一下子把杨总难住了，反思过去一直在忙忙碌碌做业务，确实疏忽了数据积累，目前仅有罗列了所有收入、支出的流水账，各种费用支出并没有分科目入账，收入也没有区分渠道来源。在这种情况下，其实不论是怎么做营销投入，都是一种凭感觉的赌博。

于是李老师帮助杨总重新规范了财务，首先要求每一笔支出和收入都按照会计标准计入对应科目，而且要根据公司销售渠道细分，并对每一个渠道来的客户做好标签，这样就能准确了解任何一个渠道获客的成本、客户的类型、客单价情况、转化率的高低、长期价值的多少等。

按照这个思路对原有的数据全部重新细分登记和分析后，杨总做了以下改变：因为客户类型和客单价与公司现有产品体系不符合，所以果断放弃了原本准备加大投入的新氧；继续保留并适当加强能带来基础性客户的美团的投入；其余的营销资金则根据社区店的定位，投向了传统的电梯和户外广告。

【思考与启示】

商业模式是否可以被市场验证，这些关乎初创企业存亡的问题不能靠直观感受去下结论，也不能只从客户数量、进账多少等片面信息去判断，因为这样有可能只反映出表面的欣欣向荣，却隐藏了潜在的机会与危机。

只有与业务深度融合的财务数据，才能帮助企业发现不合适的渠道，筛选和淘汰没有价值的产品，及时调整业务方向。财务作为职能支撑部门，同样可以创造业务价值，这就是"业财融合"的魅力。

二、企业、股东税收早筹划

法网恢恢，疏而不漏，税务规范化是不可逆的大趋势。企业的节税筹划必须在合规合法的前提下进行，合理利用税收优惠政策，这是贯穿整个企业发展周期的基调。

初创阶段的税收筹划可以从股东个人、企业两个方面着手。股东个人方面主要是出资问题，企业方面主要是对注册地、企业性质、纳税身份的选择，这是当前及以后的纳税依据。

股东在初创阶段的税收筹划

股东从获得股权开始就承担了与股权相关的纳税义务，主要体现在获得股权、持股获得分红、股权转让几个环节。本小节主要讲前两个环节的税收筹划，股权转让问题比较复杂，统一放在本章第二节里详细说明。

1. 获得股权时的税收

股东出资并获得公司股权，这是税收的起始点。股东主体性质和出资类型会影响税收的缴纳。

使用货币出资，自然人股东和公司型股东均无须缴纳所得税。

使用非货币性资产出资需要缴纳所得税。例如土地使用权、知识产权、技术专利等，这在税收上会被视为两步：第一步，转让资产获得货币资金；第二步，使用货币资金出资。因此，第一步的转让行为有转让所得，股东应缴纳所得税。

国家为鼓励投资实业，考虑到以非货币性资产投资的纳税人投资时并没有取得现金收入，缺少缴税所需的现金，因此对这一类投资有分期缴纳的税收优惠政策，具体如下：

> 自然人股东以非货币性资产投资，一次性缴税有困难的，可合理确定分期缴纳计划并报主管税务机关备案，自发生应税行为之日起不超过5个公历年度内（含）分期缴纳个人所得税。公司股东自确认非货币性资产转让收入年度起不超过连续5个纳税年度的期间内，分期均匀计入相应年度的应纳税所得额，按规定计算缴纳企业所得税。[1]

---

[1] 参见《国家税务总局关于非货币性资产投资企业所得税有关征管问题的公告》（财税〔2015〕33号）。

2. 持有股权获得分红时的税收

企业发展壮大有了利润，给股东分红，这是股东获得投资回报的重要方式，股东获得分红须缴纳所得税，具体缴税政策为：自然人股东按照"利息、股息、红利所得"缴纳个人所得税，适用税率为20%，公司型股东获得的分红可免征企业所得税，有限合伙企业型股东不征收企业所得税。

无税务影响

股息分配

个人 → 个人所得税 "利息、股息、红利所得"，20%

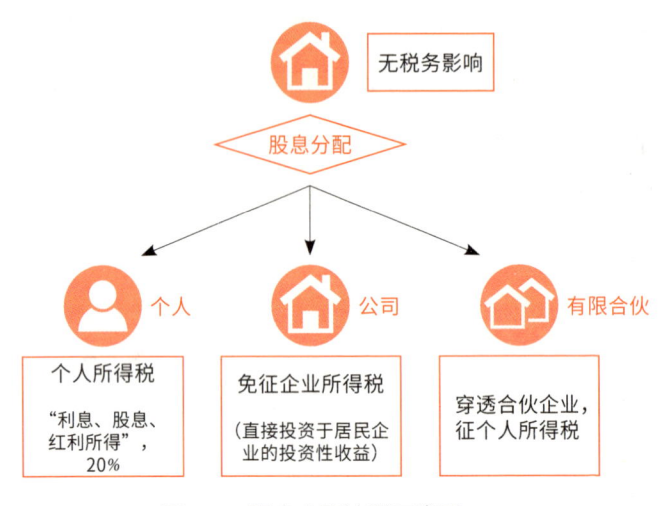

公司 → 免征企业所得税（直接投资于居民企业的投资性收益）

有限合伙 → 穿透合伙企业，征个人所得税

图8-3 股息分配涉税示意图

初创企业可做的税收筹划

<u>企业的注册地、组织形式、纳税人身份等都会对税收产生长远影响，而且未来也不容易改变，这方面的税收筹划创业者应高度重视。</u>

1. 注册地选择

全国各地的招商引资政策及发展规划不同，导致各地的税收政策有很大不同，有些地区会出台免征、减征、返还等形式的税收优惠，优惠力度大的地区逐渐形成了"税收洼地"。创业者在成立公司时，如果选择税收洼地作为注册地，相当于多了一部分收入。

免征：对某些特定的产业实行税收优惠，税率降低、符合条件的生产设备免征关税。

减征：年纳税额达到一定级别，增值税和企业所得税返还，返还比例不等，高的地区可达到30%以上；实行N免N减半的策略（如五年内免征企业所得税，五年后减半征收）。

返还：对企业员工的个人所得税给予一定比例的返还。

税收洼地的政策非常有吸引力，但仍应注意以下三点：一是要详细了解具体的税收优惠政策，例如获得优惠的最低纳税额、其他可享受优惠的限制条件等；二是优惠政策一般是阶段性的，要大概计算自己公司真正产生大量利润时优惠政策是否终止，否则企业并不适合随时跟着优惠政策搬迁；三是过程中有哪些隐性成本，详细内容可参考本书第七章第一节"提升表决权的出奇之术"中的案例解析"你知道用有限合伙企业做持股平台有哪些成本吗"。

除了在国内注册，如果企业在海外有业务，或是已规划好未来选择在海外资本市场上市，也可以考虑在海外的"避税天堂"注册。它们主要通过税种调整[1]、征税范围调整[2]、税率调整[3]等方式进行税收优惠。当然，这也不意味着没有任何风险。

第一，许多公司海外注册会通过中介完成，有一笔中介费用；如果遇到不靠谱的中介，更换中介又是一笔不小的成本；第二，海外注册公司有常规的维护成本，如注册地址使用费等；第三，部分地区的特殊要求会引发成本增加，如某些地区对于股东、董事的国籍及数量有要求引发的人力成本，这部分成本可能在成立初期难以预料到；第四，如果公司将来要回到国内的资本市场，会有拆除海外架构的成本。

所以，在此建议企业务必在注册前核算清楚税收优惠能否覆盖成本，认清利弊后再做决定。

2. 企业组织形式选择

<u>企业的组织形式有公司制、合伙制、一人独资等多种形式，不同形式的税收政策不同。</u>通常情况下，公司制企业的税收成本是最高的，在所得税方面需要同时缴纳企业

---

[1] 税种调整，指减免部分税种的征收，如不征收企业及个人所得税，改收关税、财产税等。
[2] 征税范围调整，指缩小征税范围，如对海外的业务不征或者少征税等。
[3] 税率调整，指对当地业务采用较低的税率。

所得税和个人所得税；合伙制企业和个人独资公司仅有一道税，即个人所得税。[1]

这并不表示初创时创业者应该选择合伙制或者一人独资的组织形式，因为税收成本仅仅是需要考虑的因素之一，并不是最关键的因素。企业还应考虑股东个人与企业的风险隔离情况，比如有限合伙企业的合伙人须承担无限责任，安全系数相对较低；公司制企业由于有风险隔离，股东个人仅承担有限责任，因此股东的安全系数更高；考虑组织未来引入投资人、走向资本市场的包容性等，通常来说，公司制企业更有利于多元化的股东结构。

<u>综合来看，除了一些特殊的行业，如会计师事务所、律所会选择合伙企业运作，公司制企业是大多数企业的最佳选择。</u>

3. 企业纳税人身份选择

<u>企业有小规模纳税人和一般纳税人两种身份。</u>小规模纳税人发生增值税应税销售行为，合计月销售额未超过 15 万元（季度销售额未超过 45 万元）的，免征增值税，但不能进行增值税抵扣。[2]

对很多初创企业而言，增值税的抵扣量较小，能直接

---

[1] 各类型的<u>企业都需要缴纳增值税</u>，此处不再专门列出来比较。
[2] 参见《国家税务总局关于小规模纳税人免征增值税政策有关征管问题的公告》（2021 年第 5 号）。

免征一部分税是更加实惠的，所以建议初期尽量保留小规模纳税人的身份。随着企业发展，若年销售额小于500万元，但会计核算健全，能够提供准确的税务资料，企业可以主动申请变更为一般纳税人。一般纳税人可以进行增值税的抵扣，但不可再享受优惠。处在这个阶段时，建议创业者做好测算，确认变更后在税收上更优惠或者有其他更大的好处，慎重比较后再做出选择。

三、降低法律风险必须会说丑话

几位志趣相投的股权合伙人共同成立公司后，一般会经历非常融洽的"蜜月期"，很多人可能会以为一时的"甜蜜"可持续，很难在此时开口分权分利。无数事实证明，"丑话说在前头"才是减少纠纷的更好办法，务必在初期把包括本书第七章中的公司治理规则，如确定各位股权合伙人的股权模式、表决权、收益权比例、约定具体行权条件等，都在公司章程中明确约定。此外，还应特别注意以下这些问题。

出资到位是"最真情的告白"

股东的出资是股东获得股权的根据，也是初创企业生存和发展的资源，出资的重要性要求所有股东必须出资到位。然而,由于初创阶段企业管理的不规范,以及股东个人的种种原因,可能会出现各种各样的出资问题。

比如企业为了减少管理成本不愿多次做变更,提前按照约定的股权比例一次性变更完成,但部分股东没有在约定好的日期出资到位,甚至只出了一部分或者完全不出资;再比如部分股东使用知识产权、土地使用权、专利许可等出资,但公司后来才发现当时对无形资产的评估虚高,股东出资不足;再比如股东实际出资了,但资金没有进入公司账户,工商上没有变更,依然是认缴状态,等等。

规避出资风险可以从三个方面着手预防。第一,在合伙成立公司前,要对股东的出资能力做一定的调查,若是无形资产,更要做好评估,避免股权已经完成变更但出资并未到位的情况发生;第二,按规则办事,该进入公司账户的资金必须进入,该完成状态变更的必须要变更,尽量避免管理瑕疵,做到不埋雷;第三,务必重视出资协议,要明确约定出资的期限、与出资有关的各种违约行为以及违约方应承担的赔偿责任等,协议条款越具体、越明确,越有利于双方遵守以及获得法律的支持。

量身定制公司章程

公司章程相当于公司的宪法,股东权利的实际行使依赖于公司章程的规定。公司章程对外起到公示作用,对内是股东的最高行为准则。实际操作中，大部分公司的注册基本依靠代理公司完成，可能公司已经注册完成了，股东还未通读过自己的公司章程，自然也不可能根据实际情况修改工商提供的通用模板。创业者和合伙人应当充分重视公司章程，量身定制自己的公司章程。公司章程中应重点明确约定下列条款：

1. 表决权条款。表决权是股东极为关注的权利之一，各股东的表决权比例，是否需要在初期约定委托投票或者约定一致行动，都需要考虑。比如《公司法》规定部分事项须持表决权股东三分之二或二分之一以上表决通过，自己的公司是否需要调高这个标准变成70%甚至更高。

2. 收益权条款。通常情况下，股东的收益权比例与持股比例相同，但是创业者也需要思考这些问题：是否需要做特殊约定，使收益权比例不等于持股比例？公积金提取比例是否要另行约定？是否需要为了公司的发展，约定几年内不分红？或者为了稳定股东，是否约定最低的利润分配比例？

3. 重大事项条款。《公司法》规定部分事项须持表决权股东三分之二或二分之一以上表决通过，创业者还需要考虑是否增加额外的、公司特有的事项；未来引入新投资人、员工股权激励，由所有股东同比例稀释，或由部分股东转让。

4. 动态股权条款。避免老股东不继续做贡献、新股东不平衡，当前的股权比例是否随着股东贡献的变动而变动，动态股权的机制是什么样的。

5. 股东退出条款。是否约定股东一定期限内不得退出？是否约定股东需退出的触发条件？各种情形下的股东退出价格如何？

6. 竞业禁止条款。股东的竞业限制及违约责任。

若由于工商方面的规定导致无法对模板文件做特殊修改，也必须有对应的内部股东协议载明以上各项约定。

土豆条款：防不胜防的风险

合伙成立公司是股东之间的决策，这事与股东的婚姻关系、配偶情况有关系吗？很多人第一反应可能是不相关，实际上是相关的。股权作为一种特殊的权利，它同时兼有财产权的属性，可以作为婚姻内共同财产的一部分参与分割，这使得股权结构的不确定性骤然加大，甚至可能因股东的个人婚姻情况处理影响到整个公司的发展。

2010年11月初，土豆网向美国证监会提交了IPO申请。提交申请次日，创始人王微的前妻杨蕾向上海市徐汇区人民法院起诉王微，要求分割双方婚姻关系存续期间的财产。由于婚姻期间的股权属于夫妻双方的共同财产，所以法院冻结了王微名下三家公司的股权，其中就包括土豆网95%的股份。

这件离婚案导致土豆网的股权出现了重大权属纠纷，土豆网的上市进程因此也受到了严重阻碍，最后不得不选择与优酷合并，一众合伙人的利益因此遭受到了不小的损失。后来，投资协议中股东婚姻关系对股权所属关系影响的相关条款就被戏称为"土豆条款"。

为了避免此类风险的发生，建议企业股东提前与配偶做好股权归属及处分安排的约定，这种约定可以有三种方式。

第一种，约定股权为股东的个人财产，不参与离婚财产分配。此方式相当于让配偶提前放弃这部分财产，这需要巨大的沟通工作和对方极高的配合度。第二种，约定股权为双方婚内共同财产，当离婚时，配偶一方不获得股东资格，仅获得财产收益，股东享有优先购买权。第三种，约定股权为双方婚内共同财产，当离婚时，配偶一方可获得股东资格，但不享有表决权，须与股东或其他指定的人签订《一致行动协议》或《投票权委托协议》。

这三种方式各有利弊，不同的企业、不同的个人对不同方式的接受程度也不相同。处理该问题时，不必抱着某一种方式最好、必须按此种方式处理的态度，应该根据当下的实际情况做出让多方相对满意的较优选择。

股东与公司隔离去风险

公司成立后即拥有了独立的身份和人格，股东个人与公司之间有天然的风险隔离，但若不加以重视，股东有可能在参与公司运营时触犯法律和承担刑事责任。这是股东不愿意看到的局面，因此务必在企业初创阶段了解清楚股东可能触发的刑事风险有哪些，以便做好预防。常见的刑事风险有以下几种。

如股东利用职务上的便利，擅自将公司资金挪作他用的挪用公司资金罪，因此股东须做好公司资产与个人资产的隔离，不将公司资产用于股东个人或家庭消费；再比如针对金融机构的虚报注册资本罪；还有股东通过多种方式将已出资的货币资金取回，或将实物、土地使用权等抵押或转让，使得公司成为空壳公司的虚假出资或抽逃出资罪等，都需要时刻注意规避。

第三节 合伙人的进入与退出

新合伙人加入、老合伙人退出是企业发展中的必经过程，股东队伍通过持续不断的新老交替实现与企业的适配。每一次新合伙人的进入都是对公司财、税、法方面的考验，例如怎样高效地让新合伙人了解他需要知道的各类信息，如何将企业发展至今的来龙去脉、老股东之间的默契与约定充分展现给新合伙人，如何通过数据衡量新合伙人加入后对企业的利弊，如何在达到目标的前提下降低合伙的成本……这些无一不对企业的管理水平提出高要求。

落实到操作上，首先，企业的财务现状必须经得住新合伙人的质疑与考验，这是新合伙人对企业考察的关键环节；其次，引入新合伙人时的股权变更最好在税务上做到最低成本，成本意识在任何环节都不能缺失；最后，规避可能的法律风险。

同样地，合伙人的退出也是对股东和企业的考验。一方面，需要妥善处理股权变更、降低成本；另一方面，创业者需要通过一次合伙人的退出摸索出未来合伙人变更的模式，这些都需要提前筹划。

一、财务规范才能好聚、好散

无论是合伙人引入还是现有合伙人退出，涉及股权合作都绕不开股权估值，准确规范的财务数据是股权估值的重要参考依据。

合伙人引入

为了引入合伙人，财务数据是体现诚意的邀请函。通常刚走过初创阶段的企业在财务的规范性方面会存在一些问题，如固定资产随意摊销，或者未摊销；管理费用分类混乱、科目不准确等。这些不规范的问题都会影响企业的利润数据,从而影响合伙人的投资决策。

合伙人退出

当合伙人退出时,股权的退出价格是双方洽谈的关键点之一。退出价格依赖于公司的估值水平,公司估值则以财务数据作为基础。与其在退出时因财务问题闹纠纷、伤感情,不如提前多花些精力在财务规范上,防患于未然。通过表8-1可以看出常见的估值方式与对应的公司关键财务数据。

表8-1 估值方式对应的财务数据

估值方式	净资产估值	PE法	PS法	现金流贴现
财务数据	净资产	净利润	营业收入	现金流

二、持股方的性质决定了税赋成本

新合伙人可以通过受让原股东的股权或增资入股这两种方式成为公司股东。当采用股权转让时,转让方有了"财产转让所得",此时会涉及税务问题。股权转让方的性质不同,税收情况也不同。

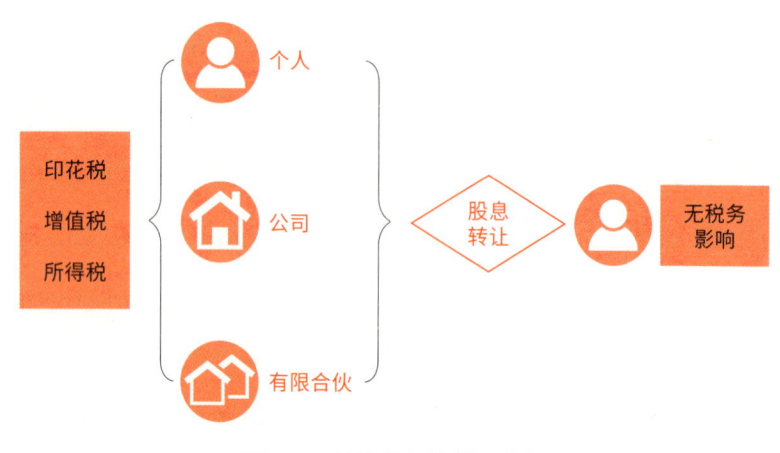

图8-4 转让股权涉税示意图

所得税

<u>当转让方为自然人股东时，其缴纳的是个人所得税，税收缴纳公式为：</u>

应纳税额＝（收入总额－财产原值－合理税费）× 适用税率 20%

收入总额与财产原值的差额越大，转让方需缴纳的个人所得税越高。因此有人为了少缴税，故意用低价转让甚至零元转让、赠予等方式降低收入总额。

<u>税务机关对此有明确规定，若企业申报的股权转让收入明显偏低且无正当理由，主管税务机关可以核定股权转让收入，</u>如果故意低报转让收入总额，很可能会使得这笔

转让交易无效。《股权转让所得个人所得税管理办法（试行）》第十二条规定，符合下列情形之一，视为股权转让收入明显偏低：

（一）申报的股权转让收入低于股权对应的净资产份额的。其中，被投资企业拥有土地使用权、房屋、房地产企业未销售房产、知识产权、探矿权、采矿权、股权等资产的，申报的股权转让收入低于股权对应的净资产公允价值份额的；

（二）申报的股权转让收入低于初始投资成本或低于取得该股权所支付的价款及相关税费的；

（三）申报的股权转让收入低于相同或类似条件下同一企业同一股东或其他股东股权转让收入的；

（四）申报的股权转让收入低于相同或类似条件下同类行业的企业股权转让收入的；

（五）不具合理性的无偿让渡股权或股份；

（六）主管税务机关认定的其他情形。

因此，税收筹划也必须实事求是，不能为了降低成本随意调整。

当转让方为公司股东时，其缴纳的是公司所得税，税收缴纳公式为：

应纳税额=（收入总额-财产原值-合理税费）×适用税率25%

适用优惠税率的企业在转让时也应按照优惠税率计算，即符合条件的小型微利企业，企业所得税税率是20%；高新技术企业，企业所得税税率为15%。

印花税

印花税较为简单，转让双方均应缴纳印花税，适用公式为：

应纳印花税额=合同所载金额总额×5÷10000

增值税

增值税仅在企业型股东转让自己持有的上市公司股票时需要缴纳，因为此时股票视同"金融商品"，初创企业遇到此情形的概率较小。

三、定股东资格，搭治理结构

新合伙人进入公司，要重点关注的法律问题有两个：第一是合法合规地完成新合伙人的股东资格确认，给予双方法律保障；第二是逐步完善治理结构，提升管理效率。

股东资格确认

首先，<u>应让新合伙人充分知晓当前的股东协议条款后再确立新的股权关系</u>。比如有的公司为了发展的需要，原股东一致同意在N年内不分红，或者股东为了结构的稳定，约定在N年内不得退出。但是并非所有人都能接受这些条款，若不认同股东协议条款，双方最好将合作结束在萌芽阶段。

其次，<u>确定合伙后，新合伙人应履行出资义务，并取得股东资格，享受股东权利</u>。新合伙人可能会担心公司不及时将自己的股东身份在工商做变更，毕竟履行出资并不能直接取得法律上的股东资格；公司方可能担心先做了变更，新合伙人不能履行出资义务。因此，双方必须签订协议，约定新合伙人的出资义务、公司的工商变更义务及相关违约责任等，以保障双方权益。新合伙人以增资方式进入企业的，双方应在《增资协议》中列明进入方式；采用股权转让方式的，也应在《股权转让协议》中列明进入方式。

最后，<u>要注意防范代持风险</u>。如果基于各种原因，新合伙人需要现有股东代持股权，双方应慎重考虑代持存在的法律风险。实际出资人可能面临以下风险：名义股东未经同意擅自处分股权，这是实际出资人面临的最严重风险；名义股东拒不转交投资收益；名义股东在表决权的行使、资产分配等方面做出损害实际出资人的行为；名义股东拖欠债务，其代持的股权可能会被查封，导致实际出资人利益受损；实际出资人可能由于公司股东的不认可，面临无法转正的局面。名义股东也存在风险，比如实际出资人如果出资不到位，名义股东作为实际登记的股东可能被公司债权人追偿等。若合伙人权衡利弊后最终依然选择代持，务必根据实际情况设置股权代持的关键条款、协议，降低法律风险。

完善治理结构

<u>企业在初创阶段的治理结构非常简单，随着股东增加应当逐步完善治理结构，以提升公司的管理效率和竞争力。</u>每位合伙人的进入都是完善公司治理结构一个很好的触发点。

初创阶段企业通常只有执行董事、监事；新合伙人进入后，企业可以着手建设董事会、监事会，建立初步的运行机制，包括董事会的董事产生规则、表决规则、董事任期、归属董事会决策的事项范围等，逐步明确股东会、董事会的职权分工，提高决策效率。有关治理结构的更多内容，详见本书第六章。

第四节　员工股权激励

企业实施股权激励时，给予员工多少股权、股权如何流转以及如何约定行权条件等问题，并不仅仅是创业者的意愿、胸怀或者想象决定的，还必须遵守相关的财务、税务和法律规范。只有这样才能既满足公司发展的需要，又兼顾员工的收益和公司的风险，成为一个切实可行的好方案。

一、财务开放、成本清晰、现金流稳定

股权激励对财务的影响主要体现在三方面：一是管理体系，员工成为股东后如何行使有关财务方面的股东权利，财务的公开透明应该做到什么程度；二是对企业利润的影响，如果涉及股份支付的会计处理，那么企业利润将会减少；三是员工流动性会造成股权的频繁变更，如果约定了回购的方式，必须注意回购价格和现金流规划。

1. 逐步开放财务管理体系

员工成为股东后，很多公司（尤其创业公司）会遇到一个难题：股东人数骤增，即使采用了持股平台，在心理认同感上，员工也是公司的股东。那么，公司的关键数据都需要公开吗？这样做是否会带来不好的影响？需要公开

到什么程度？可以给员工查报表吗？不让员工看报表的话，又该如何界定员工的股东身份……公司当前的财务规范性是否支持大面积公开，创业者心态上是否做好了开放的准备，这些都是非常现实的问题。

华为的股权激励做得好，于是大家都想学习它，但创业者也不要忘记华为的股权有高达30%左右的年均收益率，财务报表不仅可以公开，而且是经过毕马威（KPMG）这样的国际知名会计师事务所审计的。财务开放是公司不可避免的发展趋势，创业者应主动拥抱开放，然后根据实际情况选择公开的程度。

实际操作时，一方面要考虑员工的认知程度，太专业复杂的报表员工很难理解；另一方面，若赋予员工随时查账的权利，对财务部门将造成不必要的负担，影响管理效率。因此，建议企业选择公开关键的收入、利润等指标，以及与员工股权激励的战略目标、行权条件相关的核心业务指标。

2.高度重视股份支付

股份支付是"以股份为基础的支付"，指企业为获取职工提供的服务而授予股权的行为，股权的授予代替了通常的薪酬支付。当授予员工的价格低于股权的公允价格时，对股份支付的会计处理将产生较大影响。

假设公司授予 A 员工市场公允价值[1]为 10 万元的股权，A 员工支付 4 万元购买，相当于公司替员工支付了 6 万元（公允价值 10 万元减去实际出资 4 万元），这 6 万元差价就需要计入公司的管理费用。

管理费用增加必然造成公司利润的减少。尤其当公司筹备 IPO 时，利润的减少有可能直接影响公司是否满足交易市场要求的盈利指标。因此拟 IPO 企业应规划好股权激励的时间节点以及授予价格，不能因小失大，影响公司的上市节奏。时间节点方面，如果公司的利润不足以覆盖股份支付的影响，应该尽量将股权激励的时间节点提前，提早分摊管理费用，保证报告期内的财务状况；授予价格方面，在满足员工激励力度、支付能力的条件下，尽可能缩小与公允价值的差距，以减少对公司利润的影响。

3. 约定退出价格，稳定现金流

当激励对象不再具备持股资格，大部分的激励方案会约定员工持有的股权需转让，一般由公司指定的其他人员或现有股东受让。退出的价格非常关键，如果约定以当时的市场价格退出，当公司融资时估值较高，可能员工会提前离职变现，这与实施激励的目标背道而驰；同时，先离

---

[1] 公允价值有多种方式确定：（1）有活跃市场的参考活跃市场价格；（2）无活跃市场的可参考外部投资者的引入价格；（3）无外部投资者的应采取合理值方法确定，如资产评估、估值报告等。

开的人拿到了实在的股权价值增长，留下奋斗的人继续等待未来不确定的上市变现，这是不公平的。

所以通常会按原价、原价加一定的资金成本、净资产等三种价格退出。

另外，当约定由大股东受让时，大股东务必做好未来的业绩预测、分红预测等，做好现金流规划，保障届时有实力完成股权回购。一方面，与离开的人做好股权交接，好聚好散；另一方面，给留下的人做出示范和承诺，给大家以信心。

二、节税要选好持股方式

股权激励中涉及的税务问题主要有两方面，一是激励对象个人的税务处理，二是税务影响持股方式的选择。

1.激励对象的个人税务处理

激励对象的纳税义务发生在获得股权、获得分红、股权转让这三个节点。

一直以来，国家鼓励以科技创新为核心的全面创新，鼓励科技成果转化和技术入股，鼓励企业利用股权激励政策留住并激励优秀人才。从政策角度看，国家有意通过简化纳税环节、扩大适用税收优惠的企业范围和激励对象的范围等措施缓解企业员工的缴税压力。在股权激励中（此

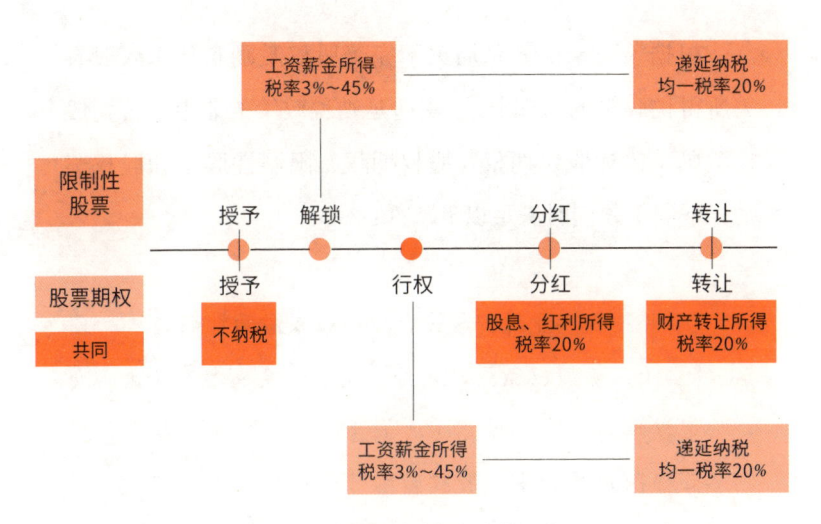

第八章 规则思维：处理股权问题时的财、税、法

```
                 工资薪金所得                      递延纳税
                 税率3%~45%                      均一税率20%

限制性
股票           授予     解锁              分红         转让
               ●───────●──────────────────●──────────●

股票期权        授予             行权      分红         转让
                                                        
共同           不纳税                    股息、红利所得  财产转让所得
                                         税率20%       税率20%

                              工资薪金所得            递延纳税
                              税率3%~45%            均一税率20%
```

图8-5 典型股权模式纳税示意图

处指非上市公司的股权激励），个人涉税情况如图8-5所示。

员工在股权激励中实际获得股权时，按照"工资薪金所得"缴纳个人所得税，适用税率为3%~45%；满足特定条件时可以享受"递延纳税（递延至股权转让时缴纳），且适用20%的均一税率"的优惠政策。

递延纳税可以暂时缓解激励对象的纳税压力，毕竟激励对象获得股权时还未通过持股获得其他任何收益；适用20%的税率，对于原先适用税率超过20%的激励对象而言优惠幅度很大，对于部分原本适用税率低于20%的激励对象而言则加重了负担。因此在符合条件的情况下，是否选择递延纳税，也应当经过测算比较后再确定。

根据《国家税务总局关于完善股权激励和技术入股有关所得税政策的通知》，享受递延纳税政策的非上市公司股权激励（包括股票期权、股权期权、限制性股票和股权奖励，下同）须同时满足以下条件：

（一）属于境内居民企业的股权激励计划。

（二）股权激励计划经公司董事会、股东（大）会审议通过。未设股东（大）会的国有单位，经上级主管部门审核批准。股权激励计划应列明激励目的、对象、标的、有效期、各类价格的确定方法、激励对象获取权益的条件、程序等。

（三）激励标的应为境内居民企业的本公司股权。股权奖励的标的可以是技术成果投资入股到其他境内居民企业所取得的股权。激励标的股票（权）包括通过增发、大股东直接让渡以及法律法规允许的其他合理方式授予激励对象的股票（权）。

（四）激励对象应为公司董事会或股东（大）会决定的技术骨干和高级管理人员，激励对象人数累计不得超过本公司最近6个月在职职工平均人数的30%。

（五）股票（权）期权自授予日起应持有满3年，且自行权日起持有满1年；限制性股票自授予日起应持有满3年，且解禁后持有满1年；股权奖励自获得奖励之日起应持有满3年。上述时间条件须在股权激励计划中列明。

（六）股票（权）期权自授予日至行权日的时间不得超过10年。

（七）实施股权奖励的公司及其奖励股权标的公司所属行业均不属于《股权奖励税收优惠政策限制性行业目录》范围。公司所属行业按公司上一纳税年度主营业务收入占比最高的行业确定。

分红时比较简单，按照"股息、红利所得"缴纳个人所得税，适用税率20%；转让股权时，按照"财产转让所得"缴纳个人所得税，适用税率20%，按照万分之五缴纳印花税。[1]

2. 持股方式对税务的影响

企业做股权激励，已经付出了股权这个最稀缺的资源，也许还要承担利润减少的结果，在税务方面自然希望能尽量降低自己以及激励对象的成本。

大部分时候，企业会选择充分利用有限合伙企业不征收企业所得税的特性做节税筹划。加上持股平台有利于集

---

[1] 此处指转让非上市公司的股权，转让上市公司的股权时的税务处理详见本章第七节。

中控制权、提升管理效率，<u>采用有限合伙作为企业员工股权激励的持股平台是一种比较普遍的做法。</u>

当然，这并不意味着创业者可以不加思索地使用有限合伙，也不代表有限合伙在任何情况下都会省税。当企业上一轮次的融资估值很高，即将 IPO，如果激励对象持股比例相对较高，且授予他的价格低于融资估值很多，这种情况下，极有可能让激励对象直接持股是更合适的。一方面，直接持股可以享受递延纳税的优惠政策，且按 20% 的优惠税率缴税；另一方面，直接持股在未来卖出公司股票时不缴纳增值税，通过有限合伙则避免不了，因为有限合伙的"税收透明体"性质并不针对增值税。

总之，不同持股方式的税务成本是需要根据具体情况详细核算的，没有一种任何时候都节税的持股方式。

三、法律核心条款一个都不能少

股权激励追求"上下同欲"——大家站在一条船上、拧成一股绳，因而对信任度要求非常高——员工必须信任企业的发展前景、企业家做出的承诺等。试想，老板说了要给员工股权，方案做了，钱也交了，但和员工之间什么协议都没签，员工能放心吗？还能上下同欲、共同奋斗吗？肯定不会。如果双方对口头承诺记忆混淆或理解错误，发生了纠纷，又该如何处理呢？

例如某企业老板在企业初创时承诺给核心员工 A 10 万元的股权，但一直未做工商变更，双方也没有重视这件事。后来，公司发展远远超出了大家预期，即将以 12 亿元的估值融资。这时员工 A 要求公司尽快完成工商变更，当时公司注册资本 100 万元，承诺的 10 万元股权应当是 10% 的股权。老板自然不同意，认为 10 万元并不是指 10 万元注册资本金，公司不可能估值 100 万元，因为当时外部合伙人按 2000 万元估值，员工 A 出资 10 万元获得的股权比例应该是 10 万元 ÷ 2000 万元 = 0.5%。由于双方没有白纸黑字的协议明确约定公司的估值，最后以员工 A 委屈妥协结尾，但这件事也让老板在其他员工心中的信任度受到了影响。后来公司推出新的股权激励计划时，员工的参与积极性不高，可能跟此事也有关系。

为了避免这样的局面发生，创业者务必借助工具——法律。它是社会发展的重要基石，初衷在于预防，威严在于执行，能帮助双方建立起共同遵守的契约。在股权激励中，创业者务必跟激励对象签好协议，明确好各个核心条款。

股权激励方案以及激励协议通常需要具备的核心条款如表 8-2。

表8-2 员工股权激励核心条款列表

条款类别	条款项目	内容
股权规划	股权模式	虚拟股权、期权、限制性股权、非限制性股权
	股份来源	公司股东转让、增资扩股、持股平台（虚拟股权不涉及股权来源）
	持股方式	直接持股、股东代持、持股平台
	激励份额	N%
	估值	注册资本估值、净资产估值、融资估值、PS、PE
	公司总股本	N 股
	有效期	N 年
股权分配	成熟计划	立即成熟、按时间逐渐成熟、按关键节点成熟等
	激励范围及准入条件	进入范围的层级 / 职位类别 / 司龄 / 业绩考核等
	激励名单	待定
	个量分配	根据职位序列 / 岗位 / 工龄各自的权重确定每个人激励对象的分配份额
	本期预留比例	X%
	行权条件	公司条件、个人条件
	行权价格	X 元 / 股、融资价格的 X 折
	行权支付	自筹资金 / 公司借款或担保 / 工资或奖金代扣 / 信托等资金管理计划
股权流转及管理	变更及退出机制	公司变化事项、 个人变化事项、 是否设置服务承诺期、 回购价格、 锁定期及禁售要求等
	管理机构	股东会、董事会、监事会、总经理办公会 / 人力资源 / 营销中心

第五节　企业融资

企业引入正规的投资机构，不仅要面临对方高标准的财、税、法方面规范化要求，也会倒逼企业提升内部管理，同时双方签订的法律协议也比引入个人股东更加细致，如何规避法律风险是这一阶段的重要问题。

一、靠财务测算需求、证明价值

企业的融资并非越多越好，企业需求的资金越多，释放的股权就越多，越容易提前消耗未来的股权储备；但也不是越少越好，如果融资的金额不足以支持一定时期内的需求，则容易造成资金链断裂，新的融资没有及时进入则有可能威胁企业生存。这需要财务体系支持公司测算合理的资金需求，比如融资金额是多少、需要释放多少股权，等等。

同时，投资机构会做尽职调查，核心目的之一就是确认公司估值，会对企业的各种数据提出问题，要求企业说明资金需求量及资金方向等。企业在财务准确性、规范性上一定要经得起推敲与质疑，这样才能证明企业的投资价值，顺利完成融资合作。

二、增资方式一般不涉税

大部分投资机构采用增资方式入股，这时不涉及税务问题。如果投资人同意原股东转让部分老股给投资机构，转让股权的部分会涉及所得税问题，相关内容可以详见本章第三节内容。

三、融资协议暗雷多

引入投资机构本质是股权合作，合作双方有安全和收益的诉求。

由于投资机构的尽职调查只能减少而不能消弭信息差，双方仍处于信息不对称状态，他们出了大钱占了小股、参与公司经营不深，对公司的掌控力不足，所以必须设立保护自己安全的条款。

<u>《投资协议》就是双方博弈的最终成果，其中必须明确规定以下几类条款。</u>

<u>第一是价格数量条款，主要包括融资价格、投资方式、股权比例等，这是买卖合同最基本的条款。</u>这类条款在签订时，务必实事求是、充分测算，释放能保持公司现金需求和创业者控制权平衡的合理股权即可。

<u>第二是优先权条款，</u>主要包括优先收益权、优先购买

权、优先清算、优先认购最低价、强制回购和共同出售等。简单而言即在分配一系列权益的时候，权益优先给投资方，这些都是投资机构为降低自身风险，提升收益而设计的条款。创业者要充分预设未来可能发生的场景，内心真的接受优先条款再签，不能为了促成融资而勉强自己，在未来又心生悔意引发各种纠纷。

第三是对赌条款。即公司必须在一定的时间内达到何种业绩，如不能达到，公司股东须向投资方赔偿，一般包括现金赔偿、股权赔偿等多种方式。投资方为防止创业者夸大能力和虚假承诺，降低投资风险，通常会要求签订对赌协议。对赌协议虽不是洪水猛兽，却也不可掉以轻心。创业者不能为了快速完成融资，或者在对企业前景过于乐观的心态下签署对赌协议，而是应该充分推演、验证业绩能否完成后，确实有把握和有补救措施再去签署。

第四是反稀释条款。主要是投资方为了保护自己的股权不贬值或股权比例不被稀释的条款。

一笔投资完成后，理想情况下公司的每轮融资估值都高于上一轮，股权价值不断攀升。但是，不排除公司因经营问题，或受市场下行周期等影响，出现新一轮的融资价格低于上一轮的情况，即公司需要"折价融资"。这时，前一轮投资人手中的股权价值就降低了，也称为被稀释了。

投资人为了避免这种情况对自己的权益造成损害，会提出相关的反稀释条款，即通过投资方优先按低价认购新增注册资本、创始人低价转股甚至现金补偿的方式，给予原投资人补偿。如果原投资人按低价优先认购，新的投资人可能会同步要求更多的股权，导致创始人的股权被稀释得更多；如果约定创始人低价转股，则可能影响到创始人对公司的控制权；现金补偿则非常考验创始人的资金实力。

避免触发反稀释条款的最佳方式并不是如何就条款讨价还价，而是尽力经营好企业，提升公司价值，加强公司自我造血能力，避免对融资的过度依赖。

第五是股权转让条款，主要是针对创业者及初创团队就股权转让的各种限制。例如约定锁定期内股权不能转让或只能分期转让；约定限制出售条件，如需要投资人同意才能出售等。设置股权转让条款的核心目的是通过对股权转让的限制，保持核心团队利益与公司发展的深度绑定，从而保障投资人的权益。

第六是公司治理条款。这部分内容详见本书第七章。

第六节　首次公开募股

企业筹备 IPO 的过程中，一切要以法律规定、监管部门的监管意见为准，保证一切行为合法、合规，不留瑕疵。

一、上市规矩多，财务打头阵

企业启动 IPO 第一个要过的就是财务关。这个阶段的财务审核关注企业的财务状况、财务规范、财务风险等方面。《首次公开发行股票并上市管理办法》（证监会令第 122 号）以合并报表作为判断企业持续盈利能力的依据，发行人合并报表的财务指标达到相关规定即可满足首发条件，财务规范方面的要求按照监管执行即可，本小节仅选择与股权强相关的要求进行说明。

首要考虑的便是股份支付问题。如果企业有 IPO 计划，做股权激励时务必注意股份支付的影响，相关的细节详见本章第三节内容。

其次，若拟上市的公司有子公司，需要注意几点：1. 收购下属各子公司的股权转让价格、价款支付情况及定价依据是否公允，是否损害发行人利益；2. 是否为真实转让、是否存在股权代持的情况；3. 上市前应完善合并财务报表范围内子公司的分红制度。

二、依法纳税，不留麻烦

税务也是 IPO 审查的重点对象。主板和创业板发行上市管理办法均规定：发行人依法纳税，各项税收优惠符合相关法律法规的规定，发行人的经营成果对税收优惠不存在重大依赖。

税收优惠的审查，首先关注税收优惠的合法性：税收优惠是否属于地方性政策且与国家规定相符，税收优惠有没有正式的批准文件，等等。如果地方性政策与国家规定不一致，企业可以根据证监会保荐代表人培训提供的审核政策说明寻找解决办法。其次是纳税的程序性：纳税申报是否及时，是否完整纳税，避税行为是否规范，是否因纳税问题受到过税收征管部门的处罚，等等。

依据审查要点，拟 IPO 企业应提前做好准备，尤其是对申请员工股权激励相关优惠政策的应用、持股平台优惠政策的应用等。

三、股权结构清晰稳定是关键

IPO 审查中有关股权方面的法律问题主要是股权是否稳定和清晰，集中体现在股东结构和股权激励方案过会这两个方面。

股东结构

《首次公开发行股票并上市管理办法》第十三条规定："发行人的股权清晰，控股股东和受控股股东、实际控制人

<u>支配的股东持有的发行人股份不存在重大权属纠纷。"</u>

<u>创业者要重点关注股权代持问题。</u>按照目前的审核政策，若拟上市公司存在代持行为，从 IPO 审核角度会被认定为不规范持股。除此之外，作为上市公司的实际控制人、控股股东、董监高（董事、监事和高级管理人员），若未依法及时披露公司股权的代持情况，不仅可能面临监管处罚，甚至有可能触发欺诈发行股票罪、违规披露重要信息罪、不披露重要信息罪、内幕交易罪、泄露内幕信息罪等罪行。所以企业必须在 IPO 筹备过程中将代持行为解除，降低企业和股东个人、董监高的风险。

根据证监会发布的《首发业务若干问题解答》，契约型私募基金、资产管理计划、信托计划这三类股东不能为公司控股股东和实际控制人，也不能成为第一大股东。随着审核政策的放开，如果不存在"股权结构不稳定、股权不清晰""利益输送"等情况，已出现携带三类股东成功过会的案例，比如金城医学、长川科技等企业。

股权激励方案过会

如果企业在 IPO 期间还有未完成行权的股权激励计划，有可能因为激励对象能否行权、行权多少这些在当前的时间节点下无法确切得知的信息而被认定为"股权不清晰"，影响 IPO 审查。2016 年 10 月，证监会保代培训中提到，"股权激励等影响股权稳定性的协议安排，应当解除"。因此，很多企业在 IPO 前都会将股权激励的期权加速行权或终止。

近年来监管部门对于企业带着股权激励方案过会的审核政策开始逐渐放松。2018 年，《关于试点创新企业实施员工持股计划和期权激励的指引》首次明确提出纳入试点的创新企业可以设置"上市前制定、上市后实施的期权激励计划"。该指引为企业带着股权激励计划申报 IPO 打开了一个口子。2019 年 3 月上交所发布的《科创板股票发行上市审核问答》中，第十二项明确了上市前制定、上市后实施的期权激励计划的具体要求，进一步给了企业更大的实施空间，例如沪硅产业带着股权激励方案完成了过会审批。

从政策演变中可以看出，带着股权激励方案过会逐渐得到了监管部门的认可。企业出于管理的需要，如果非常有必要在 IPO 前进行股权激励，并且必须带着方案过会，那么可以尝试申请。虽然不再需要像过去一刀切必须加速行权或者终止激励，但为了确保不影响过会，企业必须保证股权激励方案的规范性和专业性，减少解释成本。

第七节　上市后

上市公司是完全意义上的公众公司，为了维护资本市场的秩序和公众股东的权益，监管层面对上市公司合法性和规范性的要求非常高，同时对上市公司的信息披露也有严格的要求。这些要求都落实到了法律法规、监管细则中，上市公司必须严格遵守。

一、财务违规责任大

公司成为公众公司，必须对公众承担责任和义务。一定要避免发生资金管理混乱、大额关联方非经营性资金占用、对外担保事项内部控制存在重大缺陷、未履行相关审议程序、财务管理制度存在重大缺陷等可能造成财务违规的情形。

为了维护证券市场秩序和投资者的利益，《中华人民共和国会计法》对会计审计业务做出了严格要求；《中华人民共和国刑法修正案（十一）》则提高了欺诈发行股票、债券罪和违规披露、不披露重要信息罪的刑罚，明确控股股东、实际控制人的刑事责任，同时加大对保荐等中介机构在证券发行、重大资产交易中提供虚假证明文件等犯罪行为的惩治力度，提高资本市场违法违规成本。

二、税务规范多且细

上市公司股权激励的税收政策不同于非上市公司，更加严格和细致。在获得股权时，上市公司的高管一次性取得的股权激励可以通过税收优惠分摊到 12 个月纳税；获得分红的，采用差异化税率，持有超过 1 年时免征个人所得税；股权转让时，通过股权激励获得的股权属于限售股，按 20% 税率征收个人所得税。

需要注意的是，员工取得的股权激励所得不并入当年综合所得，应当全额单独适用综合所得税率表计税。如果员工在一个纳税年度内取得两次或两次以上的股权激励，要合并计算应缴纳税款。

另外，代扣代缴员工个人所得税时，还要注意准确掌握纳税义务发生时间。限制性股票的纳税义务发生时间为每一批次限制性股票的解禁日；股票期权的纳税义务发生时间通常为行权日，如果是立即可行权的股票期权，纳税义务发生时间为授予日；股票增值权的纳税义务发生时间为上市公司向被授权人兑现股票增值权所得的日期；股权奖励的纳税义务发生时间为获得奖励日。

三、实控人法律限制多

上市公司股权相关的法律风险主要体现在限售和减持规定、控股股东和实际控制人责任、股权激励三大部分。

限售和减持规定

有关股东的限售和减持规定，主要参考《公司法》《中华人民共和国证券法》（以下简称《证券法》）、《上海证券交易所股票上市规则》、《深圳证券交易所股票上市规则》、《深圳证券交易所创业板股票上市规则》、《上海证券交易所科创板股票上市规则》及相关的实施细则[1]、监管问答[2]等文件。

其中，除股东集合竞价交易买入的股份不做限制，股东减持所持有的其他任何股份，包括公司IPO前发行股份、定增股份、配股、大宗交易、协议转让、司法过户、继承等取得的股份，均须遵守上述规定。

<u>法律法规对这三类人群的限制规定较多：具有持股占比优势的控股股东和持股5%以上的股东、具有信息优势的上市公司董监高、具有成本优势的持有IPO前发行股份/非公开发行股份</u>。部分规定如下：

---

[1]《上市公司股东、董监高减持股份的若干规定》《上海证券交易所上市公司股东及董事、监事、高级管理人员减持股份实施细则》《深圳证券交易所上市公司股东及董事、监事、高级管理人员减持股份实施细则》《关于进一步规范创业板上市公司董事、监事和高级管理人员买卖本公司股票行为的通知》《上海证券交易所科创板股票发行与承销实施办法》等。
[2]《首发业务若干问题解答》《发行监管问答——关于首发企业中创业投资基金股东的锁定期安排》等。

发起人持有的本公司股份,自公司成立之日起一年内不得转让(《公司法》第一百四十一条);

控股股东、实际控制人自发行人股票上市之日起36个月内,不转让或者委托他人管理其直接和间接持有的发行人首次公开发行股票前已发行股份,也不由发行人回购该部分股份(《上海证券交易所股票上市规则》5.1.5、《深圳证券交易所股票上市规则》5.1.6)。

对于作为实际控制人亲属的股东所持的股份,应当比照控制人自发行人上市之日起锁定36个月(《首发业务若干问题解答》)。

对于发行人没有或难以认定实际控制人的,为确保发行人股权结构稳定、正常生产经营不因发行人控制权发生变化而受到影响,审核实践中,要求发行人的股东按持股比例从高到低依次承诺其所持股份自上市之日起锁定36个月,直至锁定股份的总数不低于发行前股份总数的51%(《发行监管问答——关于首发企业中创业投资基金股东的锁定期安排》)。

对于相关股东刻意规避股份限售期要求的,仍应按照实质重于形式的原则进行股份锁定(《首发业务若干问题解答》)。

公司上市时未盈利的,在公司实现盈利前,控股股东、实际控制人自公司股票上市之日起3个完整会计年度内，不得减持首发前股份；自公司股票上市之日起第4个会计年度和第5个会计年度内，每年减持的首发前股份不得超过公司股份总数的2%，并应当符合《减持细则》关于减持股份的相关规定（《上海证券交易所科创板股票上市规则》2.4.3）。

公司董事、监事、高级管理人员应当向公司申报所持有的本公司的股份及其变动情况，在任职期间每年转让的股份不得超过其所持有本公司股份总数的25%；所持本公司股份自公司股票上市交易之日起一年内不得转让。上述人员离职后半年内，不得转让其所持有的本公司股份（《公司法》第一百四十一条）。

上市公司董事、监事和高级管理人员在首次公开发行股票上市之日起六个月内申报离职的，自申报离职之日起十八个月内不得转让其直接持有的本公司股份；在首次公开发行股票上市之日起第七个月至第十二个月之间申报离职的，自申报离职之日起十二个月内不得转让其直接持有的本公司股份（《关于进一步规范创业板上市公司董事、监事和高级管理人员买卖本公司股票行为的通知》）。

上市公司、股票在国务院批准的其他全国性证券交易场所交易的公司持有百分之五以上股份的股东、董事、监事、高级管理人员，将其持有的该公司的股票或者其他具有股权性质的证券在买入后六个月内卖出，或者在卖出后六个月内又买入，由此所得收益归该公司所有，公司董事会应当收回其所得收益（《证券法》第四十四条）。

上市公司核心技术人员自公司股票上市之日起12个月内和离职后6个月内不得转让本公司首发前股份；自所持首发前股份限售期满之日起4年内，每年转让的首发前股份不得超过上市时所持公司首发前股份总数的25%，减持比例可以累积使用（《上海证券交易所科创板股票上市规则》2.4.5）。

战略投资者应当承诺获得本次配售的股票持有期限不少于12个月，持有期自本次公开发行的股票上市之日起计算（《上海证券交易所科创板股票发行与承销实施办法》）。

控股股东和实际控制人责任

2020年3月1日起施行的《证券法》强化了控股股东和实际控制人在上市公司中的作用和义务。如主动告知义务、公开承诺的披露义务等，并规定了若干控股股东和实际控制人的违法违规行为，如违法发行、信息披露违规、内幕交易、操纵市场等，详细内容可参考《证券法》的具体条款。对于此类行为的处罚办法，控股股东和实际控制人应承担罚款、连带赔偿、刑事处罚等责任。

上市公司员工股权激励

上市公司的股权激励方案需严格按照《上市公司股权激励管理办法》执行，并做好信息披露工作。该管理办法中对股权激励的模式、价格、数量等都有相关规定。

一般来说，上市公司实施股权激励计划可采用限制性股票、股票期权等方式，90%以上企业的股权激励方案采用的是以上两种。上市公司做好股权激励方案的重点是结合公司的发展目标，设置好激励解锁条件、行权条件等体现公司个性化的条款。股权激励的公平性、激励性等问题与非上市公司无异，详细内容可以参考本章第四节。

第八节　小结与思维进阶

没有规矩，不成方圆。

一个三四岁的小孩子要懂得不要随地大小便，六七岁时进入学校了要学会尊敬师长，过了十二周岁发生严重犯罪行为要承担刑事责任……不论是为了让个人更好地生存，还是为了和谐地与这个世界相处，一个人除了发挥自己的天赋活出不一样的自己，还要在成长的不同阶段遵守不同的规则，建立规则思维。

作为一个企业，同样如此。为了呈现企业不同发展阶段中与股权相关的财、税、法的特征，现将企业发展中关键的股权节点划分为企业初创、合伙人的进入与退出、员工股权激励、融资、IPO和上市后六个阶段或者场景，并阐述不同阶段重要的财、税、法主要特征，帮助创业者建立一个大体的认知框架，建立基本的规则思维。详见图8-6。

创业者可以自由选择走哪条商业道路，踩着业务和管理的油门飞奔，同时要遵守道路上的行驶规则。

规则思维的总体原则就是当你与更多的股权合伙人连接获得资源，就要受到更多的约束而失去一定的自由。创立公司时找创业合伙人，要跟朋友们定好协约，避免万一生意不成还伤情义；有合伙人进出，为了好聚好散，一笔糊涂的财务账肯定没法交代；要得到动辄几百几千万的融资，就要接受投资人对自己的业务、管理以及财、税、法等方面全方位的尽职调查，所以就没有什么秘密可言；为了完成上市，不仅要在当前完成整改规范，常常还要为曾经的不规范埋单；上市后，公司更是变成一个透明体，一言一行都要受到约束，稍有不慎就可能违反信息披露规则而承担相应的法律责任。

总之创业之路九死一生，企业发展道路千万条，守法遵规第一条。

	企业初创	合伙的进入与退出	员工股权激励	企业融资	IPO	上市后
 财务	"业财融合"是初创阶段验证商业模式的有力武器	财务规范才能好聚、好散	财务开放、成本清晰、现金流稳定	靠财务测算需求，证明价值	上市规矩多，财务打头阵	财务违规责任大
 税务	企业、股东税收早筹划	持股方的性质决定了税赋成本	节税要选好持股方式	增资方式一般不涉税	依法纳税，不留麻烦	税务规范多且细
 法律	降低法律风险必须会说且话	定股东资格，搭治理结构	法律核心条款一个都不能少	融资协议暗雷多	股权结构清晰稳定是关键	实控人法律限制多

图8-6 企业各阶段财、税、法规范示意图

附 录
股权激励咨询项目全流程

对内部员工进行股权激励是创业者最常推出的一种激励措施，但是在多年的管理咨询工作中，我们发现很多创业者在没有深刻理解股权激励内涵的情况下，采取改模板的方式，或者找根本不关心、不了解企业内部业务和管理状况的"股权专业人士"出股权激励方案，基本上很难取得好的效果。

股权激励无法取得好效果，不仅导致了股权资源的损失，更重要的是破坏了整个员工激励体系的结构，还有可能导致员工对公司的信任产生不可逆的破坏。所以在此展示一个完整的股权激励咨询项目流程，给各位创业者一个借鉴。希望创业者不要照搬照抄，重要的是通过了解具体的操作流程，进一步加深对股权激励与业务、管理关系的理解，在此基础上再开始具体的方案设计。

一、股权激励咨询项目全流程图

通常情况下，股权激励全流程包括立项期、方案设计期、落地实施期、动态管理期四个大阶段，每个阶段的具体内容如附图1所示：

股权激励咨询项目全流程图

立项

- **需求评估**
  评估实施股权激励的必要性和可行性
- **确定目标**
  确定实施股权激励的目标

方案设计

- **起草方案**
  激励对象、持股模式、约束条件、激励额度及来源等
- **方案定稿**
  方案报请股东会、相关上级管理部门审批后定稿

落地实施

- **方案宣讲**
  方案宣传和解读，确保激励对象清晰理解，积极参与
- **授予行权**
  认定行权资格，行权申报，确认签订协议
- **工商变更**
  根据需要建立持股平台；根据行权结果做工商变更

动态管理

- **股权变动**
  离职、岗位异动、丧失资格等情况的股权变动处理
- **股东会/董事会管理**
  新股东参会、日常会议管理
- **监事会监管**
  监管股权激励的实施

附图1　股权激励咨询项目全流程图

二、立项

立项期是筹备股权激励项目的初始阶段，这一阶段有两个重要任务——评估是否要做股权激励以及确定股权激励的目标。

许多企业经常询问应该怎么给员工做股权分配，探讨到最后常常发现暂时还不具备实施股权激励的条件，例如公司没有利润却想做虚拟股权；或者有其他更好的激励方式可以实现目标，例如用提成的方式激励效果更直接有效。所以做一件事前，一定要记得还有一个选项：不做。做了不该做的事，只会劳民伤财、无果而终。

是否要做股权激励

公司与员工之间通常的薪酬模式是公司向员工支付工资和奖金；股权激励则是公司向员工付出股权，是一种高成本的合作模式。股权是一种稀缺资源，选择股权激励应当慎之又慎，在不合适的时机推行股权激励，很可能难以推行或者产生负面效果，并且浪费股权资源。

【案例解析】缺乏共同认知时，股权激励方案好实施吗

某智能硬件公司业务虽然刚起步，但是公司已经拿到了几项专利，前景一片大好。由于针对大企业客户的B端市场开发有一定的周期，所以现在公司财务上只获得了微利。

员工看到同行公司开始做股权激励，也希望获得一些股权；而老板刘总也担心核心员工不稳定，所以决定自己也做。刘总已经非正式地与几个投资人进行了沟通，初步谈到一个估值水平。带着对未来的美好畅想，刘总愿意在此估值基础上给员工折扣，提出了他认为相对合理的公司估值——5000万元，然后拿模板做了一些调整，就作为正式方案推出了。结果员工看到方案顿时炸了锅，有人说公司盈利才几十万元、公司注册资本也就100万元，凭什么按5000万元估值？有人听朋友说同行业的企业上次做股权激励才按2000万元估值，而且股权都是免费送给员工的，公司为何要让大家高价买？

沟通到最后，老板意识到员工不会接受出资购买股权，也不会理解公司为什么有一个这么高的估值，他们对股权的渴望更多是一种新奇感。最终，老板以第一次股权激励开口了不能食言为由推行方案，结果自然是不理想的，员工无一人参与。

【思考与启示】

老板和员工之间对公司价值、股权价值没能达成共识，这时候强推股权激励并不合适，没必要为了做而做。

【案例解析】缺乏信任基础适合做股权激励吗

某公司去年的奖金未能如期发放；今年由于应收账款延期以及新订单减少，现金流变得紧张，老板金总预估今年的奖金恐怕也难以按期发了。为了缓解紧张局面，金总希望做一轮股权激励，借鉴"业绩股票"的形式，将员工两年的奖金全部计作购买股权的出资，员工可获得对应比例的股权。

管理层带着方案与员工沟通时，却发现员工几乎都不感兴趣，而且反感这种短期承诺不兑现又推出所谓长期激励的方式，认为是在忽悠大家。股权激励最终以失败告终。

【思考与启示】

股权激励需要极高的信任度，这是股权激励方案与奖金提成等中短期激励方案差别很大的地方。该公司在历史激励未能兑现的情况下提出新的长期激励，只会进一步削弱员工对公司的信任度。

股权激励的启动需要天时地利人和，包括外部环境、公司发展前景预期、员工的信任度、公司经营状况等。如果任何一个条件达不到，都不能硬做股权激励。

确定股权激励的目标

做一件事情时，如何强调目标的重要性都不为过，因为目标决定了做事的方向，以及面临取舍时应遵守的原则。很多创业者认为股权激励的目标无须探讨，不就是激励员工努力工作吗？

本书第一章中反复强调，<u>引入任何股权合伙人都是为了实现公司商业模式和战略规划，激励人只是达成这个目标的手段而已。</u>只有非常明确自己真正底层的目标，才有可能制订出最切合企业实际需求的股权激励方案。

例如，公司融资时签订了业绩对赌协议，那么就必须尽快推出股权激励方案，而且员工获得股权的行权标准应该严格按照对赌的业绩标准分解；如果股权资源有限，那么激励对象的选择可以适当偏重直接完成业绩部门的核心员工；方案的时限也应与对赌条款的时间同步。如果没有业绩对赌，但是公司制定了明确的战略目标，也可以参照此方式拟订方案。

例如，公司想留住现有关键岗位的员工同时吸引外部的核心人才，保持核心员工队伍的稳定性，那么首先要基于公司的商业模式和战略规划做人才盘点，看看哪些岗位是最符合未来需求的，并作为重点激励对象；其次，去了解同类岗位的人才在市场上的薪资收入行情和薪资结构，以此作为公司确定每个核心岗位短中长期激励体系和激励力度的重要参考；最后，因为目的是保留人才长期奋斗，所以激励计划的授予期限可以相对长一些。但是，这并不意味着所有对于公司比较重要的人才都一定需要做股权激励，如果该类人才在市场上获取非常容易，而且替换成本比较低，在股权资源有限时，也可以通过为其设计合理的中短期激励体系达到保留人才的目的。

又例如，公司只是为了回报老员工的历史贡献，体现共创共享的企业文化，那也要切记不能简单地论资排辈分股权，把股权激励福利化；而是要达到在最终结果上有历史贡献的员工得到了有价值的股权，但在文化理念上传递的则是公司对于这些员工的未来期许与要求。股权不能成为老资格的福利，而应是给予持续奋斗者的一个机会，所以一定要配合未来的目标作为行权标准。只有这样才能让其他员工把老员工视为榜样，而不是成为无力追逐而引发嫉妒的对象。在这种情况下，通过股权资源的分配，塑造和强化持续奋斗、共创价值的企业文化才是真正的底层目标。另外，以股权回报老员工是塑造持续奋斗文化的选择之一，拓宽职业发展通道、多元化的中短期激励体系，对很多追求成长、希望快速兑现价值的年轻人也是可行的选择。

一次股权激励也可能同时有多个目标，需要注意的是：

当多个目标共存时，创业者必须明确不同目标的侧重与排序，这样才能在不同目标发生冲突时做出取舍，避免因为"目标贪婪症"而做出一个平庸又没有作用的四不像股权激励方案。

三、方案设计

方案设计是指当确定要实施股权激励，从前期准备到形成股权激励方案文件的整个过程，是股权激励项目全流程中的重头戏。

因为股权激励方案的基本要素是相对固定的，无非就是确定激励对象、数量、价格、行权条件、退出条款等要素。如果只想要一个方案文件，其实是一件非常简单的事情，因为这些要素拍脑袋也能确定。找个写过几次方案的人研讨一天基本就可以完成设计，再加上一两轮修改，最多两三天也就完成了。

但是本书并不赞同这种做法，因为这就像是挂着空挡加油门，还希望汽车能跑起来。用股权分配的方式对员工加大激励力度就像是给汽车加油门让发动机转得更快，但是想让汽车跑起来，必须让发动机的齿轮和其他模块的齿轮咬合住，才能传导动力。所以，要让股权激励真正发挥作用，必须让股权激励这个管理模块与公司的其他模块良好对接、相互协同。

换种说法，企业实施股权激励并不是要把股权激励方案本身设计得多么先进或者科学，而是以股权激励作为切入点，提高整个组织的运行效率。作为掌控全局的创业者应该认识到，并不存在针对任何一个局部的提升，只有以某一个局部作为突破口实现系统的提升。

这就是为什么一个真正的股权激励方案设计，80%以上的时间和精力都应该用在方案文件之外，去探讨每一个管理模块与股权激励方案的协同关系，最后只需要留出20%的精力去完成水到渠成的方案即可。把题目分析透彻后，解题就是手到擒来的小事。

基于这样的思想认识，实际股权激励方案设计流程中，

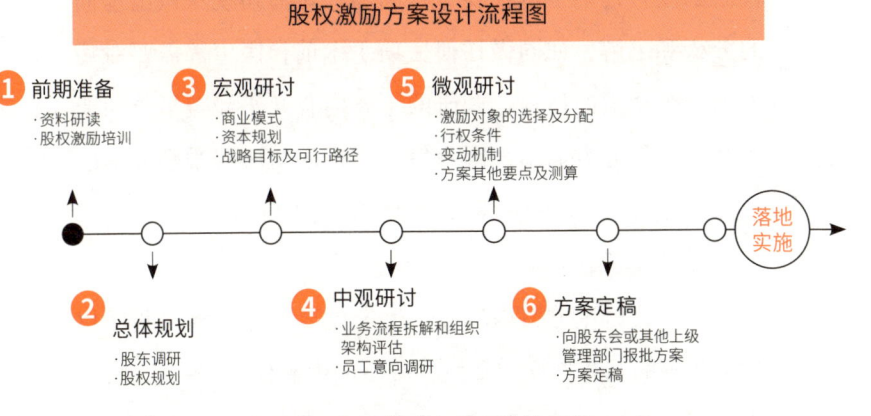

股权激励方案设计流程图

❶ 前期准备
- 资料研读
- 股权激励培训

❷ 总体规划
- 股东调研
- 股权规划

❸ 宏观研讨
- 商业模式
- 资本规划
- 战略目标及可行路径

❹ 中观研讨
- 业务流程拆解和组织架构评估
- 员工意向调研

❺ 微观研讨
- 激励对象的选择及分配
- 行权条件
- 变动机制
- 方案其他要点及测算

❻ 方案定稿
- 向股东会或其他上级管理部门报批方案
- 方案定稿

→ 落地实施

附图2　股权激励方案设计流程图

完成前期准备后，会先以终为始地做一个总体的顶层设计，然后分别宏观梳理公司的商业模式和战略规划，中观解析业务流程和组织架构，微观确定激励对象及其激励数量和行权考核指标；完成对整个组织系统的梳理和匹配性提升后，拿出一个完全量身定制的文本方案，直到最后签字落地实施。

前期准备

项目启动初期的定调决定了项目的基本走向，这个阶段要根据对企业基本情况的共识确定项目目标，并对项目的成果、时间安排等内容达成一致。主要注意以下几个方面：

1. 资料研读

不论是由外部咨询公司来做，还是由企业自己推动股权激励项目，第一步都要分析问题，对公司现状做出全面的分析和了解，如同做任何一项手术前，医生都需要对病人做一个全面的体检。调研的主要内容几乎涵盖了公司业务和管理的方方面面，因为每一个模块与股权激励方案的设计都息息相关。资料需求清单如附表1所示。

2. 股权激励培训

在正式讨论方案内容前，大家需要首先了解一些股权激励相关的基本概念，就股权激励的内涵建立统一的认识。为此，笔者执行的项目通常会在启动时安排一次专门的培

附录　股权激励咨询项目全流程

附表1　教练式股权激励咨询资料清单

序号	资料名	说明
1	公司信息	现有各注册公司名称、注册资本、股东结构、历史股权变更、股东任职情况
2		董事会成员信息表
3		股东间的《一致行动协议》《投票委托权协议》等
4		公司、业务、产品等介绍资料/文件
5	融资信息	过去每轮融资的时间、金额、估值、融资比例、投资机构
6		融资协议
7	战略及商业模式	公司战略规划文件、商业计划书
8		公司年会等重大会议领导讲话稿
9	业务板块图	公司业务板块整体分布图
10		各业务板块简要说明
11	业务流程	现有业务流程图、流程文件
12	组织结构图	现在及未来的部门、岗位、编制表
13	经营数据	过去两年的三大财务报表
14		过去两年的关键经营数据（如各类型用户/项目数量、转化率、客单价/项目额等）
15		典型竞争对手的情况介绍
16		未来三年的业务规划数据
17	员工信息表	含员工姓名、层级、部门、岗位、入职时间、工龄、过去两年薪酬水平

(续表)

序号	资料名	说明
18	考核及激励方案	现有绩效考核方案、考核表、销售提成方案
19		现有分红、年终奖方案
20		其他激励方案
21		公司同岗位外部市场平均薪酬

训研讨会,大家统一认识后再开始初步研讨公司股权激励的大框架,了解全流程,探讨总目标。

参会人员包括两类:一是股权利益直接相关方,即公司的股东、董事;二是股权激励项目执行方,包括人力资源总监、财务总监等股权激励项目小组成员。创业者自己做股权激励的也建议在项目初期就以上内容做一次内部沟通,达成共识。

总体规划

总体规划指股权激励方案中框架性、基础性的内容,包括股权激励的目的、实施时间、股权激励总量、股权来源、激励模式、持股方式等。这部分内容通常不需要对激励对象做一对一了解后再设计,可以提前规划,做好假设,后期再根据情况做修正,这样更有效率。

1. 股东调研

实施股权激励的股权来源一般是某些股东转让股权，或者是所有股东同比例稀释股权，总之都会对原有股东的权益造成影响，所以必须首先与股东沟通，一方面了解各股东对股权激励的态度和意愿；另一方面也是为了确认股权激励的项目目标。

有些创业者会想当然地认为给员工做股权激励是一件对大家都有好处的事情，于是自作主张开始做方案，最后需要提交股东会签字时，却因为种种原因不被其他股东认可而被迫放弃。这样不仅白花金钱和精力做方案，更大的损失是员工感觉被忽悠而失去了对公司的信任。

股东调研的内容通常如下：各股东对股权激励的支持态度，是否同意股权的转让或者被稀释，是否接受的股权激励总量等；公司曾实施的股权激励方案、是否对员工有过关于股权激励的口头承诺；确认本次股权激励的目的；公司未来的资本规划，例如是否有融资、上市计划，时间安排如何；股权激励计划启动时间，等等。

2. 股权规划

一个股权激励方案最终确定的事项是明确的，基于以终为始的理念，项目前期应先预设部分核心事项，随后再逐个详细论证。具体需要确定的事项可称为"十定法"，如附图3所示。

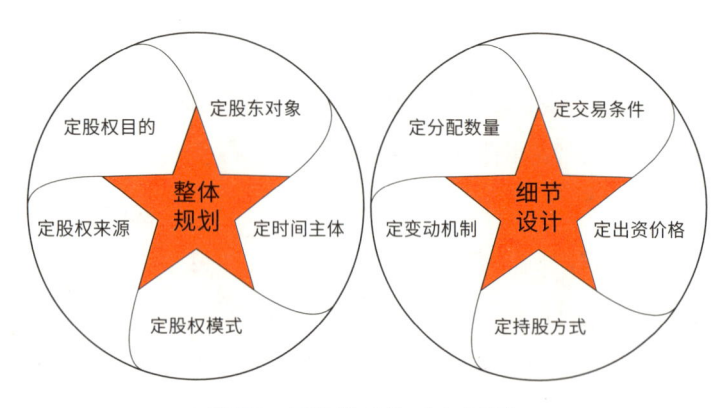

附图3　股权激励的"十定法"

整体规划：定股权目的、定股东对象、定时间主体、定股权模式、定股权来源

细节设计：定分配数量、定交易条件、定出资价格、定持股方式、定变动机制

结合资料研读和股东调研情况，可以做出初步、大致的股权激励规划，包括定好本次股权激励的目的，在什么时间实施（融资前、融资后，或者其他关键的时间点），股权从哪里来（所有股东稀释、部分股东转让、大股东转让还是持股平台转让份额），用什么股权模式，采用什么持股方式等，虽然这个阶段无法确定股权数量，但也可以计划出大致的范围区间，后面根据具体情况再测算微调即可。

有关股权模式和持股方式的设计详见本书第五章内容，下附简表附表2、附表3供参考。

做规划的意义，一方面是提前了解方案需要确定的所有要素，便于在之后的研讨中时刻谨记需要完成的内容，同时做好假设，以便在后期不断验证和调整；另一方面是将部分可确定的内容前置，提前做准备，比如持股方式，如果确

附表2　股权模式对比图

股权模式	收益类型	是否出资	何时出资	共担风险程度	是否有业绩要求	是否有锁定、离职退出等限制	退出	风险系数	收益系数
非限制性股权	股权+分红	出资	现在	共负盈亏	无	无	复杂	******	******
限制性股权	股权+分红	出资	现在	共负盈亏	通常有	有	复杂	*****	*****
股票期权	股权+分红	出资	未来	可选择不买；购买后共负盈亏	通常有	有	较复杂	***	*****
虚拟股权	分红	可出/可不出	现在	分享盈利不负亏损	通常有	有	简单	**	***
股票增值权	增值收益	不出	/	分享增值收益，不负亏损	无	有	简单	**	**

附表3　持股方式对比图

持股方式	工商注册是否体现	税收	优点	风险
直接持股	是	个人所得税	·激励对象相应地享有股权对应的股东权利 ·给了激励对象充分的持股保障	·受《公司法》股东人数的限制 ·股权分散影响决策效率和控制权 ·员工进退影响公司股权结构的稳定性
代持	否	个人所得税	·若实际控制人代持，股权集中，从程序上和实体上都保障了实际控制人的控制权 ·退出容易，往往仅需要凭协议向员工发出通知	·员工认同感低 ·法律风险较多 ·上市前须清理代持关系
通过有限责任公司间接持股	否（须穿透）	有限责任公司企业所得税＋个人所得税	·控制权集中 ·避免过多员工持股导致难以形成决策的情况出现，避免员工进退影响公司股权结构的稳定 ·相比直接持股，可容纳更多员工 ·可作为股权纠纷的防火墙	·双重纳税，税赋高 ·管理决策成本高
通过有限合伙间接持股	否（须穿透）	个人所得税	·控制权更加集中，实际控制人少量出资即可有控制权 ·主体公司股权结构稳定，不受员工进退的影响 ·可以进行税务筹划 ·相比直接持股，可容纳更多员工 ·可作为股权纠纷的防火墙	·合伙企业税收优惠政策的走向不明朗，此后各地是否会给予合伙企业税收优惠尚不明确
通过资管计划/信托基金间接持股	否	个人所得税	·员工人数安排更加灵活 ·员工股权管理可通过产品协议，更加专业和规范 ·退出容易 ·可使用杠杆融资	·管理成本（管理费/托管费） ·员工认同感低

认采用有限合伙持股平台,那么总体规划做完后即可着手选择注册地等,保证不影响股权激励方案的实施时间。

宏观研讨

脱离了企业发展、战略目标的股权激励方案是无法形成激励体系与业绩发展的正向循环的。因此,在探讨方案的细节内容前,务必要对企业的商业模式、资本规划和战略规划有清晰的认识。

1. 商业模式

梳理商业模式,目的是分析公司所需的核心资源、关键能力,明确要建立哪些重要合作,这样才能知道公司未来需要引入哪些类型的股权合伙人,从而对股权激励的总量有一个相对准确的预估。同时,梳理和研讨商业模式的过程也是创业者和管理层达成共识的过程。有关商业模式工具的内容详见本书第一章第三节。

2. 资本规划

股权激励所讲的资本规划是指与融资、上市等相关的一系列筹划,如企业估值多少、引入哪些机构、上市地选择等,以及在此过程中公司股权结构的动态演变过程。

企业各阶段需要的资源与能力不同,相应地引入股东的类型、数量、持股比例等也不相同,附表4的"企业股权稀释模拟表"展示了企业多次融资、多类股东引入的过程中释放的股权比例情况。每个企业具体情况千变万化，本表仅用于帮助创业者理解公司股权变动的节奏，其股东引入顺序、具体的股权比例等，不代表笔者的建议和倾向。

附表4　企业股权稀释模拟表

股东＼轮次	公司创立	A轮	B轮	C轮	员工	上市	轮次＼股东
创业团队	80%	74%	69%	62%	53%	40%	创业团队
天使投资人	20%	16%	12%	11%	9%	7%	天使投资人
A轮投资人		10%	9%	8%	7%	5%	A轮投资人
B轮投资人			10%	9%	7.5%	5.5%	B轮投资人
C轮投资人				10%	8.5%	6.5%	C轮投资人
员工激励					15%	11%	员工激励
公众投资人						25%	公众投资人

注：本表中假设在A轮和B轮天使投资人各转让3%的老股。

3.战略规划及可行路径

常规的战略规划可以非常复杂，包括很多步骤：分析外部环境→做公司总体规划→落实职能规划（营销规划、人力资源规划、财务规划等）→列明核心业务举措→分解时间任务表。原则上规划得越详细，越有利于制订有针对性的股权激励方案。

考虑到有些初创企业还在摸索、调整商业模式，执行此步骤时也可以先规划企业发展的大体节奏，梳理清楚每个成长阶段需要匹配的能力和资源。

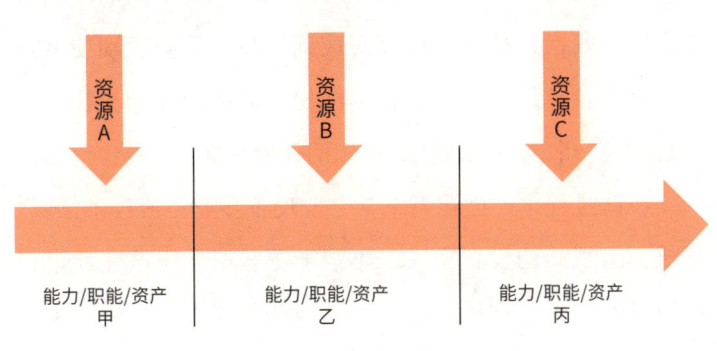

资源A　　　　资源B　　　　资源C

能力/职能/资产甲　　能力/职能/资产乙　　能力/职能/资产丙

附图4　战略规划拆解图

完成了各阶段的战略规划梳理，可以匹配出不同的发展阶段，各个职能、岗位提供的价值大小，基于"做多大贡献享多少激励"的原则，更容易找到应当激励的核心岗位，确定如何分配合适的股权。同时，需要根据战略规划确定不同阶段的总体业绩目标，用于在微观层面进行分解，落实到员工的具体行权指标。

中观研讨

完成宏观战略层面梳理后，需要继续落实到组织层面，在主业务流程的基础上圈定激励对象的范围，确保股权资源能够用于核心的岗位,合理分配不同岗位的股权数量。

1. 业务流程拆解和组织架构评估

想要确定激励对象范围,首先要通过拆解核心业务流程,识别战略实现过程中的核心职能,识别不同职能的重要程度。其次,把这些职能对应到岗位,准确识别要重点激励的岗位范围。最后,根据体现该职能的业绩指标,建立起从同一个岗位筛选优秀员工的评价标准。

在此过程中,创业者常常会发现很多业务流程不顺畅、低效,组织结构设置交叉、不清晰等状况,应该在此过程中修订和完善。这就是本书一直强调的要以股权激励为突破口,提升整个公司的系统能力。

关于确定核心岗位和人员的问题,在此特别强调:一定不能简单粗暴地由创始人划定人选。因为不论创业者自己考虑得多么周全,心中认为这个名单多么公平,都不会被大家认为是公平的,大家只会认为这是老板任人唯亲、一言堂,因为每个人心中都有一个自己的标准。只有通过对流程和组织架构的梳理,提炼出具体可衡量的公开标准,才能被大家了解和认可,公司才有机会从人治走向法治。

2. 员工意向调研

确定核心岗位后,需要做一个初步的员工意向调研,一方面了解员工对股权的认识程度、对企业发展前景的认知与信心、对自己当前绩效考核的看法、对股权激励的参与意愿、愿意付出的资金量、期待的收益、对风险的接受能力等，以便做出更适合这批员工的方案；另一方面，员工可以通过调研中的问题了解股权激励的一些内容，相当于企业与员工提前沟通了一次。调研的对象一般是确定纳入激励范围的员工，不在激励范围内的员工无须参与调研，避免抬高他们的预期，造成负面影响。

  关于员工调研，在此也有一个重要提醒：有些创业者会在自己没有任何想法时就亲自或者安排人力资源部对员工做调研访谈，征求员工对股权激励方案的意见。这看似在体现民主，其实是不懂人性的表现。

  一个激励方案是否能被大家认同，员工是否能感觉到被激励，并不完全取决于激励力度的绝对值，而是取决于一个人的预期与最后实际所得之间的差异。激励事宜刚开始就征求员工意见，员工大概率会提出一个他个人最满意的"建议"，而这些"建议"公司多半是无法满足的。明知满足不了，还让对方提，然后再去说服对方为何不能满足，不仅把一个简单的问题搞得复杂，还让自己变得被动。股权激励项目最终的方案虽然看上去都差不多，但执行过程和效果千差万别。由于不懂人性，一片好心也无法取得好的结果，很多股权激励项目往往就坏在了这些过程中看似不起眼的细节上。

微观研讨

微观研讨部分的内容主要是把股权激励方案落实到每个激励对象个人层面，如确定个人具体的人选、数量、行权条件等，并反复测试和验证之前假设的内容，一一确定各个方案要素。

1. 激励对象的选择及分配

股权作为公司的核心激励资源，其分配的倾向具有明确的导向作用，一般而言，分配时要从激励对象的岗位性质、管理层级、历史绩效考核结果、司龄等因素综合考虑。

岗位性质：结合中观研讨的业务流程和组织架构评估，判断公司是销售驱动还是技术驱动的，确定哪个业务环节是核心驱动力，以便给予核心岗位更多的股权资源倾斜。

管理层级：管理层级意味着承担更多责任与拥有更大影响力，一般高职级的股权分配比例高于低职级。

历史绩效考核结果：这个适用于公司成立有一段时间，而且绩效考核机制相对成熟的企业。考核结果的使用有三种方式：一是给予宽松的条件，统一把某一绩效水平设为底线，作为入选激励对象的指标之一；二是采取从严方式，设定一个高的标准，只有达到了才有机会获得激励；三是根据绩效考核的结果设置分配系数，拉开股权分配的差距。

司龄：部分企业会将司龄作为差异系数，司龄越长拿到的股权越多，这样可以鼓励员工与公司长期陪伴，共同成长。

以上因素不一定全部都要用上，企业可根据实际情况做选择，也可增加其他适宜的考量因素。

2. 行权条件

员工获得股权须完成的业绩条件就是行权条件，一般会分为公司条件和个人条件。

员工日常的绩效管理可以只考核个人指标，员工只要把自己岗位的工作完成好就可以拿到该岗位对应的绩效工资。但股权对应的是公司价值的提升，在很大程度上，给予员工股权的目的就是要求员工不能只关注自己的一亩三分地，而要站在公司的视角，以整个公司的价值提升为目标去做事情，克服岗位绩效考核可能形成的本位主义。所以，股权的行权条件一般都会设置公司指标，而且把公司指标作为先决条件，即公司级的目标未完成，个人目标完成了也无法行权。

在具体执行中，行权条件可繁可简，要根据每个企业的股权激励目标、管理基础等因素综合考虑决定。即使只设定一个服务年限也一定要有相应的指标，否则股权激励就真的沦为福利化激励了。同样，超越自身驾驭能力的烦琐行权条件设计也不可取，一是管理成本偏高，设定一大堆指标，跟日常考核大量重复，这是对管理资源的巨大浪费；二是考核得太烦琐、太苛刻，员工看不懂或者觉得压根儿完不成，这个游戏他就不会玩了，反而失去了激励的意义。

3.变动机制

股权激励的变动机制包括股权限售和员工退出。

激励对象获得的股权一般会设置限售期，也叫锁定期，即约定所获股权不可转让的时间。这是通过股权的限售实现激励对象与企业的长期绑定，限售期通常为1~5年，一般时限与战略计划期相匹配，或者与企业近期要达成的关键里程碑目标匹配，企业可根据实际情况调整。

退出则主要基于激励对象岗位及身份上的变动，如果出现离职、约定的业绩未能完成、违反公司的重大规章制度、触犯刑事法律等几类情况，企业可考虑激励对象是否可以继续持股。

若激励对象不能继续持股，则需要设定股权的退出价格，一般有按股权的购买原价、购买原价加一定的利息、市场价格、其他约定的价格等几种方式。退出价格必须在方案中明确约定，如果大股东选择自己受让股权，则须注意自己未来的现金流情况。

关于退出的详细内容，参见本书第八章第三节。

4.方案其他要点及测算

"十定法"的内容不限于前述项目，此时须对"十定法"查缺补漏，确定好方案的所有要素内容，以形成完整的方案。

股权激励的时间：融资的时间安排可能影响股权激励的时间节点。部分企业需要在融资前完成股权激励，这样可以给员工较低的折扣价格；还有部分企业需要在融资完成后再做股权激励，需要融资的成功引入一个可信且大家认可的市场价格，同时给员工以信心。

股权激励的主体：股权激励的主体是指分配哪个组织的股权。未来准备上市的是集团母公司，员工的劳动关系却在子公司，如果给员工子公司的股权，员工是否愿意参与？给集团母公司的股权，那么众多子公司之间如何平衡？当有多个相互关联的公司主体时，必须提前筹划。

出资价格：价格设定须考虑员工的支付能力、外部融资价格、激励效果等多个因素，以及公司层面的股份支付影响，详见本书第八章的股权激励财、税、法部分内容。

测算：根据已确定的方案要素，要反复推演和测算分配给员工的股权，验证方案是否具有激励性、公平性、持续性。好方案是在实践验证中反复调整的，要充分考虑到实施后可能出现的结果有针对性地处理，确保实施效果。

方案定稿

形成方案初稿后可申报方案，股权设计方案一般由股东会审批；若实施股权激励的企业（通常是国有企业）有相关的主管部门，还须向主管部门申报。

附表5　股权激励方案文件清单

文件类别	文件名
管理文件	《XX企业股权激励计划／管理方案》 《XX企业股东会决议》
协议	《XX企业员工股权激励授予协议》 《员工个人承诺函》 《股东保密和竞业禁止协议》 《XX有限合伙协议》（或有） 《股权转让协议》／《增资入股协议》
执行文件	《行权通知书》 《股权认购申请书》 《出资确认书》 《股权变动台账》 《股东荣誉证书》

审批完成后，将形成确定的股权激励方案及一系列配套文件。

定稿的股权激励方案一般包括以下内容：

（一）符合实施股权激励条件的情况说明；

（二）激励方式的选择及考虑因素；

（三）激励对象的确定依据、具体名单及其职位和主要贡献；

（四）激励股权来源、数量及占比；

（五）股权出售价格；

（六）每个激励对象预计可获得的股权数量；

（七）公司与激励对象各自的权利、义务；

（八）持股方式；

（九）购买程序与资金来源；

（十）股权管理；

（十一）激励股权的流转与锁定。

股权激励方案是一个对企业全盘思考后的复杂整体方案。企业做激励方案时，不应局限于几个关键要素，务必把握住通过股权激励拉动企业战略发展的好机会，实现激励与增长的正向循环。

四、落地实施

激励方案设计完成后还有一系列配套的实施工作，包括激励方案的宣讲、激励对象的行权、工商变更等，以便将激励方案更好地落地。

股权激励方案宣讲

光有好的方案是不够的，还需要客观真实且有影响力的宣讲把信息传达给激励对象。这样做有四个好处：第一，员工愿意参与股权激励是因为公司股权有价值，所以必须由创业者把公司的未来发展前景正式地向大家介绍清楚，帮助大家建立信心；第二，员工站在自己的角度理解方案，很有可能存在认知偏差，容易在横向、纵向的比较中产生不公平感，所以要在此把公司的价值导向清晰明确地告诉大家；第三，股权激励方案有配套的一系列协议、实施计划等，这些专业内容必须要解释清楚才能准确传递；第四，需要现场公开透明地解答大家的各种个性化疑问，消除顾虑，避免通过非正式渠道传播错误信息。

股权激励方案毕竟只是激励了一小部分人，而公司要实现最终价值，靠的是所有员工的共同努力。所以创业者要认识到：激励了这一小部分人就意味着另外没有受到激励的大部分员工会产生负面情绪。若不将方案的导向和获得激励的路径宣讲清楚，很可能会造成员工内部的分化，反而破坏了内部的团结协作文化。只有给予核心员工激励后，同时也向未激励员工宣讲，让他们看到自己进步的阶梯，才能形成"鲇鱼效应"，给企业注入活力，让先受到激励的人带动后激励的人。

激励对象行权

行权的时间安排要比较紧凑，紧跟在宣讲会后面安排，既给出员工充裕的思考时间，也不浪费宣讲会营造出的热度。同时，行权时应注意股权申购文件、出资条款等细节问题，不留法律隐患。

工商变更

工商变更既能让激励对象放心，也能避免拖延到未来引发不必要的麻烦，在行权确认后，应尽早办理工商变更。

五、动态管理

正式实施股权激励后，需要及时处理激励对象的变动情况，这也是非常重要的动态管理工作，影响着其他人对股权激励方案的信心。设置了行权条件的股权激励方案，每一年都须评价激励对象是否可以行权；设置了退出条件的方案，每一次有触发条件的情形也需要及时处理。股权激励并不以方案的公布实施为终点，相反，这只是一个起点。

在股权激励计划期内，企业是否还能坚持按规则行事；股权方案是否能通过一次次变动情形的处理，潜移默化地发挥导向作用，树立公司的威信……这些都是在塑造和培养正向的合伙人生态文化。只有公司的价值理念在大家内心中生根发芽，他们才能真正成为"合伙人"。

员工成为正式股东后，享有股东权利也需要履行股东义务。为增强员工的股东意识，企业可以考虑定期召开会议，公布财务数据、明确每股净利润情况等。

总之，股权激励看似简单，实际在空间上的横跨范围非常广，它不仅与企业的其他管理模块密切相关，更与法律、财务、税务等社会规范不可分离；在时间跨度上也影响深远，企业不仅须考虑方案公布后的落实情况，还须预设方案实施期的几年内可能发生的情形，甚至考虑对后续激励方案的影响。真正做股权激励时，必须全方位综合考虑，让股权激励成为促进企业发展的利器！

后　记
一棵股权知识树的长成记

我和李永黎老师多年来一直从事股权规划设计与股权激励的咨询业务，平时业务繁忙，也知道写书是一件熬心费力的苦差事，所以并未动此念头。后来因为各种机缘巧合，我们居然用一年时间痛并快乐着把书写出来了。现在回头想想，本书就像是多年前种下的一棵股权知识树种子，在大量亲身经历的咨询案例灌溉下，在我们自己广泛、持续学习的"阳光"普照下，在众多客户、培训学员和创业者朋友反馈指导的滋养下，结出了今天的丰硕果实。

这棵知识树的成长经历了种子期、枝干期、树叶期和果实期四个阶段。

线下课埋下了种子

在早期，我们为了宣传和推广股权咨询业务，研发了很多很有特色的线下股权课程：最早是一门1.5小时的沙龙分享课，后来推出了3小时的公开课，再后来又扩充为上午做深度案例解析，下午做实战演练的全天课程，最后又应学员要求，我们一鼓作气开发了一共三阶段，每个阶段为期两天的"实战股权养成系统"系列课程。

我们不喜欢蜻蜓点水式的内容，为了让学员完整了解一家公司从诞生到上市的股权变迁历程，我们开发了一门长达三小时，只讲"雷士照明"一个案例的深度解析课，受到了很多学员的高度认可，至今也是我们的独家经典课程。我自己也在几十遍的现场讲授、解答疑问、数次迭代课程之后，越发感受到了案例人物的多面和鲜活，理解一个股权故事中的众生相，这逐步成为我们股权咨询的一个底色——认识人性。

我印象最深的是在某一天，我突然对"雷士照明"案例中的主角之一阎焱先生的认识发生了逆转，从与很多人一样把他当作一名夺取创业者公司控制权的"野蛮人"，到体会了他因为责任和担当所承受的无从诉说的委屈，以及处理复杂股权纠纷时的果断与洒脱。此后，对案例中的每一个人，我同样也不再以好坏、善恶来随意定性他们。因为很多人都是站在各自的角度、以自己秉承的价值观做出了决策，而所有的决策在长期、复杂的博弈中会各有所得、各有其报。这种真切的股权故事就像一面镜子，我和学员们一起体会人性，也重新认识自己。

后来，有一名参加完系列课程的学员希望我们整理一个股权知识的思维导图，便于课后自学。我们思考后认为，思维导图的形式过于单一，而且有些知识的逻辑结构也不方便用思维导图来呈现，决定换个名字叫"知识地图"，这样可以比较自由地整理和表达。

于是，"知识地图"就成了本书最初的那粒种子。

知识地图长出了枝干

虽然有了"知识地图"这粒种子，但我们并没想好应该放什么内容进去。那时我们心中只有一个目标，就是尽量用简单、清晰的逻辑，告诉大家应该怎么思考股权设计，并呈现出基本的知识框架。

几经易稿，我们终于完成了"股权规划与设计的知识地图"，正面部分包括了认知逻辑、股权分配、股权管理、工具案例四大模块和300多个知识点；地图的背面我们专门分享了16个在股权规划设计过程中经常用到的管理工具模型，涵盖了企业从宏观到微观的发展逻辑、公司发展与股权、股权规划与设计、股权激励四个部分。为了让看地图的学员一目了然，我们把这份地图做成了 85cm×50cm 的大尺寸印刷形式。

"股权规划与设计的知识地图"做出来以后，我们想到大部分读者没有听过之前的股权系列课，如果直接开始看地图，估计会有很多地方理解不到位，于是又专门给这份地图配套录制了一套 8 大模块、36 节，共计 190 多分钟的地图讲解音频课程。

就是这样一份小小的地图，从最早的创意到印刷完成居然花费了 9 个月的时间。在这个过程中，我们自己对于股权知识体系的认识也更加深刻，还通过这份地图结交了很多创业者朋友。

后来，我们感觉虽然整个地图能够帮助创业者快速建立正确的认知，但地图能承载的内容毕竟有限，所以总体还是偏理论的。如果用一棵树来比喻，这就好像是一棵只有枝干没有树叶的树，而创业者们还希望有树叶——学习更多实战方面的东西。用户的需求就是我们前进的方向，于是决心做下一个"树叶"产品——"股权日课"。

对"股权规划与设计的知识地图"感兴趣的朋友，可以扫描以下二维码查看详情。

"股权日课"——茂盛的树叶

我们在日常工作中处理了大量股权规划设计、股权激励、股权调整以及内部股权纠纷的案例,这些案例都在我们的大脑中,却从来没有好好地整理总结过。2019年11月23日,我们对千余名创业者学员许下了一个承诺,开始了为期一年的"股权日课"课程。

"股权日课"在内容上基本沿用了"股权规划与设计的知识地图"的逻辑框架,早上8点用半小时左右讲述每个知识点背后曾经发生过的故事,并总结出一个小技巧或原则,分享一个小工具。在形式上采取了三天授课、一天实战答疑、一天考试、一天试卷解析的形式,周而复始。一年下来,我们积累了160个相关的小课,像"股权模式"这种重点和难点问题,我们讲了十几节课,用了一个多月的时间去学习。

对"股权日课"感兴趣的朋友,可以扫描以下二维码查看详情。

有名学员朋友感觉我们的课程内容很好,所以自己主动整理了一两万字的笔记。我们非常感动，觉得他做出了大家需要的东西。这也启发了我们，既然他的内容不错，我们是不是也可以把他的内容作为我们的知识积累呢？于是试着询问有没有学员朋友愿意参与课程的文字整理工作，结果全国各地有很多朋友报名了，开始听着讲课音频整理出精练的文字。在此，我要特别感谢李李老师、卢晓慧老师、张春老师、孙文瑞老师、常磊老师、杨春辉老师、何东兰老师等人，感谢对我们的认可与辛勤劳动！

同事程然老师看到我们一直在认真做事，也非常认可我们的专业能力，于是力劝把这些知识积累编辑成书，还贴心地帮忙联系了出版社，帮忙策划新书定位，分享他的出书心得。水库里的水都积累到这个份儿上了，不去加把劲儿修条渠，感觉都对不起曾经付出的努力。

2020年初，疫情到来，大家都没业务了，唯一缺的东风——时间也有了，于是我们正式决定写书。

书是精心培训的果实

原本打算用四五个月就写完初稿，因为我们平时积累的专业文章和"股权日课"的文字稿已经有上百万字的内容了，写书相当于是在此基础上再加工一下，应该不会耗费太多精力。

但参加了秋叶老师的"写书私房课"后,我了解到写书原来并没有那么容易,也不应该只满足于写一本书,于是我们决心要写一本有底蕴的"长销书"。在此特别感谢秋叶老师,让我如饮醍醐!

到了真正下笔的时候,我们发现想要这棵树结出果实,还得培土、施肥、修枝!

<u>内容逻辑上的培土</u>:有关本书的宏观框架、细致逻辑以及大量概念,都要重新梳理和澄清,这需要我们停下来重新学习和思考,用蚂蚁啃骨头的精神,一个点一个点地攻破。

<u>写作技巧上的施肥</u>:写书需要驾驭庞大的文字量,要符合基本的写作规范,还要尽可能满足不同类型读者的阅读偏好,这方面全靠布克加 BOOK+ 出版品牌 CEO 王留全和其他三位编辑老师,他们不厌其烦地给予了我们 VIP 级别的贴身写作指导,我们每写一章,他们都会及时详细地讨论和修订;北京联合出版公司的编辑老师也提出了非常好的意见,在此特别感谢各位编辑老师!

<u>呈现形式上的修枝</u>:我们常年跟成百上千位创业者打交道,知道一本写给非专业人士的专业类书必须要"平易近人",所以我们决定用视觉引导图来呈现本书的逻辑框架。从事视觉引导的余辉老师是"英三视觉"的创始人,他非常擅长视觉思维的整理及图像语言的呈现,本书的

"创业股权合伙地图"中蕴含了大量的细节，每一个细节都凝聚着余辉老师的创意，在此也特别感谢余老师！

此外，为了节约创业者的时间，便于快速浏览或者复习，我们把核心内容都标注了<u>下划线</u>，这样创业者就不用亲自画重点了。

经过一年的培土、施肥和修枝，我们终于收获了今天的果实。

感谢线下股权工作坊、线上股权日课训练营的学员朋友们，在教学相长中，我们共同进步！感谢咨询客户们的信任委托，让我们有机会在实战中总结出简单有效的理论，写出透析人性的案例！

感谢我们的家人，支持我们拿出大量时间用于书籍的写作，我退休的父亲也亲自戴上老花镜审阅初稿，并认真标注了修改意见！

最后，感谢李永黎老师和我自己，因为不论是否建立股权关系，我们都在践行作为股权合伙人的真谛！

我们不知道股权知识的大树最终将长成什么样子，但知道只要秉持着尊重常识、回归本质，坚守为客户解决问题的本心并长期坚持不懈地努力，这棵树终将结出更为丰硕的果实！

李寒冰

图书在版编目（CIP）数据

一图搞定股权合伙 / 李寒冰，李永黎著；--北京：
北京联合出版公司，2022.3
ISBN 978-7-5596-5390-1

Ⅰ.①一… Ⅱ.①李… ②李… Ⅲ.①股权管理—通俗读物 Ⅳ.①F271.2-49

中国版本图书馆CIP数据核字（2021）第123437号

Copyright © 2022 by Beijing United Publishing Co., Ltd.
All rights reserved.
本作品版权由北京联合出版有限责任公司所有

一图搞定股权合伙

作　　者：李寒冰　李永黎
出 品 人：赵红仕
出版监制：刘　凯　赵鑫玮
选题策划：布克加BOOK+
策划编辑：李俊佩　余燕龙　叶　赞　王留全
特约编辑：王冰倩
责任编辑：周　杨
封面设计：王喜华
内文排版：薛丹阳

关注联合低音

北京联合出版公司出版
（北京市西城区德外大街83号楼9层　100088）
北京联合天畅文化传播公司发行
北京美图印务有限公司印刷　新华书店经销
字数286千字　889毫米×1194毫米　1/32　15.75印张
2022年3月第1版　2022年3月第1次印刷
ISBN 978-7-5596-5390-1
定价：88.00元

版权所有，侵权必究
未经许可，不得以任何方式复制或抄袭本书部分或全部内容
本书若有质量问题，请与本公司图书销售中心联系调换。电话：（010）64258472-800